The
Oxford Book
Of Spanish Verse

The
Oxford Book
Of Spanish Verse

xiiith Century—xxth Century

Chosen by

James Fitzmaurice-Kelly, F.B.A.

Second Edition by

J. B. Trend

Professor of Spanish in the
University of Cambridge

Oxford
At the Clarendon Press

Oxford University Press, Amen House, London E.C.4

GLASGOW   NEW YORK   TORONTO   MELBOURNE   WELLINGTON
BOMBAY   CALCUTTA   MADRAS   KARACHI   LAHORE   DACCA
CAPE TOWN   SALISBURY   NAIROBI   IBADAN   ACCRA
KUALA LUMPUR   HONG KONG

FIRST EDITION 1913
SECOND EDITION 1940
REPRINTED (WITH CORRECTIONS) 1942, 1945
1949, 1953, 1958, 1962, 1965

PRINTED IN GREAT BRITAIN

INTRODUCTION

I

NOT later than the ninth century the Spanish variety of Romance appears to have acquired an idiosyncrasy of its own, and it is suggested that in this undeveloped tongue were composed cycles of epic poems no longer extant. Early surviving examples of Spanish poetry, dating from about the twelfth century, testify to the fact that French influence was then at work in the Peninsula, as in the rest of Western Europe. Perceptible in such a *cantar de gesta* as the *Poema del Cid*, obvious in such a lyric as the *Razon de Amor* (the first poem in the present volume), this French influence is admitted by Gonzalo de Berceo, the earliest Spanish poet whose name is recorded. Many circumstances combined to implant and foster the superior culture which flourished north of the Pyrenees—geographical proximity, dynastic marriages, the immigration of Provençal poets to the Castilian Court, the arrival of the Cluniac Benedictines, the presence of *jongleurs* in the suites of French adventurers who shared in the crusading wars of the Reconquest, the constant procession of northern pilgrims marching along the *camino francés* which led to the famous shrine of St. James at Compostela. These diverse factors co-operated to popularize French ideas and French artistic methods, and to ensure their predominance in Spanish literature till almost the close of the fourteenth century.

The disappearance of the hypothetical primitive epics

may have deprived us of some curious specimens of bar-
baric art, but their loss is perhaps more keenly regretted by
the philologist than by the student of literature. By way
of compensation, the oldest Spanish poems in existence are
composed in a language which differs but slightly from the
current Castilian of to-day. Originally less apt than Galician for artistic purposes, Castilian has long since vanquished
its former rival in the contest for linguistic supremacy, has
imposed itself as the standard speech of the Spanish races
throughout the world, and has changed so little in essentials
that the inchoate metres of the *Poema del Cid* are fairly
intelligible to all who have enough Spanish to appreciate
the burnished stanzas of Núñez de Arce and the subtly
modulated cadences of Rubén Darío.

For the anthologist's purpose the Spanish epic is negli-
gible. It could only be exhibited in a series of extracts
which, if separated from their context, would give no
just idea of the Spanish epic, with its bewildering inequalities, its singular fluctuations of strength and weakness.
The Spanish epic reaches us only in a few incomplete texts
which represent the later decadent stages of its development, and, though certain passages express with impetuous
energy the martial ardour and wild emotions of the
mediaeval man-at-arms, these passages are apt to descend
abruptly into amorphous tracts of prosaic description, eked
out with tedious minutiae.

II

The *Razon de Amor*, which bears strong indications of
having been introduced into Spain by way of Aragon, takes
rank as the earliest of Spanish lyrics. It is an interesting
example of *naïf* art, possibly suggested by some French

original not yet identified. That French poetry found many imitators in the Peninsula is indubitable; but, unlike the Galician-Portuguese singers whose *cantares d'amigo* are preserved in the Vatican Library, poets in other parts of Spain were seldom happy in their choice of models. The unknown author of the *Razon de Amor* was endowed with the lyrical instinct which was denied to his contemporaries and their immediate successors. These, for the most part, were content to recast pious legends or the mythical tales of antiquity in the form of the *cuaderna via*, the monotonous rhymed Alexandrine quatrains which dragged their slow length along for nearly two centuries. Signs of revolt against the tyranny of the *cuaderna via* are comparatively rare. Setting aside a few anonymous poems derived more or less directly from French originals, the first Spanish poet to venture on a new experiment is Gonzalo de Berceo, a jovial country priest who had hitherto adopted the *cuaderna via* as the vehicle of his devout narratives, recounted with a simple whole-hearted faith which lends to his cumbrous quatrains an ingenuous charm. Weary of well-doing, Berceo suddenly intercalates into his *Duelo que hizo la Virgen Maria* a curious song, fashioned no doubt after the pilgrims' chants which he had heard intoned at the shrine of St. Millan. This song, with its persistent refrain, may be taken as proof that simple popular poetry was beginning to gain ground, however slowly, and to set itself against the more erudite forms of narrative verse then in vogue: it may fairly be assumed that, if one specimen has survived, others existed. Berceo is the type of devout clerk who, in all ages, strives to put poetry to edifying uses, and to make her the handmaid of devotion. Other clerks, with perhaps a deeper tincture of learning than Berceo, laboriously rhymed their tales of Apollonius and Alexander : but these diligent scribes are more interested in substance than in form.

The name of Alfonso the Learned raises hopes of better things. Yet, though the intellectual chief of his age and a poet of undoubted accomplishment (if he be indeed the author of the *Cantigas de Santa Maria* which tradition ascribes to him), Alfonso barely falls within our province since the *Cantigas* are written in Galician. It is presumed that Alfonso thought Galician a more suitable medium for poetry than the resonant, refractory Castilian in which the innumerable prose works compiled under his direction were composed. He was clearly right : the less ductile speech of Castile would have lent itself with difficulty to the alembicated ingenuities, the verbal tricks, the technical toys in which he delighted. But no kingly poet, however capricious, can afford to ignore the language of a haughty people over whom he rules, and a few lines survive to prove that Alfonso the Learned wrote verses in Castilian, as well as in Galician. These Castilian verses are too fragmentary to give an adequate idea of Alfonso's dexterity in execution ; still they deserve to be quoted, not merely as a literary curiosity, but as a faint indication that Spanish poetry was slowly escaping from the control of churchmen.

It was, however, an ecclesiastic—an unworthy representative of his class—who was destined to bring Spanish verse into the main current of European poetry. Juan Ruiz, Archpriest of Hita, is admittedly the most imposing figure in early Spanish literature. This coarse, immoral clerk has frankly revealed his defects in the motley collection of verse which he entitled the *Libro de buen amor*, and there is reason to believe that he portrayed himself as faithfully as he portrayed the society in which he lived. Had it no other merits, the *Libro de buen amor* would be profitably consulted as a record of contemporary customs, but Juan Ruiz is much more than a facile narrator with an eye for picturesque detail. He touches life at many points, and to the gift of ironical observation he adds the power of incisive expression. Recounting his personal misdeeds, rendering with a few forcible strokes the ample charms of daughters of the plough whom he encountered on the hill-sides as he rode abroad, Juan Ruiz flashes unexpectedly from picaresque banter into sententious introspection, from blasphemous parody into sleek pietism; and these variations of mood are expressed with deft versatility in solemn hymns, in malicious fables, in ditties such as strayed students troll at midnight, in songs such as blind men quaver at church-doors, in brilliant bravura passages which imply an unedifying acquaintance with Moorish dancers and their trade. And these multiple personal experiences are supplemented by a sufficient knowledge of foreign models—*Pamphilus* and the French *fabliaux*—the borrowed material being recast with singular freedom and originality. Ruiz is in his own way a conscious artist. We may well believe him when he avows that one of his chief aims is to set a standard of versification: *dar algunos leçion e muestra de metrificar e rrimar e de trobar*. In his hands the old technique of the *cuaderna via* is rendered suppler; a successful attempt is made to transplant to Castile the Galician *serranillas* to which he lends a more realistic tone; new rhythmical effects are adumbrated, and we find in the poem entitled *De la Passion de Nuestro Señor Jhesu Christo* an anticipation of the sonorous hendecasyllables—the *versos de arte mayor*—which were soon to be the prevailing metre, and to remain in fashion for over a century and a half.   Ruiz is sometimes trivial, sometimes ponderous, sometimes pedantic, sometimes indolent; but he has an individual genius, and even 'the copper coinage of his mint is stamped with the head of a king'.

While Juan Ruiz was composing his strange medley of verses—possibly behind prison-doors—the contest for literary supremacy between Castile and Galicia was still undecided, and it was not till after the compilation of the *Cancionero de Baena* about the year 1445 that the Castilian triumph was assured.   Among the poets represented in Baena's *Cancionero* is the famous Chancellor of Castile, Pero Lopez de Ayala, who contributes a poem in *versos de arte mayor*.   Lopez de Ayala died, however, some forty years before Baena completed his collection, and these verses are interesting solely as the well-meant endeavour of an elderly man to keep abreast of the latest literary fashion.   As a poet Lopez de Ayala is to be studied in the *Rimado de Palacio*, a somewhat inchoate sequence of verse, partly written (it is thought) in the iron cage at Oviedes to which his Portuguese captors consigned him after the defeat of the Spaniards at Aljubarrota in 1385.   To some extent Lopez de Ayala works in the vein opened by Ruiz, but he works with less genius, less piquancy of phrase and thought, and with a more serious intention.   He satirizes the corruptions of the age, finds all men guilty, and brands himself as a signal sinner. Persuaded of his vocation to reform (or, at least, to rebuke) the world, Lopez de Ayala's censoriousness knows no limits; unhappily he lacks the Arch-priest's metrical instinct, as he lacks the Archpriest's sunny fancy, impertinent gaiety, and conniving tolerance. Telling at the outset, the continuous invective defeats its own object, and at last becomes a weariness—

even to the indignant poet, who suddenly abandons the
cuaderna via and his maledictions for gusts of pious aspi-
ration. Ruiz and Lopez de Ayala combine, characteristically
enough, moral laxity with devotional unction. Piety, the
outcome of a fugitive remorse and an abiding dread of the
Hereafter, is a capital trait of the Spanish genius, and in
this respect the Archpriest and the Chancellor are typical.

In Baena's song-book, an incoherent miscellany of poems
varying greatly in date, are collected verses (more or less
authentic) by Macias *o Namorado*, the Galician bard who
owes the best part of his celebrity to his romantic and perhaps apocryphal legend; verses by Macias's champion, Juan
Rodriguez de la Cámara, whose adventurous life is more
redolent of poetry than are his songs; verses by Alfonso
Alvarez de Villasandino, a shameless mendicant, rich in
fancy, though bankrupt in character; verses by grave
moralists like Perez de Guzman, whose reputation as an
historical portrait-painter leads us to forget that he was long
famous as a poet; verses by Sanchez Talavera, whose
disquieting questions anticipate in some measure the plangent
solemnity of Jorge Manrique's *Coplas*; verses by Andalusian poets like Francisco Imperial, who diffidently essays
the impressive allegory of Dante. Baena's *Cancionero* marks
the entry of Italian influence, and the impending supersession
of French influence, in Spanish poetry: it further announces
the definitive victory of Castilian over Galician. Galician
is represented in Baena's anthology, and continued to be
used by poets of later date; but it is used more and more
sparingly, and perhaps the last Castilian poet to write in
Galician is Gomez Manrique, whose exercises in this
language are rather *tours de force* than the result of genuine
inspiration.

INTRODUCTION

Contemporary with Baena and with the later generation of court-poets in the reign of John II was Iñigo Lopez de Mendoza, better known as the Marqués de Santillana, a title conferred upon the fortunate intriguer after the battle of Olmedo in 1445. Santillana treads in the path marked out by Francisco Imperial; Dante and (still more) Petrarch are among his masters; Boccaccio appears in one of his compositions; he ventures to interpolate a line of Italian in his verse. French literature was not unfamiliar to him; the *Roman de la Rose*, the works of Guillaume de Machault, of Othon de Granson, of Alain Chartier were constantly in his hands. But, though he perhaps owes more to these French poets than he would have cared to admit, he piques himself chiefly on his forty-two sonnets—*fechos al italico modo*, as he is careful to record. To Santillana belongs, as it seems, the credit of introducing the sonnet-form into Spain; but this is little more than a barren title of priority. His attempt was premature; he failed to naturalize the sonnet, and his early efforts passed almost unnoticed. His fame depends chiefly on the *serranillas* of his youth, on the *villancicos* which assimilate, with an added note of personal artistry, all that was best in popular poetry. Their grace, their freshness, their distinguished simplicity lend to these apparently spontaneous compositions greater vitality than is to be found in Santillana's italianizing allegories, in his imitative sonnets, or even in his vindictively exultant paeans on the downfall of Don Alvaro de Luna, a political opponent and—in his hours of ease—a rival singer.

A distorted Italian influence affected Santillana's friend, the Court chronicler Juan de Mena. If his commerce with the Italian scholars of the Renaissance awakened in Mena that desire for formal perfection at which he aims in *El*

Laberinto de Fortuna, he had also acquired from them that fatal tendency to excessive latinization which too often mars his stately stanzas. Ambition is Mena's bane, and the more faithfully he adheres to his artistic tenets, the more complete is his disaster. With him begins that tendency to sonorous rhetoric which so often deprives Spanish poetry of vital sincerity. Yet his eloquence, his fire, his patriotic fibre, his imaginative vision make Mena a real force, and he is an acknowledged master in his treatment of the *versos de arte mayor.* Less imposing are the Spanish poets gathered at the Neapolitan Court of Alfonso V of Aragon, among whom Carvajal is doubtless the most authentic talent. Placed as these poets were in an Italian atmosphere, traces of Italian influence are almost imperceptible in any of them, with the sole exception of Juan de Villalpando, who makes an unsuccessful experiment in the sonnet-form: a form which in his faltering hands becomes a bizarre hybrid.

The Italian tradition is maintained in Spain by Gomez Manrique, a poet of varied accomplishment, whose genuine emotional note, stronger if not sweeter than that of his friend Juan Alvarez Gato, is prone to seem thin when compared with the mournful intensity of a single poem by his nephew Jorge Manrique. A soldier cut off untimely in action before the fort of Garci-Muñoz, Jorge Manrique wrote occasional verses, no worse and little better than those of other lettered young nobles who dallied with literature during the civil war which preceded the accession of Isabel and Ferdinand. The best of these fugitive compositions are clever trifles such as John II might have written—literary toys pieced together with a certain adroitness which, however, fails to atone for a fundamental triviality.

INTRODUCTION

And yet the contriver of these neat exercises is ranked with justice among the most celebrated of Spanish poets. This celebrity Jorge Manrique owes to the *Coplas* in which he laments the death of his father. It has been already remarked that, in the *Cancionero de Baena*, Sanchez Talavera deals not unimpressively with kindred themes—the fugitiveness of life, the desolation wrought by irremediable loss, the vanity of things mortal. It is often alleged, rather superfluously, that there is nothing original in the substance of the *Coplas*, and that the poet merely says better what had been said well before him. But we must avoid the temptation to attribute to Jorge Manrique a wider literary culture than he really possessed: we must refuse to seek for his sources in Arabic poets, known only to experts and almost certainly unknown to him. Jorge Manrique, in truth, does but repeat the splendid commonplaces on death which abound in all literatures, and more especially in the sacred books. His triumph consists in his having expressed in a new and imperishable form sentiments familiar since the beginning of time. In his forty stanzas Jorge Manrique concentrates, for one superb moment, the entire wealth of his emotional endowment, and becomes the spokesman of humanity. Passing through the whole gamut of pain, he ends on a note of resignation illuminated by a high and confident hope. In the *Coplas* he has produced an almost matchless masterpiece which retains an undiminished popularity after more than four centuries. Spain has produced men of greater poetical genius than Jorge Manrique, but none has made a more puissant and permanent appeal to the universal heart.

INTRODUCTION

III

While Santillana, Mena, and other cultured poets were at work, a new poetic *genre* came into existence—poems of popular inspiration which these courtly students disdained. We are in no doubt as to their attitude, for Santillana has been at pains to leave his opinion on record. In a conspectus of poetry addressed to Dom Pedro, Constable of Portugal, Santillana refers with patrician fastidiousness to the *romances* which delighted the common people. He was spared the pain of knowing that one or two professional poets, contemporaries of his own, had paid these simple songs the tribute of imitation; it was hidden from him that this example would be followed later by innumerable poets who reproduced, as best they could, the natural vigour of these old ballads; it was hidden from him that this peculiar type of poem would become a characteristic Spanish form and that its vogue would endure to the present day. The typical *romance* is a lyrico-narrative poem in lines of sixteen syllables, a uniform assonance being maintained throughout: there are old *romances*, tags of epic poems, in which the assonance changes; there are artistic *romances* embellished by a refrain, compositions in which the verses are commonly arranged in lines of eight syllables. The origin of the *romances* is uncertain: the date of their introduction is likewise uncertain. Though they were obviously popular in Santillana's time, few (if any) existing *romances* can be assigned to a much earlier period. According to one theory, the old romances derive from the *cantares de gesta* which, having fallen out of favour with the rich and noble, came down in the world and were sung at the beginning of the fourteenth century to humbler auditors in whose memories a few striking lines of these long poems were embedded; in this way there was created, more or less spontaneously, a nucleus of *romances*, the wreckage of lost epics, selected fragments which were naturally modified in course of oral transmission. Taking these fragments as their models, the poets of the people are conjectured to have composed poems of the same kind; these poems (it is thought) form the corpus of old *romances*, and the earliest specimens of *romances fronterizos* are attributed to soldiers engaged in border-warfare with the Arabs. This theory of collective creation is disputed,[1] and it is plausibly contended that the *romances* can scarcely have come into existence much before the beginning of the fifteenth century. Most surviving specimens are of considerably later date, and hence the place assigned to them in the present volume.

Differences of opinion as to the origin and date of the *romances* do not extend to their interest and value: on that point there is unanimity. To include all the best old *romances* is impossible, but it is hoped that the few examples selected may give some adequate idea of their savage energy, their unstudied grace, and their ingenuous freshness. Some caution is needed in selecting characteristic specimens, for the manner of some of these *romances* has been so closely reproduced by the 'Caballero Cesareo' and other sixteenth-century poets as to mislead the best judges. But there can be no doubt as to the authentic popular inspiration of such border-ballads as *De Antequera partió el moro*, *Jugando estaba el rey moro*, *Abenámar, Abenámar*, and *Pasedbase el rey moro*, the two latter *romances* being of special interest, the first as the production of a *moro latinado*, and the second (if we are to credit the report of Perez de Hita) as a version of an

---

[1] R. Foulché-Delbosc: *Essai sur les origines du Romancero: Prélude* (Paris, 1912).

Arabic original. *Mi padre era de Ronda* and *Yo me era mora Morayma* are typical examples of a later and more special *genre* destined to be cultivated to excess, but delightful in its earliest phase. For sheer brilliancy and concentrated power no *romance* of its period equals *Helo, helo, por do viene* with its unforgettable description of the avenger's javelin:

> Siete veces fue templado   en la sangre de un dragon,
> y otras tantas fue afilado   porque cortase mexor:
> el hierro fue hecho en Francia,   y el asta en Aragon:
> perfilandoselo yba   en las alas de su halcon.

Contrast this presentation of superstitious ferocity with the expression of knightly fidelity in *La Constancia* (known to all readers of *Don Quixote*), of intrepid perfidy in *Blanca-Niña*, of reproachful tenderness in *Rosa fresca* and *Fonte frida*, of melancholy yearning in *El Prisionero*, of fantastic symbolism in *Conde Arnaldos*, of unrequited abandon in *La Infantina*. Contrast these *romances*, the unsuggested utterances of native genius, with others of more exotic origin: the *romance* of Lancelot, based on some Breton *lai*, and *Doña Alda*, the concentrated pathos of which echoes, not unsuccessfully, a celebrated passage in the *Chanson de Roland*. These are but examples of the inexhaustible wealth and variety of the *Romancero*.

The *romances* and other forms of popular poetry, so contemptuously dismissed by Santillana, were eagerly adopted by professional poets towards the close of the fifteenth century. It is precisely this assimilation of popular poetry which lends interest to the treatment of devout themes by Iñigo de Mendoza and Ambrosio Montesino, two clerics of natural endowment less rich than that of Rodrigo Cota de Maguaque whose best-known poem is dramatic in spirit, if not in intention. More sophisticated talents were those of the Comendador Escrivá, who survives by virtue of a dozen lines, as familiar as any in Spanish poetry, of Garci Sanchez de Badajoz, whose merits are greater than his fame, and of other contributors to the *Cancionero general*. The popular inspiration passes to the dramatists Juan del Enzina and the Portuguese Gil Vicente, the latter a bilingual lyrical poet whose numbers are as haunting in Spanish as in his native tongue. Gil Vicente's genial art would appear to have been diverted from its true channel, and the songs introduced too frugally in his plays are but casual indications of a natural gift only partially developed.

IV

Under the guidance of Spanish popes like Calixtus III and Alexander VI, and of Spanish kings like Ferdinand and Charles V, the relations between Spain and Italy had grown closer, and this political approximation inevitably reacted on literature. If Spaniards like Torres Naharro and Alonso Fernandez published books in Italy, Italian scholars made their way to Spain, and there became leaders in the intellectual development of the country. A chance encounter took place at Granada in 1526 between Andrea Navagero, the Venetian ambassador, and Juan Boscan, a Barcelonese who had acted as tutor to the great Duke of Alva, and the result of this meeting was of momentous importance to Spanish poetry. As appears from Boscan's statement, he undertook at Navagero's prompting the attempt to naturalize in Spain the Italian verse-forms. The Catalan Boscan would not appear, at first sight, suited by tempera-ment and capacity to bring about a literary revolution in Castile. He does not seem to have known of the tentative efforts made by Imperial, Santillana, and others; in the native forms of verse he had not been conspicuous for technical skill or originality of thought. But Navagero had chosen his instrument with discretion: what Boscan lacked in talent he atoned for in persistence, and, as the result proves, he succeeded where Santillana failed. No doubt he came at an opportune moment; but, with all his invincible determination, it is doubtful whether he would have fared better than his predecessor, had he stood alone. Fate gave him a great ally in the person of his friend Garcilasso de la Vega, a brilliant young soldier who met a premature death under the eyes of Charles V during the Emperor's campaign in Provence. Garcilasso had in abundance the qualities which mark a man out for leadership: to his rare talent were added a wide range of accomplishment, the social prestige which attaches to illustrious descent and imperial favour, an irresistible personal charm which endeared him to all, not least to the Italian poets whom he met during his stay at Naples. He, on his side, was a convinced Italianate whose enthusiasm was boundless; he draws without hesitation on Petrarch, Bembo, and Bernardo Tasso; though an excellent classic, steeped in Virgilian reminiscences, he condescends to borrow from Sannazaro, and adopts only too faithfully Sannazaro's artificial pastoral convention. Originality was not Garcilasso's aim; the temperament of this 'starry paladin' is more fine than rich, more fastidious than robust; he is a derivative poet whose breadth of culture lends a singular distinction to his polished cadences, a poet whose adroit adaptability formed an ideal equipment for the task which he was born to do—the task of transplanting exotic forms to a harsher soil. Garcilasso's life was too short, too full of other interests, to permit of copious production; a true child of the Renaissance, his tone is that of a polite pagan; the religious enthusiasm of his countrymen is alien to his delicate, critical spirit. But he is always and everywhere a scrupulous, deliberate artist. Indolently borrowing his matter from the first comer, he concentrates all his powers on the acquisition of technique, and the perfection of his execution is still a delight. Boscan, a man of sense and honour, was the first to recognize that his friend had outstripped him. The poems of the two pioneers appeared posthumously in a single volume; they carried all before them, and, despite the opposition of a few impenitent partisans, imitators were speedily forthcoming: Gutierre de Cetina, whose exquisite madrigal ensures him a place in all anthologies; Diego Hurtado de Mendoza, an admirable expert in the old manner, which he ungratefully renounced without due regard for his own fame; the wary Gregorio de Silvestre, whose tardy conversion to the new school was the result of calculated opportunism; the versatile courtier Hernando de Acuña, and others of less note.

The triumph of Boscan and Garcilasso de la Vega was complete, and its results were permanent. Yet it is by no means clear that the victory was all gain, nor is it certain that the success of the innovators would have been so immediate had there been many poets like Cristóbal de Castillejo in the opposite camp. But Castillejo was a priest in the suite of Charles V's brother Ferdinand, and his absence from the scene rendered his opposition fruitless. His presence on the battle-field could only have postponed the victory of Boscan and Garcilasso. The old conventional forms of Spanish verse were exhausted. With all his wit and elegance and fancy, Castillejo himself is too prone to waste his ingenuity

on vapid anagrams, acrostics, and similar baubles. He felt
—he says so, in almost as many words—that Spanish
literature was passing through a crisis, that the ancient
forms were moribund, and that some change was needed ;
but no new source was revealed to him, and he paid his
debt to culture with occasional free versions of Ovid and
Catullus, the latter being among the daintiest trifles in his
collection. Castillejo is one of the wasted forces in Spanish
literature.

When the verses of Boscan and Garcilasso de la Vega
were published by Boscan's widow in 1543 it seems clear
that they were not long in reaching a young Augustinian,
who, as Fray Luis de Leon, has won immense renown by
his mystical prose writings. We are concerned with him
here, however, solely as the author of a handful of poems
which, for reasons not yet satisfactorily explained, remained
in manuscript till 1631, forty years after the poet's death.
Were we to interpret literally the curt statement which
precedes his verses, we should be driven to conclude that
poetry was for Fray Luis de Leon a youthful pastime
promptly abandoned when a higher call reached him.
Such an inference would, however, be wholly erroneous.
In one well-known poem Fray Luis de Leon refers in
unmistakable terms to the resounding defeat of Dom
Sebastian of Portugal in 1578, and the internal evidence
of other poems makes it clear that they were written
when youth was over. But, apart from such concrete
indications, the very tone of many of Fray Luis de Leon's
poems is fatal to the theory that they are youthful
compositions. Fray Luis de Leon's too positive statement
can apply only to his admirable translations. His most
characteristic original poems are instinct with a gentle sad-

ness which tells its own tale of illusions lost, of malignant
persecution valiantly endured. The note of these poems is
one of restrained melancholy, of gentle pessimism mitigated
by Christianity. The world, the splendid theatre of man's
baseness, is made tolerable to Fray Luis de Leon by his
knowledge that all is transitory ; he gazes on nature with an
enraptured vision, regarding it as the promise of a more
blissful state where the spirits of the just will be absorbed
in the Divine Essence. The dulcet pagan indifference of
Garcilasso de la Vega is replaced by a calm resignation,
but this cloistral quiet is the result of spiritual discipline.
And at moments the tranquillity breaks down ; the inner
fire of Fray Luis de Leon's ardent nature leaps into flame :
under the snow lies a volcano. Poetry was not the one
occupation of Fray Luis de Leon's noble life, nor was it
that to which he himself gave most importance ; but the
Peninsula has produced no more superb poetical temperament,
and despite some inequalities of execution, this radiant
Augustinian of Salamanca takes a foremost place among the
poets of his own country.

If Fray Luis de Leon had any fame as a poet during his
lifetime, it must have been confined to a small circle. Far
better known was another cleric, Fernando de Herrera, an
Andalusian settled in Seville, where he seems to have con-
ceived an innocent passion for Leonor Milá, Condesa de
Gelves, whose charms he celebrates with ecstatic diffuseness. Time has dealt harshly with Herrera, and critics
of recent times hint, not obscurely, doubts as to his right
to be considered a genuine poet. The reaction is excessive.
Herrera sins by emphasis, by redundancy and verbosity,
and over all his amatorious verse there hangs the suspicion,
and perhaps rather more than the suspicion, of insincerity.

Yet, even if these love-sonnets are considered merely as technical exercises, their conscientious finish and (to be strictly just) their spasmodic gusts of authentic sentiment redeem the cloying monotony of officious admiration. It is not, however, by these rhapsodical quatorzains that Herrera should be judged. His natural, truculent genius is best displayed in the patriotic odes which celebrate the victory of Lepanto or lament the rout of Dom Sebastian by the African Moors. Here, too, the phrasing is exuberant; there is often a metallic quality, bordering on brassiness, in Herrera's music; there is a wilful flamboyancy in his impetuous periods. But here, if anywhere, the excess is pardonable, and the ode on Sebastian's overthrow thrills with a patriotic, racial anguish which finds expression in terms savouring of the Hebrew prophets. 'How are the mighty fallen, and the weapons of war perished!' This is Herrera's finest phase, and the Biblical splendour of his cadences justify his secular fame. The original Herrera is vindicated: replicas of Herrera are intolerable.

Other poets of repute—pastoral singers like Montemôr or devoted followers of Garcilasso de la Vega, like Francisco de la Torre and Francisco de Figueroa—need not detain us. Their sedulous methods are less attractive than the artless numbers of St. Theresa, spontaneous utterances of mystical passion; less attractive than the angelic transports and sublime music of St. John of the Cross; and— to pass to the opposite pole—less attractive than the mundane quips of the sensual Baltasar del Alcâzar, the wittiest verse-writer of the time. The prompt alertness of Juan de la Cueva, the inventive ingenuity of Vicente Espinel, the simple fervour of José de Valdivielso, the scrupulous polish of the Argensolas were employed in sustaining the established tradition. In poetry, as in the drama, the personality of Miguel Sanchez, famous among the famous, is but dimly revealed to posterity : the mere handful of poems that survive must be regarded as but a slight indication of his powers. The authors of poems so justly celebrated as *No me mueve, mi Dios, para quererte,* and the *Epístola moral a Fabio* are unknown. Their indifference to glory was not shared by the two greatest literary figures of the age. At the end of his career Cervantes wistfully recorded that nature had denied him the gift of poetry, but he would not wish to be taken at his word, and in and out of season he produced verses some of which display a graceful fancy. His contemporary and rival, Lope de Vega, gave up to the drama what was meant for poetry, and his unparalleled success in the theatre would seem to vindicate his choice. Yet the choice was scarcely deliberate, and for many years Lope de Vega esteemed his ponderous epics above his plays. He was mistaken, of course, and lived long enough to change his view. But he never abdicated as a poet, and in countless independent compositions as well as in the snatches of songs which are scattered over his dramas, he showed a lyrical power, a flexibility of talent which enabled him to excel no less in the native forms of verse than in the Italianate metres introduced by Boscan and Garcilasso. Of natural gifts perhaps no man has had a richer store than Lope de Vega, and no man abused them more recklessly. The copiousness and facility on which he prided himself were attained at an exceeding price. The formal perfection of poetry is incompatible with Lope de Vega's headlong practice ; but in short flights he has moments of inspiration, moments when he drops his theatrical mask and reveals an exquisite personality, delicately sensitive to impressions and consumed by an intensity of disillusion unexpected in so gay and exuberant a spirit.

Husbanding his resources more frugally than Lope de Vega, Luis de Góngora devoted himself almost wholly to the composition of absolute poetry. In his early phase Góngora is a docile disciple of Herrera's school with a turn for sonorous phrase and hyperbolical comparison, then he attains a manner of his own, rapid, vigorous, dazzling in brilliancy of colour. But not content with this natural development of his undoubted genius—and perhaps more especially discontented with the recognition which it brought him—Góngora became a Gongorist, betaking himself to methods in which an enigmatic preciosity and violent hyperbaton are the chief elements. This is not the moment to discuss whether he adopted these extravagances on his own initiative, or whether he was directly suggestionized by the poems of a young soldier named Luis de Carrillo who died in 1610, about the time when the first symptoms of Góngora's more startling methods became manifest. The latter is a probable opinion, but preciosity was in the air. Euphuism in England, Marinism in Italy, Gongorism in Spain, are so many names for one phenomenon. In England Euphuism lived but a short day. Gongorism throve in Spain, thanks in the first place to the masterful character of the man who introduced it. Góngora was born to lead a forlorn hope; his sarcastic wit, his aggressiveness, his illimitable self-confidence were dangerous weapons which he used without conscience and with deadly effect. Góngora no doubt believed that it was necessary to rejuvenate the diction of Spanish poetry, and it cannot be denied that he had solid ground for his belief. Lope de Vega, at whom Góngora aimed many a venomous dart, constantly sinks into

verbose banalities, into trite similes eked out with *ripios*.
And the case of Lope de Vega, himself touched with preciosity, is typical. If Gongorism did nothing more, it raised
the standard of workmanship. Unhappily it did much more.
In avoiding the commonplace, Góngora digged a pit for
himself, fell into the obscure inane, and ended by becoming
incomprehensible. Even so, amidst all his eccentricities
he preserved much of his original charm. The tribe of
his imitators could go no further than to reproduce the more
flagrant mannerisms of the master. Such imitators were
numberless. To one of the greatest of Spanish poets we
must reluctantly ascribe the blight which fell upon Spanish
poetry for a century. Góngora had done his work only
too well.

A few of his followers preserve something of his primitive felicity — for example, the splenetic, vicious Conde de
Villamediana, and the lovely, lovable Mexican nun, Sor
Juana Inés de la Cruz. But these are exceptions. Some
few poets escaped the infection of Gongorism—for example,
the archaeologist Rodrigo Caro, who achieved one masterpiece, and the reticent cleric Francisco de Rioja, whose
shy talent renders his subdued contemplative moods with
a fine delicacy. The forcible Quevedo shines in many de-
partments of literature, and writes powerful verse surcharged
with mordant cynicism or patriotic indignation. But, by
the middle of the seventeenth century, the flame of poetry
flickers out. Such literary talent as Spain still possessed
was devoted to more commercial forms of art. It is idle
to deny the existence of a lofty lyrical quality in the
dramas of Calderon, but of pure lyrism Calderon offers few
examples. And, when he died, poetry seemed to have
died with him.

V

Another era began in Spain with the accession of a French king to the throne. The travelled Luzan, returning to his native country, opened a window which looked out on Europe; new artistic ideals were proclaimed, and were accepted for a time by a small literary group. The tide of Gongorism slackened, but the eighteenth century was well advanced before the ebb came. The versifiers, remarkable only for their perverted ingenuity, may be ignored. The first name of real importance for our purpose is that of the elder Moratín. A partisan of the French methods championed by Luzan, Moratín wrote dramas which contemporaries rightly refused to hear, and which posterity rightly declines to read. Moratín had no vocation for the theatre, and was engaged in an impossible enterprise when he attempted to gallicize the Spanish drama. But let us not underrate him: by the irony of fate, he is remembered not for his innovations, but as the author of the *Fiesta de toros en Madrid*, a little masterpiece of vivid presentation written in the old-fashioned *quintillas*, which had been in vogue before Boscan's day. His search for novelty had led Moratín back to the measures of the fifteenth century.

Salamanca, the home of Fray Luis de Leon, underwent a renaissance in the eighteenth century, and once more became the seat of a school of poetry under the leadership of Diego Tadeo Gonzalez, an Augustinian monk, and José Cadalso, a cultivated officer. Neither of these is a man of genius, but both have a modest talent, and Gonzalez had the good fortune to write one poem which must figure in every representative anthology of Spanish verse. These Salamancan poets observe a high level of accomplishment, but their smooth excellence conceals no artistic surprises, no startling profundity of feeling or elevation of thought. With Gonzalez and Cadalso must be mentioned the celebrated statesman Gaspar Melchor de Jovellanos, a poet at intervals, who leaves the impress of his noble personality on more than one piece in which philosophy and emotion are deftly blended. The best known of the Salamancan group is Juan Meléndez Valdés, whose flightiness of character tempts one to judge him harshly. The poet in Meléndez Valdés is better than the man; for though he lacks dignity and sincerity in art as in life, he handles the most various themes with uncanny dexterity. If cleverness alone could make a great poet, Meléndez Valdés would rank far higher than he does: as it is, he ranks high among the poets of his time.

Seville, too, reared a tribe of singers who, though they rose above mediocrity, fell short of genius. Two names float down to us—the name of José María Blanco (better known as Blanco White), whose career as a Spanish poet practically ends with his emigration to England in 1810, and Alberto Lista, who lived long enough to have for his pupil the greatest poet of the new romantic school. But that school was not yet in existence, and, though some lines in *La Cabaña* are quoted as often as any passage in Spanish poetry, Lista remains a very secondary figure. Among the eighteenth-century poets should be reckoned Manuel José Quintana, who, though he outlived Espronceda, belongs to a much earlier generation. Quintana uses poetry as the vehicle of philanthropic and progressive ideals; he inherits all the resonance of Herrera, and his occasional pomposity of tone is unattractive. But, sparingly as he produced, and wanting as he is in variety, his humanitarian and political odes contain memorable bravura passages which stir the blood and touch the heart. Like many of the political Liberals of his time, Quintana's literary principles were stanchly conservative : he followed faithfully in the traditional ways, and introduced no new element into Spanish poetry. This is likewise true of his contemporary Juan Nicasio Gallego—a Liberal, though a priest—who, after one happy instant of patriotic exaltation, declined into routine, wrote occasional copies of academic verse, and watched with jealous alarm the methods of a younger school. It is possible that Quintana might have modified his doctrinal rigidity, had he accompanied the later generation of Liberals into exile ; but he remained in Spain, the victim of an absolutism which presumed to claim— and did, in fact, effectively exercise—jurisdiction in the province of ideas. This despotic supervision lasted throughout the reign of Ferdinand VII ; it would be hard to mention a single literary work of real importance produced at this period : not till the death of Ferdinand in 1833 did freedom and liberty revive. For ten years, Spain had been deprived of her best talents ; the men of highest spirit escaped from Ferdinand's clutches, and had become accessible to new ideals in France and England. On their return to Spain they were quick to spread among their countrymen the political and poetic theories which they had assimilated during their prolonged exile.

These literary theories were first exemplified upon the stage by Francisco Martinez de la Rosa, who, however, sounded no original note in politics or in poetry, and even in the theatre was speedily eclipsed by Angel de Saavedra, Duque de Rivas. Before succeeding to the dukedom, Rivas had met with John Hookham Frere at Malta ; he caught

Frere's enlightened enthusiasm for old Spanish literature, and, on removing to France, came under the influence of the French *romantiques*. It was as a dramatist—as the author of *Don Alvaro o La Fuerza del Sino*—that Rivas sprang into sudden fame and secured a position in the history of Spanish literature; he is, moreover, an excellent (though unequal) poet, an admirable composer of historical *romances*, not without distinction also in a more lyrical vein. But the typical romantic poet of the nineteenth century is José de Espronceda, pupil of Alberto Lista, for a short while at the Colegio de San Mateo in Madrid. Espronceda's life is a tangle of scatter-brained adventures. Conspiring as a mere schoolboy to dethrone (and, perhaps, to assassinate) Ferdinand VII, he was interned in a country monastery. He was no sooner free than he returned to his plots, and found it advisable to escape to Lisbon, where he made the acquaintance of Teresa Mancha, the subject of one of his most superb poems; from Lisbon, he followed Teresa to London, whence he fled with her to Paris, there to take part in the revolutionary movement of 1830. Baffled in his attempt to organize an expedition to Poland, he joined in an attempt to bring about a rising in the northern provinces of Spain. Such were some of Espronceda's experiences when he returned to his native land at the age of twenty-five. His feverish excitability had not left him. Granted a commission in the army, he was cashiered, threw himself into political agitations, fought in insurrections, quarrelled with Teresa Mancha, clamoured for the establishment of a republic, and died in 1842, prematurely aged, though less than thirty-five years old. Some knowledge of the events of Espronceda's life is necessary for the comprehension of his poetry, impetuous, reckless, passionate, overflowing with the hate of hate and the love of love. Beginning with a youthful epic poem entitled *Pelayo*, which fortunately remained unfinished, Espronceda speedily acquired a manner of his own while in exile. It is often alleged against him, as though it were a reproach, that he is too cosmopolitan in sympathy and even in execution; if it be meant to imply that his Spanish is defective no charge could be more baseless. On the other hand, it is doubtless true that he readily assimilated the substance of foreign models; Elvira's letter in *El Estudiante de Salamanca* is plainly a reminiscence of *Don Juan*, and it is by no means unlikely—it is even probable—that *The Corsair* suggested the famous *Canción del Pirata*. Espronceda, too, deliberately strikes the Byronic attitude; he is not averse from being thought worse than he really is, and all his sombre heroes are what he may have been for some stray moment, or are what he wished readers to believe he was. But the pose is purely external. Espronceda is fundamentally sincere; he felt the passion for adventure which informs the *Canción del Pirata*; he felt the corroding disillusion which characterizes the lines *A Jarifa, en una orgía*; he felt the wild remorse and futile despair which burn through the stanzas of the *Canto a Teresa*, a poem written with his life's blood. His art is not always equal to his elemental force, but it often touches perfection, and his combination of gifts ensures him a place above all other poets of his day. José Zorrilla is sometimes put forward as a rival: this is a mere caprice of recent criticism, a comprehensible reaction against excessive praise of Espronceda. To the end of his long life, Zorrilla preserved the qualities which had distinguished him as a precocious youth: a mastery of technical resources, an inexhaustible flow of words, a gift of melody, not strong but sweet. As a mere executant, Zorrilla is almost beyond cavil. But this wonderful virtuoso has one fatal defect. Despite his admirable execution, he has scarcely anything to say, and he says it with a bewildering diffuseness: the gold is there, but it is beaten out too thin. Zorrilla has occasional felicities, but occasional felicities are to be found in the strains of the gloomy Nicomedes Pastor Díaz and of the discredited prophet Gabriel García y Tassara—undoubted poets, yet not of the first rank.

Beginning his artistic career when romanticism was at its height, Ramón de Campoamor not unnaturally made a false start as a romantic poet. He was not long in recognizing his mistake, and speedily took to composing those *doloras* which he continued to write under other names—*pequeños poemas* and *humoradas*—for about half a century. Campoamor, who delighted in irony and loved to mystify admirers, established a distinction between these different kinds, and affected to consider them as original inventions of his own. These matters of nomenclature are of minor importance. Though Campoamor had philosophic pretensions, and though he was rich in common sense, he owed something of his immense popularity to sentimentalism and to obvious humoristic sallies. But he had more precious qualities: a delicate touch in handling subjects grave or frivolous, an admirable craftsmanship, a flashing wit, keen observation, wisdom based on a large experience of life. His gay mockery and courteous scepticism are in curious contrast with the weird elfin note of Gustavo Adolfo Bécquer, and with the tense earnestness of Gaspar Núñez de Arce, who shared Campoamor's popularity towards the end of the nineteenth century. Something of the sadness which overwhelmed Núñez de Arce's closing years may be attributed to the political disasters which befell Spain; something of his melancholy may also have been due to his incapacity to assimilate the innovations which are vaguely foreshadowed in the poems of Rosalía de Castro, and which have been further developed since his death. But at this point we are brought face to face with contemporaries who, led by the Nicaraguan poet Rubén Darío, have come under the influence of the French *Symbolistes*. Time has yet to test their reputations, and we must be content to record their present success without presuming to account for it.

JAMES FITZMAURICE-KELLY.

LIVERPOOL, *October* 1913.

EDITOR'S NOTE TO SECOND EDITION

THE *Oxford Book of Spanish Verse* inevitably bears the stamp of the great scholar who was its first editor. The name of Fitzmaurice-Kelly, his preferences and prejudices, are as inseparable from it as those of Palgrave from *The Golden Treasury*; and the additions made here follow the same principles as the additions made from time to time to the choice of Palgrave. They are drawn from poets whom the original editor never knew, and others whose best work has been published since his death. They include earlier poems—*poesía de tipo tradicional*, as Sr. Dámaso Alonso has called it—discovered in sixteenth-century music-books or sung in the plays of Lope de Vega and Tirso de Molina; poems in Spanish by the Portuguese poets Gil Vicente and Camoens, and poems in the later manner of Góngora, which an earlier generation was unable to appreciate. It should not be forgotten that the original Oxford Book, though a great advance on any anthology of Spanish poetry which had appeared before, could trace its descent from Quintana's *Poesías selectas castellanas*, first published in 1807.

The present revision might easily have been more thorough. In the ballads, for instance, though none of those chosen by Fitzmaurice-Kelly could well be spared, there is not a single *romance* from the old Spanish cycles: Fernán González, the Cid and the Siege of Zamora, Bernardo del Carpio, the Seven Princes of Lara, or even Roderick the Goth. In the poems of Santillana, the *Serranilla de la Finojosa* is not more attractive than the *Serranilla de Bores*, though this does not seem to have been printed before 1912. Many readers again would have liked more changes and omissions among the poets of the nineteenth century. The expense of making such extensive alterations, rather than a feeling of *pietas*, has been responsible for the retention of these poems. It was not so much that the original editor may have had a preference, or felt it a duty, to include indifferent poets of his own time. He could respond to the delicate, Celtic sensitiveness of Rosalía de Castro ; but he did not live to realize the consequences of the inspiration of Rubén Darío, either in form or ideas—an inspiration which has persisted long after the poets themselves have gone far beyond and away from him.

The truth is that since the time of Rubén Darío, it has been impossible to leave out Spanish America. Darío's *Prosas profanas* (1895) were the declaration of independence of *modernismo* ; with the title taken from Berceo and imagery recalling the *Symbolistes*, they acclimatized the French alexandrine and the hexameter used by Longfellow and Carducci. The poet complained that ' se juzgó mármol y era carne viva ' ; yet the fact remains that Rubén Darío wound up the clock of Spanish poetry as it had not been wound since Garcilaso and Herrera, and after him no Spanish anthology could have the face to appear without some, at least, of the poets of the Spanish-American Republics.

In Spain, the outstanding figures since Rubén Darío have been Unamuno, Antonio Machado, Juan Ramón Jiménez, and Federico García Lorca. Unamuno, though once described—and by Rubén Darío himself—as before all things a poet, never got over his struggle with words. In his hands, Castilian words tended to lose their resounding grace, and to become tough and unyielding as Unamuno was himself. He wrote verse like a wrestler at grips with the language, and his finest poems are really to be found in his prose. Yet that strange man of contradictions, that fearless mixture of prophecy and pugnacity, philosophy and philology, had the soul of a true poet; it came natural to him to think vividly and speak directly, and he used verse (he said) as a winnowing-fan for his thoughts. Juan Ramón Jiménez, on the contrary, is the most finished Spanish poet since Góngora. His poems are made not only with ideas—colour, sound, scent, symbol, *evocación*— but also with words: words consciously and deliberately chosen for their effect; and never have the words of the Spanish language been used with such exquisite precision. Though an exacting critic, both of his own work and that of others, he has always been ready to help men younger than himself, if he thought that they had any real poetry in them, and the younger men have all looked up to him as to their teacher. His influence on contemporary Spanish poetry has been due to sheer artistic excellence—not only to the technical skill which he practises in his own workshop, but to his whole poetic gift, which has raised the standard of poetry in all the Spanish-speaking countries, and has shown what is possible with the Spanish language of the twentieth century as a poet's instrument.

García Lorca fell (according to one account) before a firing-party of Civil Guards—those *almas de charol* whom his poems had so often made ridiculous. He was a poet born; a poet (if ever there was one) by the grace of God. Everything about him turned to poetry when he told you of it: the grief and delight of Granada, the steep streets, towers, gardens and fountains; the singers of *cante jondo*; the dancers, gipsies, and criminals, and even the Civil Guards themselves. He seemed in himself the living image of his poetry, an inspiration to all who ever knew him or read him; while to hear him recite his own poems in a garden at night, with its 'gliding streams', its 'strange lutes' and the 'dim-silked, dark-haired musicians', was an experience never to be forgotten. It was Lorca, rather than Rubén Darío or Juan Ramón Jiménez, who caught up the tradition of Spanish 'popular' poetry and gave it a modern idiom—who brought back to life three of its great traditional forms : *copla*, *romance*, and the verse theatre. This would not have been possible if the two older poets had not prepared the soil with something they found in France. Lorca is not necessarily greater, or even more 'Spanish', than they are; but his poetic roots are more directly and exclusively Spanish. Later, when he went to America, he was touched by something of the storm in which modern poetry outside Spain had to keep alive; and he intensified a certain violence of imagery (which had always been part of his style) into what has been called his 'surrealism'. That development was broken off.

Antonio Machado, who had strengthened his natural intellectual integrity in the Institución Libre de Enseñanza at Madrid, had gradually withdrawn into the *galerías* of his own mind : *galerías* which he had so marvellously described in his earlier lyrics. Yet, in his love for mountains, trees, and flowers in the gaunt landscape of Soria and the *Campos de Castilla*, he was as true a disciple of Don Francisco Giner as he was in his ethical and philosophical preoccupations, or his unfaltering devotion to the cause of Spanish civilization, for which he sacrificed the last years of his life. His latest work shows him feeling his way past the *Symbolistes* and Croce to an analysis of intuitive and poetic thought which was as profound as it was original; while the metaphysic of the intellect is summed up in the sonnet *El Gran Cero*.

The quarter of a century which has gone by since this book was first published will be remembered as one of the great ages of Spanish poetry. In a collection like this one could willingly have made room for more of the old ballads, more Bécquer, a wider choice of Rubén Darío, and the inclusion of more Spanish poets of the twentieth century, such as Enrique de Mesa, Enrique Diez-Canedo, León Felipe, and Ernestina de Champourcín. All of these deserve a place, no less than the nineteenth-century Mexican poet Gutiérrez Nájera (unaccountably omitted by Fitz-maurice-Kelly), and the contemporary Spanish-American poets Rufino Blanco-Fombona (Venezuela), José María Egurén (Peru), Torres Bodet and Octavio Paz (Mexico), Nicolás Guillén and Juan Marinello (Cuba), with the talented women poets Gabriela Mistral (Chile), Juana de Ibarbourou (Uruguay), and Alfonsina Storni (Argentina), whose life was tragically cut short by her own hand. Lack of space alone is responsible for the inadequate representation of Spanish America; the poets included here are to be regarded rather as delegates to an all-Spanish poetical congress. A future edition will undoubtedly have a far more American complexion, for it is in America rather than in Europe that the future of Spanish poetry lies.

Though the present editor must shoulder the responsibility for his solutions to the problem of what to leave out and what to put in, he would like to acknowledge with

EDITOR'S NOTE TO SECOND EDITION

gratitude the kindly help and advice of two learned colleagues who are devoted and sensitive admirers of Spanish poetry: Mrs. Isobel Henderson, of Somerville College, Oxford, and Dr. Edward Meryon Wilson, of Trinity College, Cambridge.   J. B. TREND.

April 1940.

NOTE

THOUGH the most ancient poems in this volume are given without any modernization, it has been thought inadvisable to deter readers by reproducing throughout the peculiarities of spelling found in old editions of later poets. Modernization has, however, been sparingly used till the age of Cervantes, with whom modern Spanish literature may be said to begin; thenceforth the process is progressively increased, and from Moratín onwards the system of spelling and accentuation authorized by the Royal Spanish Academy has been adopted. The Compiler's debts are many; his thanks are specially due to Sr. D. José Martínez Ruiz and Sr. D. Baldomero Sanín Cano, through whose offices he has obtained leave to print several copyright publications. A few living poets are included.

ANÓNIMO

1.

Razon de Amor

QUI triste tiene su coraçon
    benga oyr esta razon.
Odra razon acabada,
feyta d'amor e bien rymada.
Vn-escolar la rrimo
que siempre duenas amo;
mas siempre ouo cryança
en-Alemania y-en-Francia,
moro mucho en-Lombardia
pora aprender cortesia.

En-el-mes d'abril, despues yantar
estaua so un-olivar.
Entre-çimas d'un mançanar,
un-uaso de plata ui-estar;
pleno era d'un claro uino
que era uermeio e fino;
cubierto era de-tal mesura
no-lo tocas la calentura.
Vna-duena lo-y-eua puesto,
que era senora del uerto,
que quan su amigo uiniese,
d'a quel uino a-beuer-le-diesse.
Qui de tal uino ouiesse
en-la-mana quan comiesse:
e dello ouiesse cada-dia,
nuncas mas enfermarya.

Arriba del mançanar
otro uaso ui estar ;
pleno era d'un agua fryda
que en-el mançanar se-naçia.
Beuiera d'ela de grado,
mas oui-miedo que era encantado
Sobre un-prado pusmi tiesta,
que nom fiziese mal la siesta ;
parti de mi-las uistiduras,
que nom fizies mal la calentura.
Plegem a-una fuente perenal,
nunca fue omne que uies-tall ;
tan grant uirtud en-si-auia,
que-de-la-frydor que-d'i-yxia,
cient pasadas aderredor
non sintryades la calor.
Todas yeruas que bien olien
la-fuent çerca-si las tenie :
y es la saluia, y-sson as rrosas,
y-el liryo e las uiolas ;
otras tantas yeruas y-auia
que sol-nombra no-las sabria ;
mas ell-olor que d'i yxia
a omne muerto rressuçitarya.
Prys del agua un-bocado
e-fuy todo esfryado.
En-mi mano prys una-flor,
sabet, non-toda la-peyor ;
e quis cantar de fin amor.
Mas ui uenir una doncela ;
pues naçi, non ui tan bella :
blanca era e bermeia,
cabelos cortos sobr' ell-oreia,
fruente blanca e loçana,

2

cara fresca como maçana ;
naryz egual e dreyta,
nunca uiestes tan-bien feyta ;
oios negros e rridientes,
boca a rrazon e blancos dientes ;
labros uermeios, non muy delgados,
por uerdat bien mesurados ;
por la çentura delgada,
bien estant e mesurada ;
el-manto e su-brial
de xamet era, que non d'al ;
vn-sombrero tien en-la tiesta,
que nol fiziese mal la-siesta ;
vnas luuas tien-en la-mano,
sabet, non ie-las dio uilano.
De las flores uiene tomando,
en-alta voz d'amor cantando.
E deçia : « ay, meu amigo,
si-me uere yamas contigo !
Amet sempre, e amare
quanto que biua sere !
Por que eres escolar,
quis quiere te deuria mas amar.
Nunqua odi de homne deçir
que-tanta bona manera ouo en-si.
Mas amaria contigo estar
que-toda Espana mandar.
Mas d'una cosa so cuitada :
e miedo-de seder enganada ;
que dizen que otra dona,
cortesa e bela e bona,
te-quiere tan gran ben,
por-ti pierde su sen ;
e por eso e-pauor,

3

que a-esa quieras meior.
Mas s'io-te uies una uegada,
a-plan me queryes por amada ! »
Quant la-mia senor esto dizia,
sabet, a-mi non uidia ;
pero se que no-me conoçia,
que de mi non foyrya.
Yo non fiz aqui como uilano,
leuem e pris la por la-mano ;
junniemos amos en-par
e posamos so ell-oliuar.
Dix le-yo : « dezit, la-mia senor,
si ssupiestes nunca d'amor ? »
Diz ela : « a-plan, con grant amor ando,
mas non connozco mi amado ;
pero dizem un-su mesaiero
que-es clerygo e non caualero,
sabe muio de trobar
de leyer e de cantar ;
dizem que es de buenas yentes,
mencebo barua punnientes.»
— « Por Dios, que-digades, la-mia senor,
que donas tenedes por la su amo ? »
— « Estas luuas y-es-capiello,
est' oral y-est' aniello
enbio a-mi es meu amigo,
que-por la-su amor trayo con migo.»
Yo connoçi luego las alfayas,
que yo-ie-las auia enbiadas ;
ela connoçio una-mi-cinta man a-mano,
qu' ela la-fiziera con-la-su mano.
Tolios el manto de los onbros,
besome-la-boca e por los oios ;
tan gran sabor de mi auia,

4

sol-fablar non me-podia.
« Dios senor, a-ti-loado
quant conozco meu-amado !
agora e-tod bien comigo
quant conozco meo amigo ! »
Vna grant pieça ali-estando,
de nuestro amor ementando,
elam dixo : « el-mio senor, oram serya de tornar,
si a-uos non fuese en-pesar.»
Yol dix : « yt, la-mia senor, pues que yr queredes,
mas de mi amor pensat, fe-que deuedes.»
Elam dixo : « bien seguro seyt de-mi amor,
no-uos camiare por un enperador.»
La-mia senor se-ua priuado,
dexa a-mi desconortado.
Queque la-ui fuera del uerto,
por poco non fuy muerto.
Por uerdat quisieram adormir,
mas una palomela ui ;
tan blanca era como la nieu del puerto,
uolando uiene por medio del uerto,
(en la funte quiso entrar
mas quando a-mi uido estar
entros en-la del malgranar)
un-cascauielo dorado
tray al pie atado.
en-la fuent quiso entra,
mas quando a-mi uido estar
entros en-el uaso del malgranar.
Quando en-el-uaso fue entrada,
e fue toda bien esfryada,
ela que quiso exir festino,
uertios al-agua sobre 'l-uino.

5

GONZALO DE BERCEO

ca. 1180-1246 (?)

2.   *Cantica*

E*YA velar, eya velar, eya velar,*
Velat aliama de los iudios,
            eya velar :
que non vos furten el Fijo de Dios,
            eya velar.

Ca furtarvoslo querran,
            eya velar :
Andres e Peidro et Iohan,
            eya velar.

Non sabedes tanto descanto,
            eya velar :
que salgades de so el canto,
            eya velar.

Todos son ladronçiellos,
            eya velar :
que assechan por los pestiellos,
            eya velar.

Vuestra lengua tan palabrera,
            eya velar :
a vos dado mala carrera,
            eya velar.

Todos son omnes plegadizos,
            eya velar :
rioaduchos mescladizos,
            eya velar.

6

Vuestra lengua sin recabdo,
eya velar :
por mal cabo vos a echado,
eya velar.

Non sabedes tanto de enganno,
eya velar :
que salgades ende este anno,
eya velar.

Non sabedes tanta razon,
eya velar :
que salgades de la prision,
eya velar.

Tomaseio e Matheo,
eya velar :
de furtarlo han grant deseo,
eya velar.

El disçipulo lo vendió,
eya velar :
el Maestro non lo entendio,
eya velar.

Don Fhilipo, Simon e Iudas,
eya velar :
por furtar buscan ayudas,
eya velar.

Si lo quieren acometer,
eya velar ;
oy es dia de paresçer,
eya velar.
Eya velar, eya velar, eya velar.

ALFONSO X

1221 (?)–1284

3.

Cantiga

SENHORA, por amor de Dios
    aued alguno duelo de my,
que los mis ojos como rrios
corren del dia que uos uy;
Ermanos e primos e tyos,
todo-los yo por uos perdy.
Se uos non penssades de my
Fy.

JUAN RUIZ

Siglo XIV

4.

Trova cazurra

MYS ojos non veran lus,
    pues perdido he a crus.

Crus crusada panadera,
tome por entendera,
tome senda por carrera
    como andalus.

Coydando quela avria,
dixielo a Ferrand Garçia
que troxiese la pletesia
    e fuese pleytes e dus.

Dixo me quel plasia de grado
e fiso se dela crus priuado:
a mi dio rrumiar saluado,
    el comio el pan mas dus.

8

Prometiol por mi conssejo
trigo que tenia anejo,
E presentol un conejo,
    El traydor falso marfus.

Dios confonda menssajero
tan presto e tan ligero,
non medre Dios tal conejero
    que la caça ansy adus.

5.   *Cantica de serrana*

DO la casa del cornejo, primer dia de selmana
    en comedio de vallejo encontre una serrana,
vestida de buen bermejo, buenna çinta de lana ;
dixele yo ansi : « Dios te ssalue, hermana ! »
   dis : « que buscas por esta tierra ? commo andas
      descaminado ? » —
dixe : « ando por esta sierra do querria casar de grado.» —
ella dixo : « non lo yerra el que aqui es cassado,
« busca e fallaras de grado.

   « Mas, pariente, tu te cata sy sabes de sierra algo.» —
yol dixe : « bien se guardar vacas, yegua en cerro caualgo,
« se el lobo commo se mata ; quando yo enpos el salgo,
« antes lo alcanço quel galgo.

   « sse muy bien tornear vacas e domar brauo nouillo ;
« se maçar e faser natas e faser el odresillo ;
« bien se guytar las abarcas e taner el caramillo,
« e caualgar blauo potrillo.

   « sse faser el altybaxo e sotar aqual quier muedo,
« non fallo alto nin baxo que me vença segund cuedo ;
« quando ala lucha me abaxo, al que una vez trauar
      puedo,
« derribol, si me denuedo.» —

Dis : « aqui avras casamiento qual tu demandudieres,
« Casar me he de buen talento contigo si algo dieres,
« faras buen entendimiento.» — dixel yo : « pide lo que
              quisieres,
« e dar te he lo que pidieres.»

Dis : « dame un prendero que sea de bermejo paño,
« e dame un bel pandero e seys anillos de estaño,
« un çamaron disantero e garnacho para entre el año
« e non fables en engaño.

« Dam' çarçillos de heuilla de laton byen relusiente,
« e dame toca amarilla byen listada en la fruente,
« çapatas fasta rrodilla e dira toda la gente :
« bien caso Menga Lloriente.» —

Yol dixe : «dar te he esas cosas e aun mas, si mas comides,
« byen loçanas e fermosas ; atus parientes conbydes,
« luego fagamos las bodas e esto non lo oluides,
« que ya vo por lo que pides.» —

6.   *De las propiedades*
        que las dueñas chicas han

QUIERO vos abreuiar la predicaçion,
       que sienpre me pague de pequeño sermon
e de dueña pequeña e de breue rason,
ca poco e bien dicho afyncase el coraçon.

Del que mucho fabla ryen ; quien mucho rrie es loco ;
es en la dueña chica amor grande e non poco ;
dueñas ay muy grandes que por chicas non troco,
mas las chicas e las grandes se rrepienten del troco.

De las chicas que byen diga el amor me fiso ruego,
que diga de sus noblesas yo quiero las desir luego,
desir vos he de dueñas chicas que lo avredes por juego,
son frias como la nieue e arden commo el fuego.

Son frias de fuera, con el amor ardientes,
en la cama solas, trebejo, plasenteras, ryentes,
en casa cuerdas, donosas, sosegadas, bien fasientes,
mucho al y fallaredes ado byen pararedes mientes.

En pequeña girgonça yase grand rresplandor,
en açucar muy poco yase mucho dulçor,
en la dueña pequeña yase muy grand amor,
pocas palabras cunplen al buen entendedor.

Es pequeño el grano de la buena pemienta,
pero mas que la nues conorta e calyenta,
asi dueña pequeña, sy todo amor consyenta,
non ha plaser del mundo que en ella non sienta.

Commo en chica rrosa esta mucha color,
en oro muy poco grand preçio e grand valor,
commo en poco blasmo yase grand buen olor,
ansy en dueña chica yase muy grand sabor.

Como roby pequeño tyene mucha bondat,
color, virtud e preçio e noble claridad,
ansi dueña pequeña tiene mucha beldat,
fermosura, donayre, amor e lealtad.

Chica es la calandria e chico el rruy señor,
pero mas dulçe canta que otra ave mayor;
la muger que es chica por eso es mejor,
con doñeo es mas dulçe que açucar nin flor.

Sson aves pequeñas papagayo e orior,
pero qual quier dellas es dulçe gritador,
adonada, fermosa, preçiada cantador:
byen atal es la dueña pequeña con amor.

De la muger pequeña non ay conparaçion,
terrenal parayso es e grand conssolaçion,
solas e alegria, placer e bendiçion,
mejor es enla prueua que enla salutaçion.

Ssyenpre quis muger chica mas que grande nin **mayor**,
non es desaguisado del grand mal ser foydor,
del mal tomar lo menos, diselo el sabidor,
por ende delas mugeres la mejor es la menor.

7.   *Gosos de Santa Maria*

TODOS bendigamos
     a la Virgen Santa,
sus gosos digamos
e su vida quanta
fue, segund fallamos
que la estoria canta
vida tanta.
     El año doseno
a esta donsella,
angel de dios bueno,
saludo a ella
Virgen bella.
     Pario su fijuelo,
que goso tan maño !
a este moçuelo
el treseno año :
rreyes venieron lluego,
con presente estraño
dar, adorallo.
     Años treynta e tres
con Christos estudo ;

12

quando rresuçitado es
quarto goço fue conplido ;
quinto quando Jhesus es
al çielo sobido
e lo vido.

   Sesta alegria
ovo ella quando,
en su conpañia
los diçipulos estando,
Dios ally enbya
Spiritu Santo
alunbrando.

   La vida conplida
del fijo Mexia,
nueue años de vida
byuio Santa Maria ;
al çielo fue subida,
que grand alegria,
este dia !

   Gosos fueron siete,
años cinquenta
e quatro çierta mente
ovo ella por cuenta.
Defiende nos sienpre
de mal e de afruenta,
Virgen genta !

   Todos los cristianos
aved alegria
señeladamente
en aqueste dia,
nascio por salvarnos
de Santa Maria
en nuestra valia.

8. *De commo los scolares demandan por Dios*

SEÑORES, dat al escolar
que vos vien demandar.
 Dat lymosna o rraçion,
fare por vos oraçion
que Dios vos de saluaçion,
quered por Dios a mi dar.
 El byen que por Dios feçierdes,
la lymosna que por el dierdes,
quando deste mundo salierdes,
esto vos avra de ayudar.
 Quando a Dios dierdes cuenta
de los algos e de la renta,
escusar vos ha de afruenta
la lymosna por el far.
 Por una rasion que dedes,
vos çiento de Dios tomedes
e en parayso entredes :
ansi lo quiera el mandar !
 Catad que el byen faser
nunca se ha de perder ;
poder vos ha estorçer
del infierno mal lugar.

 Señores, vos dat a nos
esculares pobres dos.
 El Señor de parayso,
Christos, tanto que nos quiso
que por nos muerte priso,
mataron lo jodios.
 Murio nuestro Señor
por ser nuestro saluador ;
dad nos por el su amor,

si el salue a todos nos !
    Acordat vos de su estoria,
dad por Dios en su memoria.
Sy el vos de la su gloria
dad lymosna por Dios.
    Agora en quanto byuierdes,
por su amor sienpre dedes
e con esto escaparedes
del infierno e de su tos.

9.   *Cantica de loores de Santa Maria*

EN ty es mi sperança,
  Virgen Santa Maria ;
en señor de tal valia
es rrason de aver fiança.
    Ventura astrosa,
cruel, enojosa,
captiua, mesquina,
por que eres sañosa,
contra mi tan dapnosa
e falsa vesina ?
    Non se escreuir,
nin puedo desir,
la coyta estraña
que me fases sofrir,
con deseo beuir
en tormenta tamaña.
    Ffasta oy toda via,
mantouiste porfia
en me mal traher ;
fas ya cortesia
e dame alegria,
gasado e praser.

E si tu me tyrares
coyta e pesares,
e mi grand tribulança
en goço tornares,
e bien ayudares,
faras buena estança.

    Mas si tu porfias
e non te desvias
de mis penas cresçer,
ya las coytas mias
en muy pocos dias
podran fenesçer.

ALFONSO XI

1314 (?)—1350

10.   *Cantiga*

EN un tiempo cogi flores
        del muy noble paraiso,
cuitado de mis amores
e d' el su fremoso riso !
e siempre vivo en dolor
e ya lo non puedo sofrir,
mais me valera la muerte
que en el mundo vivir.

            Yo con cuidado d'amores
            vol'o vengo ora dizer,
            que he d'aquesta mi senhora
            que muicho desejo aver.

    En el tiempo en que solia
yo coger d'aquestas frores,
d'al cuidado non avia
desque vi los sus amores ;

16

e non se por qual ventura
me vino a defalir,
si lo fiz' el mi peccado,
si lo fizo el mal dizir.
 Yo con cuidado d'amores
 vol'o vengo ora dizer,
 que he d'aquesta mi senhora
 que muicho desejo aver.

No creades, mi senhora,
el mal dizer de las gentes,
ca la muerte m'es llegada
sy en ello parades mentes;
ay senhora, noble rosa,
mercede vos vengo pidir,
avede de mi dolor
e no me dexedes morir.
 Yo con cuidado d'amores
 vol'o vengo ora a dizer,
 que he d'aquesta mi senhora
 que muicho desejo aver.

Yo cogi la flor das frores
de que tu coger solias,
cuitado de mis amores
bien se lo que tu querias;
Dios lo pues te por tal guisa
que te lo pueda fazer,
ant' yo queria mi muerte
que te asy veja a morrer.
 Yo con cuidado d'amores
 vol'o vengo ora a dizer,
 que he d'aquesta mi senhora
 que muicho desejo aver.

17

11.   *Cantar*

TRISTURA e grant cuidado
   son comigo todavia,
pues plaser e alegria
asi man desanparado.

   Asi man desanparado
sin los nunca mereçer,
ca sienpre ame plaser,
de alegria fuy pagado.
E agora por mi pecado
contra mi tomaron saña,
en esta tierra estraña
me dexaron oluidado.
         La tristura e grant cuydado
            son comigo todavia,
            pues plaser e alegria
            asi man desanparado.

   Dexaronme oluidado
en una prision escura,
de cuydado e tristura
me fallaron muy penado
pues me vieron apartado,
nunca se parten de mi,
desde entonçe fasta aqui
dellos ando acompannado.
         La tristura e grant cuydado
            son comigo todavia,
            pues plaser e alegria
            asy man desanparado.

   Dellos ando acompannado
en mi triste coraçon,
sienpre, e en toda sason

lo tienen muy bien guardado
e veo que a su grado
de mi non se partiran,
e comigo moraran
en cuanto fuere cuytado.

      La tristura e grant **cuydado**
      son comigo todavia,
      pues plaser e alegria
      asy man desanparado.

12.   *Cantar a la Virgen Maria*

     SENNORA, por quanto supe
       tus acorros, en ti espero,
     e a tu casa en Guadalupe
     prometo de ser romero.

Tu muy dulçe melesina fueste sienpre **a cuytados**,
e acorriste muy ayna a los tus encomendados :
por ende en mis cuidados e mi prision tan dura
vesitar la tu figura fue mi talante primero.

     Sennora, por quanto supe
     tus acorros, en ti spero,
     e a tu casa en Guadalupe
     prometo de ser romero.

En mis cuytas todavia sienpre te llamo, Sennora,
o dulçe abogada mia, e por ende te adora
el mi coraçon agora, es esta muy grant tristura,
por el cuydo auer folgura e conorte verdadero.

     Sennora, por quanto supe
     tus acorros, en ti spero,
     e a tu casa en Guadalupe
     prometo de ser romero.

PERO LOPEZ DE AYALA

Tu, que eres la estrella que guardas a los errados,
amansa mi querella, e perdon de mis pecados
tu me gana, e oluidados sean por la tu mesura,
e me lieua aquel altura do es el plaser entero.

Sennora, por quanto supe
tus acorros, en ti spero,
e a tu casa en Guadalupe
prometo de ser romero.

DIEGO FURTADO DE MENDOZA

†1404

13. *Cossante*

A AQUEL arbol, que mueve la foxa,
algo se le antoxa.
Aquel arbol del bel mirar
façe de manyera flores quiere dar :
algo se le antoxa.
Aquel arbol del bel veyer
façe de manyera quiere florecer :
algo se le antoxa.
Façe de manyera flores quiere dar :
ya se demuestra ; salidlas mirar :
algo se le antoxa.
Façe de manyera quiere florecer :
ya se demuestra ; salidlas a ver :
algo se le antoxa.
Ya se demuestra ; salidlas mirar :
vengan las damas las fructas cortar :
algo se le antoxa.

ALFONSO ALVAREZ DE VILLASANDINO

ca. 1340-1428 (?)

14. *Cantiga por amor e loores de una su señora*

VYSSO enamoroso,
  duelete de my,
pues bivo pensoso
desseando a ty.

La tu fermosura
me puso en prisyon,
por la qual ventura
del mi coraçon,
non parte trystura
en toda ssason :
por en tu figura
me entrysteçe assy.

Todo el mi cuydado
es en te loar,
quel tienpo passado
non posso olvidar :
ffaras aguyssado
de mi te menbrar,
pues sienpre de grado
leal te servi.

Estoy cada dya
triste syn plazer ;
sy tan solo un dia
te pudiesse ver,
yo confortar m' ya
con tu paresçer :
por en cobraria
el bien que perdi.

Razonando en tal figura
las aves fueron bolando ;
yo aprés de una verdura
me falle triste cuydando.
E luego en aquella ora
me menbro, gentil señora,
a quien noche e dia adora
mi coraçon ssospirando.

FRANCISCO IMPERIAL

Principios del siglo xv

15.   *Dezir*

NON fue por çierto mi carrera vana,
        passando la puente de Guadalquivir,
atan buen encuentro que yo vi venir
rribera del rio, en medio Triana,
a la muy fermosa Estrella Diana,
qual sale por mayo al alva del dia,
por los santos passos de la romeria :
muchos loores aya santa Ana.

E por galardon demostrar me quiso
la muy delicada flor de jasmin,
rrosa novela de oliente jardin,
e de verde prado gentil flor de lyso,
el su graçioso e onesto rysso,
ssemblante amorosso e viso ssuave,
propio me paresçe al que dixo : *Ave,*
quando enbiado fue del paraysso.

Callen poetas e callen abtores,
Omero, Oraçio, Vergilio e Dante,
e con ellos calle Ovidio *D'amante*

22

e quantos escripvieron loando señores,
que tal es aqueste entre las mejores,
commo el luçero entre las estrellas,
llama muy clara a par de centellas,
e commo la rrosa entre las flores.

Non se desdeñe la muy delicada
Enfregymio griega, de las griegas flor,
nin de las troyanas la noble señor,
por ser aquesta atanto loada ;
que en tierra llana e non muy labrada,
nasçe a las veses muy oliente rrosa,
assy es aquesta gentil e fermosa,
que tan alto meresçe de ser conprada.

16.   *Dezir*

YO me sso uno que bivo
    con todo omme o muger,
e non me veen, maguer
a muchos e a muchas privo
la vista, e soy esquivo
e plasentero a las veses,
e en poder de rrafezes
a grandes echo en cativo.

Yo mesmo ardo en fuego
e de-si çenisa quedo,
e despues muy quedo a quedo
todo en uno me llego
e qual era torrno luego,
e de madre non nasçi,
nin tal qual so nunca vy,
demudado torrno niego.

23

FERRANT SANCHEZ TALAVERA

Principios del siglo xv

17.   *Dezir*

POR Dios, señores, quitemos el velo
        que turba e çiega asi nuestra vista ;
miremos la muerte qu' el mundo conquista
lançando lo alto e baxo por suelo :
los nuestros gemidos traspasen el cielo
a Dios demandando cada uno perdon
de aquellas ofensas que en toda sason
le fiso el viejo, mançebo mozuelo.

Ca non es vida la que bevimos,
pues que biviendo se viene llegando
la muerte cruel, esquiva, e quando
penssamos bevir, estonçe morimos :
somos bien çiertos donde nasçimos,
mas non somos çiertos a donde morremos,
çertidumbre de vida un ora non avemos ;
con llanto venimos, con llanto nos ymos.

Que se fisieron los Emperadores,
Papas e Reyes, grandes Perlados,
Duques e Condes, caualleros famados,
los rricos, los fuertes e los sabidores,
e quantos servieron lealmente amores
fasiendo sus armas en todas las partes,
e los que fallaron çiençias e artes,
doctores, poetas e los trobadores ?

Padres e fijos, hermanos, parientes,
amigos, amigas que mucho amamos,

24

con quien comimos, bevimos, folgamos,
muchas garridas e fermosas gentes,
dueñas, donçellas, mançebos valientes
que logran so tierra las sus mançebias
e otros señores que ha poco dias
que nosotros vimos aqui estar presentes?

El duque de Cabra e el Almirante
e otros muy grandes asas de Castilla,
agora Ruy Dies que puso mansilla
su muerte a las gentes en tal estante
que la su grant favor fasta en Levante
sonava en proesa e en toda bondat,
que en esta gran corte lusie por verdat
su noble meneo e gentil senblante ?

Todos aquestos que aqui son nonbrados
los unos son fechos çenisa e nada,
los otros son huesos la carne quitada
e son deramados por los fonsados ;
los otros estan ya descoyuntados,
cabeças syn cuerpos, syn pies e syn manos
los otros comiençan comer los gusanos,
los otros acaban de ser enterrados.

Pues, do los imperios, e do los poderes,
rreynos, rrentas e los señorios,
a do los orgullos, las famas e brios,
a do las enpressas, a do los traheres ?
A do las çiençias, a do los saberes,
a do los maestros de la poetria ;
a do los rrymares de grant maestria,
a do los cantares, a do los tañeres ?

A do los thesoros, vasallos, servientes ;
a do los fyrmalles, piedras preçiosas ;
a do el aljofar, posadas cosstosas,
a do el algalia e aguas olientes ;
a do paños de oro, cadenas lusientes,
a do los collares, las jarreteras,
a do peñas grisses, a do peñas veras,
a do las ssonajas que van rretinientes ?

A do los conbites, çenas e ayantares,
a do las justas, a do los torneos,
a do nuevos trajes, estraños meneos,
a do las artes de los dançadores,
a do los comeres, a do los manjares,
a do la franquesa, a do el espender,
a do los rryssos, a do el plaser,
a do menestriles, a do los juglares ?

Segunt yo creo syn falleçimiento,
conplido es el tiempo que dixo a nos
el profeta Yssayas, fijo de Amos :
dis que çessaria todo hordenamiento
e vernie por fedor podrimiento,
e los ommes gentiles de grado morrien,
e a sus puertas que los lloraryen,
e seria lo poblado en destruymiento.

Esta tal muerte con grant tribulança
Geremias, profeta lleno de enojos,
con repentimiento llorando sus ojos
e de muchas lagrimas grant abondança,
mostrando sus faltas e muy grant errança.
Quien este escripto muy bien leera
en este capitulo bien claro vera
que este es el tiempo syn otra dubdança.

FERRANT SANCHEZ TALAVERA

Por ende buen sesso era guarnesçer
de virtudes las almas que estan despojadas,
tirar estas honrras del cuerpo juntadas,
pues somos çiertos que se an de perder ;
quien este consejo quisiere faser
non avra miedo jamas de moryr,
mas traspasara de muerte a bevir
vida por siempre syn le fallesçer.

RUY PAEZ DE RIBERA

ca. 1430 (?)

18.   *Dezir contra la provesa*

GOSTE el axarope del grant Çicotry
    con mirra e guta e fiel destrenpado
e otra amargura egual non senty
que ver me de rrico a pobre torrnado ;
ca por la proveza me veo abaxado,
e veo me solo andar por los yermos :
quien vido al rrico pedir a los syervos,
ved qual dolor seria ygualado.

Echaron me a cuestas azogue por peso
e peñas e sierras e fierro plomado,
mas nunca perdy por ello mi seso,
salvo por ver me muy pobre lazdrado :
por esto me syento atanto pesado
que non se me puede el cuerpo mover
a cosa del mundo que quiera faser.
Sy non commo tormo estar me asentado,

Firio me saeta de fierro ervolada
que me traspaso el mi coraçon,

27

mas nunca senty dolençia ygualada
con llaga del pobre en conparaçion :
por esta perdy mi buena rrason,
e todo alvedrio e todo sentido ;
por esta me tyene el mundo aborrido
e bivo çercano de desperaçion.

    Senty la muerte e su grant temor,
e se donde llega su grant amargura,
mas nunca senty su par en dolor,
commo su pobresa en tanto que dura :
por esta se pierde toda la cordura,
aquesta destruye e rroba la fama ;
al alma e cuerpo lo quema syn llama,
e fase el buen seso tornar en locura.

    Sofry en el mundo amargas pasiones,
peligros e miedos e fuy salteado,
e algunas vegadas me vy en tentaçiones
de saña de pueblo e de Rrey ayrado ;
e vy me en las lenguas ser mal tractado,
mas con todo eso yo nunca senty
las penas mortales, sy non desque vy
qual es la rravia del pobre cuytado.

    Yo me vy solo en bravas montañas,
anduve en la mar tormenta corryendo,
syn vela, syn remos en ondas estrañas
dyversos peligros e miedo sofriendo,
tormentos crueles e penas veyendo
a vista de ojos syn conparaçion :
con todo no yguala tal tribulaçion
a la del pobre que muere biviendo

RUY PAEZ DE RIBERA

Vy me doliente e fuy desterrado
e tove enemigos muy poderosos,
e todos los males que suso he contado
nunca me fueron atan peligrosos
para el cuerpo e al alma afanosos,
commo los males de la vyl pobreza,
ca sufro por ellos muerte e cruesa,
gostos amargos, pesares cuydosos.

Por esta non tiene ningunos parientes
padre nin madre, primos nin hermanos,
e es mal quisto de todas las gentes,
tan bien de agenos, commo de çercanos:
todos le catan segunt omizianos,
e muere biviendo mill vezes al dia;
en fin quando vyene su postremeria,
non saben su fuesa maguer sus cormanos.

Lo que Dios crio fermoso e sesudo,
cortes, gentil, linpio e muy esforçado,
pobresa le fase ser torpe e mudo,
flaco e cobarde, e loco provado,
e suzio e feo, muy desdonado,
e triste ingerido e muy dolyoso:
fuyen del todos commo de leproso;
quien no lo conosçe le sale umiziado.

1376 (?)-1460 (?)

19.   *Dezir de loores*

EL gentil niño Narçiso
     en una fuente engañado,
de ssy mesmo enamorado
muy esquiva muerte priso :
señora de noble rriso
e de muy gracioso brio,
a mirar fuente nin rrio
non se atreva vuestro viso.

Deseando vuestra vida
aun vos do otro consejo,
que non se mire en espejo
vuestra fas clara e garrida :
quien sabe sy la partida
vos sera dende tan fuerte,
por que fuese en vos la muerte
de Narciso repetida ?

Engañaron sotylmente
por emaginacion loca
fermosura e hedad poca
al niño bien paresçiente :
estrella resplandeciente,
mirad bien estas dos vias,
pues hedad e pocos dias
cada qual en vos se syente.

Quien sy no los serafines
vos vençen de fermosura,
de niñes e de frescura,
las flores de los jardines?

Pues, rosa de los jasmines,
aved la fuente escusada
por aquella que es llamada
estrella de los maytines.

Prados, rrosas e flores
otorgo que los miredes,
e plase me que escuchedes
dulçes cantigas de amores ;
mas por sol nin por calores
tal codiçia non vos ciegue ;
vuestra vista syenpre nyegue
las fuentes e sus dulçores.

Con plaser e gozo e ryso
rruego a Dyos que rresplandescan
vuestros bienes e florescan
mas que los de Dido Elisa :
vuestra fas muy blanca, lisa,
jamas nunca syenta pena,
a Dyos, flor de azuzena,
duela vos de'sta pesquisa.

20.   *Pregunta*

ABRYL ya pasado aquende
e llegando el mes de mayo,
mi coraçon con desmayo
commo quien plaser atiende,
quando el sol mas se ençiende
de un arbol dixo un gayo :
« Aunque uno cuyda el vayo,
quien lo ensylla al entyende.»

31

Commo fferido e llagado
mi coraçon syn sospecha,
mas triste dixo que endecha
es tu cantar desdonado.
« Di, gayo de mi cuidado,
qual injuria te fue fecha
por que tu muy cruel frecha
ha mi goso asy turbado ? »

Nunca tale tu floresta
ni corte tus nuevas flores,
a gayos nin a rruy sseñores
nunca lançe con vallesta :
mi deseo e mi requesta
syenpre fue servir amores ;
a todos sus servidores
mi voluntad es muy presta.

Los laureles he por viçio,
los rrosales por estrena ;
las flores de la açuçena
ya sintieron mi serviçio :
a veses por este ofiçio
he plaser, a veses pena ;
por menor que Poliçena
nunca mi puerta desquiçio.

Debatiendo se e cantando
bolo e fuese su via,
yo que vy con alegria
quede triste e sospirando :
asy vivo emaginando
la fin deste qual serya,
sy sera de qual solya
ser la que syrvo mudando.

FYNIDA

Pues fuestes syenpre del vando
d'amor en su conpañia,
amigo, por cortesya
yd me aquesto declarando.

DON ALVARO DE LUNA

ca 1388-1453

21. *Cancion*

PORQUE de llorar
et de sospirar
ya non cesaré,
    Pues que por loar
a quien fuy amar,
yo nunca cobré.
    Lo que deseé
et desearé
ya mas todavia,
    Aunque çierto sé
que menos abré
que en el primer dia.
    De quien su porfia
me quita alegria,
despues que la vi,
    Que ya mas querria
morir algun dia
que bevir ansi.
    Mas pues presomi
que desque nasci
por ti padescer,
    Pues gran mal sofri
resciba de ti
agora placer.

EL MARQUÉS DE SANTILLANA

1398-1458

22. *Soneto*

LEXOS de vos e çerca de cuydado,
   pobre de goço e rico de tristeça,
fallido de reposo e abastado
de mortal pena, congoxa e braveça ;
   desnudo de esperança e abrigado
de inmensa cuyta e visto de aspereça,
la mi vida me fuye, mal mi grado,
la muerte me persigue sin pereça.
   Nin son bastantes a satisfazer
la sed ardiente de mi grand deseo
Tajo al presente, nin me socorrer
   la enferma Guadiana, nin lo creo :
solo Guadalquivir tiene poder
de me guarir e solo aquel deseo.

23. *Cancion*

SI tu deseas a mi
   yo non lo sé ;
pero yo deseo a ti
   en buena fe.

E non a ninguna mas
   asy lo ten :
nin es, ni sera jamas
   otra mi bien.

34

En tan buena ora te vi
  e te fable
que del todo te me di
  en buena fe.

Yo soy tuyo, non lo dubdes,
  sin fallir ;
e non pienses al, ni cuydes,
  sin mentir.
Despues que te conosçi
  me captive,
e sesso e saber perdi
  en buena fe.

A ti amo e amare
  toda sazon,
e siempre te servire
  con grand razon :
pues la mejor escoji
  de quantas sé,
e non finjo nin fengi
  en buena fe.

24. *Villancico a unas tres fijas suyas*

POR una gentil floresta
  de lindas flores e rosas,
vide tres damas fermosas
que de amores han requesta.
  Yo, con voluntad muy presta,
me llegue a conosçellas ;
començo la una de ellas
esta cancion tan honesta :
      Aguardan a mi :
    nunca tales guardas vi.

EL MARQUÉS DE SANTILLANA

Por mirar su fermosura
destas tres gentiles damas,
yo cobrime con las ramas,
metime so la verdura.
La otra con grand tristura
começo de sospirar
e dezir este cantar
con muy honesta mesura :
    La niña que amores ha,
    sola, como dormira ?

Por non les fazer turbança
non quise yr mas adelante
a las que con ordenança
cantavan tan consonante.
La otra con buen semblante
dixo : Señoras de estado,
pues las dos aveis cantado,
a mi conviene que cante :
    Dejadlo al villano pene ;
    vengueme Dios delle.

Desque ya ovieron cantado
estas señoras que digo,
yo sali desconsolado,
como ome sin abrigo.
Ellas dixeron : Amigo,
non soys vos el que buscamos ;
mas cantad, pues que cantamos :
    Sospirando yva la niña
    e non por mi,
    que yo bien se lo entendi.

25.   *Serranilla*

MOÇA tan fermosa
non vi en la frontera,
como una vaquera
de la Finojosa.

Faziendo la via
del Calatreveño
a Sancta Maria,
vençido del sueño
por tierra fragosa
perdi la carrera,
do vi la vaquera
de la Finojosa.

En un verde prado
de rosas e flores,
guardando ganado
con otros pastores,
la vi tan graçiosa
que apenas creyera
que fuesse vaquera
de la Finojosa.

Non creo las rosas
de la primavera
sean tan fermosas
nin de tal manera,
fablando sin glosa,
si antes sopiera
de aquella vaquera
de la Finojosa.

Non tanto mirara
su mucha beldad,
porque me dexara
en mi libertad.
Mas dixe : « Donosa
(por saber quien era),
donde es la vaquera
de la Finojosa ? »

Bien como riendo
dixo : « Bien vengades ;
que ya bien entiendo
lo que demandades :
non es deseosa
de amar, nin lo espera,
aquessa vaquera
de la Finojosa.»

JUAN II

1405-1454

26.

Cancion

AMOR, yo nunca penssé,
aunque poderoso eras,
que podrias tener maneras
para trastornar la fe,
fastagora que lo sé.

Pensaba que conocido
te devia yo tener,
mas non podiera creher
que eras tan mal sabido,
nin tan poco yo penssé,

aunque poderoso eras,
que podrias tener maneras
para trastornar la fe,
fastagora que lo sé.

JUAN DE MENA

1411-1456

27.   *La Batalla de la Higuera*

CREÇIAN los titulos frescos a bueltas
        de aqueste rey nuestro muy esclareçido,
los quales aurian allende creçido
si non recrecieran algunas rebueltas,
las quales por pazes eternas dissueltas
presto nos vengan a puerto tranquilo,
porque Castilla mantenga en estilo
toga e oliua, non armas nin peltas.

Con dos quarentenas e mas de millares
le vimos de gentes armadas a punto,
sin otro mas pueblo ynerme alli junto,
entrar por la vega talando oliuares,
tomando castillos, ganando lugares,
faziendo por miedo de tanta mesnada
con toda su tierra tenblar a Granada,
tenblar las arenas fondon de los mares.

Mucha morisma vi descabeçada,
que, mas que reclusa detras de su muro
nin que gozosa de tienpo seguro,
quiso la muerte por saña de espada;

39

e mucha mas otra por pieças tajada
quiere su muerte tomarla mas tarde ;
fuyendo non fuye la muerte el couarde,
que mas a los viles es sienpre llegada.

Como en Çeçilia resuena Tifeo,
o las ferrerias de los milaneses,
o como gridauan los sus entremeses
las saçerdotissas del templo lieo,
tal vi la buelta de aqueste torneo :
en tantas de bozes proronpe la gente,
que non entendia sinon solamente
el nonbre del fijo del buen Zebedeo.

E vimos la sonbra de aquella figuera
donde a desora se vido criado
de muertos en pieças vn nuevo collado,
tan grande, que sobra razon su manera ;
e como en arena de momia se espera,
supito viento leuanta grand cunbre,
assi del otero de tal muchedumbre
se espanta quien antes ninguno non viera.

O virtuosa magnifica guerra,
en ti las querellas boluerse deuian,
en ti do los nuestros muriendo biuian
por gloria en los çielos e fama en la tierra,
en ti do la lança cruel nunca yerra,
nin teme la sangre verter de parientes ;
reuoca concordes a ti nuestras gentes
de tales quistiones e tanta desferra.

28.   *Cancion*

DONDE yago enesta cama,
     la mayor pena de mi
es pensar quando parti
de entre braços de mi dama.

   A bueltas del mal que siento
de mi partida, pardios,
tantas vezes me arrepiento
quantas me miembro de vos,
tanto que me hazen fama
que de aquesto adoleci,
los que saben que parti
de entre braços de mi dama.

   Aunque padezco y me callo,
por esto mis tristes quexos,
no menos cerca los hallo
que vuestros bienes de lexos:
si la fin es que me llama,
o que muerte que perdi,
en biuir quando parti
de entre braços de mi dama.

29.   *A una dama que yua cubierta*

EL coraçon se me fue
        donde vuestro vulto vi,
e luego vos conosçi
al punto que vos mire ;
que no puedo fazer tanto
por mucho que vos cubriese
aquel vuestro negro manto
que no vos reconosçiese.

Que debaxo se mostraua
vuestra gracia y gentil ayre,
y el cubrir con buen donayre
todo lo magnifestaua ;
asy que con mis enojos
e muy grande turbaçion
alla se fueron mis ojos
do tenia el coraçon.

JUAN ALVAREZ GATO

30.   *Cantar a Nuestra Señora*

DIME, Señora, dy,
        quando parta desta tierra,
sy te acordaras de my.

Quando ya sean publicados
mis tienpos en mal gastados
y todos quantos pecados
yo mesquino comety,
sy te acordaras de my.

JUAN ALVAREZ GATO

En el siglo duradero
del juyzio postrimero,
do por mi remedio espero
los dulces ruegos de ty,
sy te acordaras de my.

Quando yo este en ell afrenta
de la muy estrecha cuenta
de quantos bienes y renta
de tu hijo resçeby,
sy te acordaras de my.

CABO
Quando mi alma cuytada,
temiendo ser condenada
de hallarse muy culpada
terna mil quexas de sy,
sy te acordaras de my.

JORGE MANRIQUE

1440-1479

31. *Coplas que fizo por la muerte de su padre*

RECUERDE el alma dormida,
abiue el seso y despierte,
    contenplando
como se passa la vida,
como se viene la muerte
    tan callando ;
quan presto se va el plazer,
como despues de acordado
    da dolor,
como, a nuestro paresçer,
qualquiera tienpo passado
    fue mejor.

43

Pues si vemos lo presente
como en un punto se es ydo
    y acabado,
si juzgamos sabiamente,
daremos lo no venido
    por passado.
No se engañe nadie, no,
pensando que ha de durar
    lo que espera
mas que duro lo que vio,
pues que todo ha de passar
    por tal manera.

Nuestras vidas son los rios
que van a dar enla mar
    que es el morir :
alli van los señorios
derechos a se acabar
    y consumir ;
alli los rios caudales,
alli los otros, medianos
    y mas chicos,
allegados son yguales
los que biuen por sus manos
    y los ricos.

Dexo las ynuocaçiones
delos famosos poetas
    y oradores ;
no curo de sus ficciones,
que traen yeruas secretas
    sus sabores.

JORGE MANRIQUE

Aquel solo me encomiendo,
aquel solo ynuoco yo
     de verdad,
que eneste mundo biuiendo,
el mundo no conoscio
     su deydad.

Este mundo es el camino
para el otro, que es morada
     sin pesar ;
mas cunple tener buen tino
para andar esta jornada
     sin errar.
Partimos quando nascemos,
andamos mientra biuimos,
     y llegamos
al tienpo que fenescemos ;
assi que quando morimos
     descansamos.

Este mundo bueno fue
si bien usassemos del
     como deuemos,
porque, segun nuestra fe,
es para ganar aquel
     que atendemos.
Y aun aquel fijo de Dios
para sobirnos al cielo
     descendio
a nascer aca entre nos,
y a biuir eneste suelo
     do murio.

Si fuesse en nuestro poder
tornar la cara fermosa
     corporal,
como podemos fazer
el anima gloriosa
     angelical,
que diligencia tan biua
touieramos toda hora
     y tan presta
en conponer la catiua,
dexandonos la señora
     desconpuesta !

Ved de quan poco valor
son las cosas tras que andamos
     y corremos,
que, en este mundo traydor,
aun primero que muramos
     las perdemos :
dellas desfaze la edad,
dellas casos desastrados
     que acaescen,
dellas, por su calidad,
enlos mas altos estados
     desfallescen.

Dezidme, la fermosura,
la gentil frescura y tez
     dela cara,
la color y la blancura
quando viene la vejez,
     qual se para ?

JORGE MANRIQUE

Las mañas y ligereza
y la fuerça corporal
  de jouentud,
todo se torna graueza
quando llega al arraual
  de senectud.

Pues la sangre delos godos
y el linage, y la nobleza
  tan crescida,
por quantas vias y modos
se sume su grand alteza
  enesta vida !
Unos, por poco valer,
por quan baxos y abatidos
  que los tienen !
y otros, por no tener,
con ofiçios no deuidos
  se mantienen.

Los estados y riqueza,
que nos dexan a desora,
  quien lo duda ?
No les pidamos firmeza,
pues que son de una señora
  que se muda ;
que bienes son de Fortuna
que rebuelue con su rueda
  presurosa,
la qual no puede ser una,
ni estar estable ni queda
  en una cosa.

Pero digo que aconpañen
y lleguen hasta la huessa
    con su dueño :
por esso no nos engañen,
pues se va la vida apriessa
    como sueño.
Y los deleytes de aca
son en que nos deleytamos
    tenporales,
y los tormentos de alla,
que por ellos esperamos,
    eternales.

Los plazeres y dulçores
desta vida trabajada
    que tenemos,
que son sino corredores,
y la muerte la celada
    en que caemos ?
No mirando nuestro daño,
corremos a rienda suelta
    sin parar ;
desque vemos el engaño
y queremos dar la buelta,
    no ay lugar.

Essos reyes poderosos
que vemos por escrituras
    ya passadas,
con casos tristes llorosos
tueron sus buenas venturas
    trastornadas :

assi que no ay cosa fuerte,
que a papas y enperadores
    y perlados
assi los trata la Muerte
como alos pobres pastores
    de ganados.

Dexemos alos troyanos,
que sus males no los vimos,
    ni sus glorias ;
dexemos alos romanos,
aunque oymos y leymos
    sus estorias ;
no curemos de saber
lo de aquel siglo passado
    que fue dello ;
vengamos alo de ayer,
que tan bien es oluidado
    como aquello.

Que se fizo el rey don Juan ?
los ynfantes de Aragon,
    que se fizieron ?
Que fue de tanto galan ?
que fue de tanta ynuencion,
    como truxieron ?
Las justas y los torneos,
paramentos, bordaduras,
    y cimeras,
fueron sino deuaneos ?
que fueron sino verduras
    delas eras ?

Que se fizieron las damas,
sus tocados, sus vestidos,
    sus olores ?
Que se fizieron las llamas
delos fuegos encendidos
    de amadores ?
Que se fizo aquel trobar,
las musicas acordadas
    que tañian ?
Que se fizo aquel dançar,
aquellas ropas chapadas
    que trayan ?

Pues el otro su heredero,
don Enrrique, que poderes
    alcançaua !
quan blando, quan falaguero
el mundo con sus plazeres
    sele daua !
Mas vereys quan enemigo,
quan contrario, quan cruel
    sele mostro,
auiendole sido amigo,
quan poco duro con el
    lo que le dio.

Las dadiuas desmedidas,
los edificios reales,
    llenos de oro,
las vaxillas tan febridas,
los enrriques y reales
    del tesoro,

los jaezes, los cauallos
de su gente, y atauios
     tan sobrados,
donde yremos a buscallos ?
que fueron sino rocios
     delos prados ?

Pues su hermano el ynocente,
que en su vida sucessor
     se llamo,
que corte tan excelente
tuuo, y quanto grand señor
     le siguio !
Mas como fuesse mortal
metiolo la Muerte luego
     en su fragua.
O juyzio diuinal !
quando mas ardia el fuego
     echaste agua.

Pues aquel grand condestable,
maestre que conoscimos
     tan priuado,
no cunple que del se fable,
sino solo que lo vimos
     degollado.
Sus ynfinitos tesoros,
sus villas y sus lugares,
     su mandar,
que le fueron sino lloros ?
fueronle sino pesares
     al dexar ?

Pues los otros dos hermanos,
maestres tan prosperados
    como reyes,
que alos grandes y medianos
truxieron tan sojuzgados
    a sus leyes,
aquella prosperidad
que tan alta fue sobida
    y ensalçada,
que fue sino claridad
que estando mas encendida
    fue amatada ?

Tantos duques excelentes,
tantos marqueses y condes,
    y varones
como vimos tan potentes,
di, Muerte, do los escondes
    y traspones ?
Y las sus claras hazañas
que fizieron enlas guerras
    y enlas pazes,
quando tu, cruda, te ensañas,
con tu fuerça las atierras
    y desfazes.

Las huestes ynnumerables,
los pendones y estandartes
    y vanderas,
los castillos ynpugnables,
los muros y baluartes
    y barreras,

JORGE MANRIQUE

la caua honda chapada
o qualquier otro reparo
     que aprouecha ?
que si tu vienes ayrada,
todo lo passas de claro
     con tu flecha.

Aquel de buenos abrigo,
amado por virtuoso
     dela gente,
el maestre don Rodrigo
Manrrique, tanto famoso
     y tan valiente,
sus grandes fechos y claros
no cunple que los alabe,
     pues los vieron,
ni los quiero fazer caros,
pues el mundo todo sabe
     quales fueron.

Que amigo de sus amigos !
que señor para criados
     y parientes !
que enemigo de enemigos ·
que maestro de esforçados
     y valientes !
Que seso para discretos !
que gracia para donosos !
     que razon !
Que benigno alos subjetos,
y alos brauos y dañosos
     un leon !

JORGE MANRIQUE

En ventura Octauiano,
Julio Cesar en vencer
    y batallar,
enla virtud Africano,
Anibal enel saber
    y trabajar,
enla bondad un Trajano,
Tito en liberalidad
    con alegria,
en su braço Aureliano,
Marco Atilio enla verdad
    que prometia.

Antonio Pio en clemencia,
Marco Aurelio en ygualdad
    del senblante,
Adriano en eloquencia,
Teodosio en umildad
    y buen talante.
Aurelio Alexandre fue
en diciplina y rigor
    dela guerra,
un Constantino enla fe,
Camilo enel grand amor
    de su tierra.

No dexo grandes tesoros,
ni alcanço grandes riquezas
    ni vaxillas,
mas fizo guerra alos moros,
ganando sus fortalezas
    y sus villas;

y enlas lides que vençio,
muchos moros y cauallos
        se perdieron,
y eneste ofiçio gano
las rentas y los vasallos
        que le dieron.

Pues por su onrra y estado,
en otros tienpos passados
        como se huuo ?
quedando desanparado,
con hermanos y criados
        se sostuuo.
Despues que fechos famosos
fizo enesta dicha guerra
        que fazia,
fizo tratos tan onrrosos,
que le dieron aun mas tierra
        que tenia.

Estas sus viejas estorias
que con su braço pinto
        en jouentud,
con otras nueuas victorias
agora las renouo
        en senectud.
Por su grand abilidad,
por meritos y anciania
        bien gustada,
alcanço la dignidad
dela grand caualleria
        del Espada.

Y sus villas y sus tierras,
ocupadas de tiranos
    las fallo,
mas por cercos y por guerras
y por fuerça de sus manos
    las cobro.
Pues nuestro rey natural
si delas obras que obro
    fue seruido,
digalo el de Portugal,
y en Castilla quien siguio
    su partido.

Despues de puesta la vida
tantas vezes por su ley
    al tablero,
despues de tan bien seruida
la corona de su rey
    verdadero,
despues de tanta hazaña
a que no puede bastar
    cuenta çierta,
enla su villa de Ocaña
vino la Muerte a llamar
    a su puerta,

diziendo : « Buen cauallero,
dexad el mundo engañoso
    y su halago :
vuestro coraçon de azero
muestre su esfuerço famoso
    eneste trago ;

y pues de vida y salud
fezistes tan poca cuenta
     por la fama,
esfuercese la virtud
para sofrir esta afruenta
     que vos llama.

« No se os faga tan amarga
la batalla temerosa
     que esperays,
pues otra vida mas larga
de fama tan gloriosa
     aca dexays.
Aunque esta vida de onor
tanpoco no es eternal
     ni verdadera,
mas con todo es muy mejor
que la otra tenporal
     perescedera.

« El biuir que es perdurable
no se gana con estados
     mundanales,
ni con vida deleytable,
en que moran los pecados
     ynfernales ;
mas los buenos religiosos
gananlo con oraciones
     y con lloros,
los caualleros famosos
con trabajos y aflicciones
     contra moros.

« Y pues vos, claro varon,
tanta sangre derramastes
     de paganos,
esperad el galardon
que eneste mundo ganastes
     por las manos ;
y con esta confiança,
y con la fe tan entera
     que teneys,
partid con buena esperança,
que estotra vida tercera
     ganareys.»

— « No gastemos tienpo ya
enesta vida mezquina
     por tal modo,
que mi voluntad esta
conforme con la diuina
     para todo ;
y consiento en mi morir
con voluntad plazentera
     clara y pura,
que querer onbre biuir
quando Dios quiere que muera
     es locura.

« Tu, que por nuestra maldad
tomaste forma seruil
     y baxo nonbre,
Tu, que a tu diuinidad
juntaste cosa tan vil
     como el onbre,

Tu, que tan grandes tormentos
sofriste sin resistencia
    en tu persona,
no por mis merescimientos
mas por tu sola clemencia
    me perdona.»

Assi con tal entender,
todos sentidos umanos
    conseruados,
cercado de su muger,
de sus fijos y hermanos
    y criados,
dio el alma a quien gela dio,
el qual la ponga enel cielo
    en su gloria,
y aunque la vida murio,
nos dexo harto consuelo
    su memoria.

ANÓNIMO

32.   *Romance del cerco de Baeza*

CERCADA tiene a Baeza   esse arraez Audalla Mir
  con ochenta mil peones, caballeros cinco mil.
Con el va esse traydor, el traydor de Pero Gil.
Por la puerta de Belmar la empieza de combatir;
ponen escalas al muro; comienzan le a conquerir,
ganada tiene una torre; non le pueden resistir,
quando de la de Calonge escuderos vi salir.
Ruy Fernandez va delante, aquesse caudillo ardil;
arremete con Audalla, comienza de le ferir,
cortado le ha la cabeza; los demas dan a fuir.

33. *Romance de Abenámar*

ABENÁMAR, Abenámar,   moro de la morería,
el dia que tu naziste   grandes señales habia !
Estaba la mar en calma,   la luna estaba crecida :
moro que en tal signo naze,   no debia dezir mentira ! —
Alli respondiera el moro,   bien oyreys lo que dezia :
— Yo te le dire, señor,   aunque me cueste la vida,
porque soy hijo de un moro   y una cristiana cautiva ;
siendo yo niño y muchacho   mi madre me lo dezia :
que mentira no dixesse,   que era grande villania :
por tanto pregunta, rey,   que la verdad te diria.
— Yo te agradezco, Abenámar,   aquessa tu cortesia :
Que castillos son aquellos ?   Altos son y reluzian !
— El Alhambra era, señor,   y la otra la mezquita ;
los otros los Alixares,   labrados a maravilla.
El moro que los labraba   cien doblas ganaba al dia,
y el dia que no los labra   otras tantas se perdia.
El otro es Generalife,   huerta que par no tenia,
el otro Torres Bermejas,   castillo de gran valia. —
Alli hablo el rey don Juan,   bien oyreys lo que dezia :
— Si tu quisieses, Granada,   contigo me casaria ;
darete en arras y dote   a Cordoba y a Sevilla.
— Casada soy, rey don Juan,   casada soy, que no viuda :
el moro que a mi me tiene,   muy grande bien me queria.

34. *Romance de Faxardo*

JUGANDO estaba el rey moro   y aun al ajedrez un dia,
con aquese buen Faxardo   con amor que le tenia.
Faxardo jugaba a Lorca,   y el rey moro Almeria ;
jaque le dio con el roque,   el alferez le prendia.
A grandes voces dize el moro :   La villa de Lorca es mia.—
Alli hablara Faxardo,   bien oyreys lo que dezia :

— Calles, calles, señor rey,   no tomes la **tal porfia**,
que aunque me la ganases,   ella no se te daria :
caballeros tengo dentro   que te la defenderian.
Alli hablara el rey moro,   bien oyreys lo que dezia :
— No juguemos mas, Faxardo,   ni tengamos mas **porfia,**
que soys tan buen caballero,   que todo el **mundo os temia.**

35.   *Romance de Antequera*

DE Antequera partio el moro   tres horas antes del dia,
con cartas en la su mano   en que socorro pedia.
Escritas yban con sangre,   mas no por falta de tinta.
El moro que las llevaba   ciento y veinte años habia ;
la barba tenia blanca,   la calva le reluzia ;
toca llevaba tocada,   muy grande precio valia.
La mora que la labrara   por su amiga la tenia,
alhaleme en su cabeza   con borlas de seda fina ;
caballero en una yegua,   que caballo no queria.
Solo con un pajecico   que le tenga compañia,
no por falta de escuderos   que en su casa hartos habia.
Siete celadas le ponen   de mucha caballeria,
mas la yegua era ligera,   de entre todos se salia ;
por los campos de Archidona   a grandes vozes dezia :
— Oh buen rey, si tu supieses   mi triste mensajeria,
mesarias tus cabellos   y la tu barba vellida !
El rey, que venir lo vido,   a recibirlo salia
con trescientos de caballo,   la flor de la moreria.
— Bien seas venido, el moro,   buena sea tu venida.
— Ala te mantenga, el rey,   con toda tu compañia.
— Dime, que nuevas me traes   de Antequera, esa **mi**
                                               villa ?
— Yo te las dire, buen rey,   si tu me otorgas la vida.
— La vida te es otorgada,   si traycion en ti no habia.

— Nunca Ala lo permitiese   hazer tan gran villania !
Mas sepa tu real Alteza   lo que ya saber debria,
que esa villa de Antequera   en grande aprieto se via,
que el infante don Fernando   cercada te la tenia.
Fuertemente la combate   sin cesar noche ni dia ;
manjar que tus moros comen,   cueros de vaca cocida :
buen rey, si no la socorres,   muy presto se perderia.—
El rey, quando aquesto oyera,   de pesar se amortezia ;
haziendo gran sentimiento,   muchas lagrimas vertia ;
rasgaba sus vestiduras,   con gran dolor que tenia,
ninguno le consolaba,   porque no lo permitia ;
mas despues, en si tornando,   a grandes vozes dezia
— Toquense mis añafiles,   trompetas de plata fina :
juntense mis caballeros   quantos en mi reino habia,
vayan con mis dos hermanos   a Archidona, essa mi villa,
en socorro de Antequera,   llave de mi señoria.
Y ansi con este mandado   se junto gran moreria ;
ochenta mil peones fueron   el socorro que venia,
con cinco mil de caballo,   los mexores que tenia.
Ansi en la Boca del Asna   este real sentado habia
a vista del del Infante,   el qual ya se apercebia,
confiando en la gran vitoria   que de ellos Dios le daria,
sus gentes bien ordenadas :   de San Juan era aquel dia,
quando se dio la batalla   de los nuestros tan herida,
que por ciento y veinte muertos   quinze mil moros habia.
Despues de aquesta batalla   fue la villa combatida
con lombardas y pertrechos,   y con una gran bastida,
con que le ganen las torres   de donde era defendida.
Despues dieron el castillo   los moros a pleitesia,
que libres con sus haziendas   el infante los pornia
en la villa de Archidona,   lo qual todo se cumplia :
y ansi se gano Antequera   a loor de Santa Maria.

36. *Romance del rey moro que perdió Alhama*

PASEÁBASE el rey moro   por la ciudad de Granada
desde la puerta de Elvira   hasta la de Vivarambla.
Ay de mi Alhama!

Cartas le fueron venidas   que Alhama era ganada :
las cartas echo en el fuego,   y al mensajero matara.
Ay de mi Alhama!

Descabalga de una mula,   y en un caballo cabalga ;
por el Zacatin arriba   subido se habia al Alhambra.
Ay de mi Alhama!

Como en el Alhambra estuvo,   al mismo punto mandaba
que se toquen sus trompetas,   sus añafiles de plata.
Ay de mi Alhama!

Y que las caxas de guerra   apriesa toquen al arma,
porque lo oigan sus moros,   los de la Vega y Granada.
Ay de mi Alhama!

Los moros que el son oyeron   que al sangriento Marte
llama,
uno a uno y dos a dos   juntado se ha gran batalla.
Ay de mi Alhama!

Alli hablo un moro viejo,   de esta manera hablara :
— Para que nos llamas, rey,   para que es esta llamada?
Ay de mi Alhama!

— Habeys de saber, amigos,   una nueva desdichada
que cristianos de braveza   ya nos han ganado Alhama !
Ay de mi Alhama!

Alli hablo un alfaqui   de barba crecida y cana :
— Bien se te emplea, buen rey,   buen rey, bien se te
empleara !   *Ay de mi Alhama!*

Mataste los Bencerrages,   que eran la flor de Granada ;
cogiste los tornadizos   de Córdoba la nombrada.
Ay de mi Alhama!

Por eso mereces, rey,   una pena muy doblada :
que te pierdas tu y el reyno,   y aqui se pierda Granada.
Ay de mi Alhama!

37.   *Romance Morisco*

—MI padre era de Ronda,   y mi madre de Antequera;
cativaronme los moros   entre la paz y la guerra,
y llevaronme a vender   a Jerez de la Frontera.
Siete dias con sus noches   anduve en almoneda :
no hubo moro ni mora   que por mi diese moneda,
si no fuera un moro perro   que por mi cien doblas diera,
y llevarame a su casa   y echarame una cadena ;
dabame la vida mala,   dabame la vida negra :
de dia majar esparto,   de noche moler cibera,
y echome un freno a la boca,   porque no comiese de ella,
mi cabello retorcido,   y tornome a la cadena.
Pero plugo a Dios del cielo   que tenia el ama buena :
quando el moro se iba a caza   quitabame la cadena,
y echarame en su regazo,   y espulgome la cabeza :
por un placer que le hize   otro muy mayor me hiziera :
dierame los cien doblones,   y enviarame a mi tierra ;
y assi plugo a Dios del cielo   que en salvo me pusiera.

38.   *Romance Morisco*

YO me era mora Morayma,   morilla de un bel catar :
cristiano vino a mi puerta,   cuytada, por me en-
gañar.
Hablome en algarabia   como aquel que la bien sabe :
— Abrasme las puertas, mora,   si Ala te guarde de mal.
— Como te abrire, mezquino,   que no se quien tu seras ?
— Yo soy el moro Mazote,   hermano de la tu madre,
que un cristiano dexo muerto ;   tras mi venia el alcalde :
si no me abres tu, mi vida,   aqui me veras matar. —
Quando esto oy, cuytada,   comenceme a levantar,
vistierame una almexia,   no hallando mi brial,
fuerame para la puerta   y abrila de par en par.

39. *Romance de la linda Infanta*

ESTABA la linda infanta a sombra de una oliva,
peyne de oro en las sus manos, los sus cabellos
bien cria.
Alzo sus ojos al cielo en contra do el sol salia :
vio venir un fuste armado por Guadalquivir arriba.
Dentro venia Alfonso Ramos, almirante de Castilla.
— Bien vengays, Alfonso Ramos, buena sea tu venida :
y que nuevas me traedes de mi flota bien guarnida ?
— Nuevas te traigo, señora, si me seguras la vida.
— Dieseslas, Alfonso Ramos, que segura te seria.
— Alla llevan a Castilla los moros de la Berberia.
— Si no me fuese por que, la cabeza te cortaria.
— Si la mia me cortases, la tuya te costaria.

40. *Romance de Lanzarote*

TRES hijuelos habia el rey, tres hijuelos, que no mas ;
por enojo que hubo de ellos todos maldito los ha.
El uno se torno ciervo, el otro se torno can,
el otro se torno moro, passo las aguas del mar.
Andabase Lanzarote entre las damas holgando,
grandes vozes dio la una : — Caballero, estad parado :
si fuese la mi ventura, cumplido fuese mi hado
que yo casase con vos, y vos comigo de grado,
y me diesedes en arras aquel ciervo del pie blanco.
— Daroslo he yo, mi señora, de coraçon y de grado,
sy supiesse yo las tierras donde el ciervo era criado. —
Ya cabalga Lanzarote, ya cabalga y va su via,
delante de si llevaba dos sabuessos por la trailla.
Llegado habia a una ermita, donde un ermitaño habia :
— Dios te salve, el hombre bueno. —Buena sea tu venida:

caçador me parezeis   en los sabuessos que traia.

— Dígasme tu, el ermitaño,   tu que hazes santa vida,
ese ciervo del pie blanco,   donde haze su manida ?
— Quedais os aqui, mi hijo,   hasta que sea de dia,
contaros he lo que vi,   y todo lo que sabia.
Por aqui passo esta noche   dos horas antes del dia,
siete leones con el   y una leona parida.
Siete condes deja muertos,   y mucha caballeria.
Siempre Dios te guarde, hijo,   por doquier que fuer tu yda,
que quien aca te envio   no te queria dar la vida.
Ay dueña de Quintañones,   de mal fuego seas ardida,
que tanto buen caballero   por ti ha perdido la vida !

41.   *Romance del Palmero*

DE Mérida sale el palmero,   de Mérida, essa ciudad :
los pies llevaba descalzos,   las uñas corriendo sangre.
Una esclavina trae rota,   que no valia un real,
y debaxo traia otra,   bien valia una ciudad !
que ni rey ni emperador   no alcanzaba otra tal.
Camino lleva derecho   de Paris, esa ciudad :
ni pregunta por meson   ni menos por hospital :
pregunta por los palacios   del rey Carlos do esta.
Un portero esta a la puerta,   empezole de hablar :
— Dijesesme tu, el portero,   el rey Carlos donde esta?—
El portero que lo vido,   mucho maravillado se ha,
como un romero tan pobre   por el rey va a preguntar.
— Digadesmelo, señor,   de esso no tengays pesar.
— En misa estaba, palmero,   alla en San Juan de Letran,
que dize misa un arzobispo,   y la oficia un cardenal. —
El palmero que lo oyera   ybase para Sant Juan :
en entrando por la puerta   bien vereys lo que hara.
Humillose a Dios del cielo   y a Santa Maria su Madre,
humillose al arzobispo,   humillose al cardenal,

porque dezia la misa, no porque merecia mas :
humillose al emperador y a su corona real,
humillose a los doze que a una mesa comen pan.
No se humilla a Oliveros, ni menos a don Roldan,
porque un sobrino que tienen en poder de moros esta,
y pudiendolo hazer no le van a rescatar.
Desque aquesto vio Oliveros, desque aquesto vio Roldan,
sacan ambos las espadas, para el palmero se van.
El palmero con su bordon su cuerpo va a mamparar.
Alli hablara el buen rey, bien oyreys lo que dira :
— Tate, tate, Oliveros, tate, tate, don Roldan,
o este palmero es loco o viene de sangre real.
Tomarale por la mano, y empiezale de hablar :
— Digasme tu, el palmero, no me niegues la verdad,
en que año y en que mes passaste aguas de la mar ?
— En el mes de mayo, señor, yo las fuera a passar.
Porque yo me estaba un dia a orillas de la mar
en el huerto de mi padre por haberme de holgar :
captivaronme los moros, pasaronme allende el mar,
a la infanta de Sansueña me fueron a presentar ;
la infanta desque me vido de mi se fue a enamorar.
La vida que yo tenia, rey, quiero vos la contar.
En la su mesa comia, y en su cama me iba a echar. —
Alli hablara el buen rey, bien oyreys lo que dira :
— Tal captividad como essa quien quiera la tomara.
Digasme tu, el palmerico, si la iria yo a ganar ?
— No vades alla, el buen rey, buen rey, no vades alla,
porque Mérida es muy fuerte, bien se vos defendera.
Trescientos castillos tiene, que es cosa de los mirar,
que el menor de todos ellos bien se os defendera. —
Alli hablara Oliveros, alli hablo don Roldan :
— Miente, señor, el palmero, miente y no dize verdad,
que en Mérida no hay cien castillos, ni noventa a mi
                                                    pensar,

y estos que Mérida tiene   no tiene quien los defensar,
que ni tenian señor,   ni menos quien los guardar. —
Desque aquesto oyo el palmero,   movido con gran pesar,
alzo su mano derecha,   dio un bofeton a Roldan.
Alli hablara el rey   con furia y con gran pesar :
— Tomalde, la mi justicia,   y llevedeslo ahorcar. —
Tomadolo ha la justicia   para habello de justiciar :
y aun alla al pie de la horca   el palmero fuera hablar :
— Oh mal hubieses, rey Carlos !   Dios te quiera hazer mal,
que en un hijo solo que tienes   tu le mandas ahorcar. —
Oidolo habia la reina   que se le paro a mirar :
— Dejedeslo, la justicia,   no le querais hazer mal,
que si el era mi hijo   encubrir no se podra,
que un lado ha de tener   un extremado lunar. —
Ya le llevan a la reina,   ya se lo van a llevar :
desnudanle una esclavina   que no valia un real :
ya le desnudaban otra   que valia una ciudad :
halladole han al infante,   halladole han la señal.
Alegrias se hizieron   no hay quien las pueda contar.

42.   *Romance del infante vengador*

HELO, helo por do viene   el infante vengador,
caballero a la gineta   en caballo corredor,
su manto revuelto al brazo,   demudada la color,
y en la su mano derecha   un venablo cortador.
Con la punta del venablo   sacarian un arador.
Siete veces fue templado   en la sangre de un dragon,
y otras tantas fue afilado   porque cortase mexor :
el hierro fue hecho en Francia,   y el asta en Aragon :
perfilandoselo yba   en las alas de su halcon.
Yba buscar a don Quadros,   a don Quadros el traydor,
alla le fuera a hallar   junto el emperador.

La vara tiene en la mano,   que era justicia mayor.
Siete veces lo pensaba,   si lo tiraria o no,
y al cabo de las ocho   el venablo le arrojo.
Por dar al dicho don Quadros   dado ha al emperador :
pasado le ha manto y sayo   que era de tornasol :
por el suelo ladrillado   mas de un palmo le metio.
Alli le hablo el rey,   bien oireis lo que hablo :
— Por que me tiraste, infante ?   por que me tiras,
                                                       traidor?
— Perdoneme tu Alteza,   que no tiraba a ti, no :
tiraba al traidor de Quadros,   esse falso engañador,
que siete hermanos tenia,   no ha dejado, si a mi no ;
por eso delante de ti,   buen rey, lo desafio yo.—
Todos fian a don Quadros,   y al infante no fian, no,
si no fuera una doncella,   hija es del emperador,
que los tomo por la mano,   y en el campo los metio.
A los primeros encuentros   Quadros en tierra cayo.
Apearase el infante,   la cabeza le corto,
y tomarala en su lança,   y al buen rey la presento.
De que aquesto vido el rey   con su hija le caso.

43.   *Romance de Julianesa*

— ARRIBA, canes, arriba !   que rabia mala os mate !
en jueves matays el puerco   y en viernes comeys
                                                       la carne.
Ay que hoy haze los siete años   que ando por este valle !
pues traygo los pies descalzos,   las uñas corriendo sangre,
pues como las carnes crudas,   y bebo la roja sangre,
buscando triste a Julianesa,   la hija del Emperante,
pues me la han tomado moros   mañanica de sant Juan,
cogiendo rosas y flores   en un vergel de su padre.—
Oydolo ha Julianesa,   que en brazos del moro esta :
las lagrimas de sus ojos   al moro dan en la faz.

69

44. *Romance de La Constancia*

MIS arreos son las armas, mi descanso es pelear,
mi cama las duras peñas, mi dormir siempre
                                          velar.
Las manidas son escuras, los caminos por usar,
el cielo con sus mudanzas ha por bien de me dañar,
andando de sierra en sierra por orillas de la mar,
por probar si mi ventura hay lugar donde avadar.
Pero por vos, mi señora, todo se ha de comportar.

45. *Romance de Blanca-Niña*

BLANCA sois, señora mia, mas que el rayo del sol:
si la dormire esta noche desarmado y sin pavor?
que siete años, habia, siete, que no me desarmo, no.
Mas negras tengo mis carnes que un tiznado carbon.
— Dormilda, señor, dormilda, desarmado sin temor,
que el conde es ido a la caza a los montes de Leon.
— Rabia le mate los perros y aguilas el su halcon,
y del monte hasta casa, a el arrastre el moron.
Ellos en aquesto estando, su marido que llego:
— Que hazeys, la Blanca-Niña, hija de padre traydor?
— Señor, peyno mis cabellos, peynolos con gran dolor,
que me dexeys a mi sola y a los montes os vays vos.
— Essa palabra, la niña, no era sino traycion:
cuyo es aquel caballo que alla baxo relincho?
— Señor, era de mi padre, y enviooslo para vos.
— Cuyas son aquellas armas que estan en el corredor?
— Señor, eran de mi hermano, y oy os las envio.
— Cuya es aquella lança desde aqui la veo yo?
— Tomalda, conde, tomalda, matadme con ella vos,
que aquesta muerte, buen conde, bien os la merezco yo.

46.   *Romance de Rosa fresca*

ROSA fresca, rosa fresca,   tan garrida y con amor,
   quando vos tuve en mis brazos,   no vos supe
                                              servir, no ;
y agora que os serviria   no vos puedo haber, no.
— Vuestra fue la culpa, amigo,   vuestra fue, que mia no ;
enviastesme una carta   con un vuestro servidor,
y en lugar de recaudar   el dixera otra razon :
que erades casado, amigo,   alla en tierras de Leon :
que teneys mujer hermosa   y hijos como una flor.
— Quien os lo dixo, señora,   no vos dixo verdad, no ;
que yo nunca entre en Castilla   ni alla en tierras de Leon,
sino quando era pequeño,   que no sabia de amor.

47.   *Romance de Fonte-frida*

FONTE frida, fonte frida,   fonte frida y con amor,
   do todas las avezicas   van tomar consolacion,
sino es la tortolica   que esta biuda y con dolor.
Por alli fuera a passar   el traydor de ruiseñor :
las palabras que le dize   llenas son de traicion :
— Si tu quisiesses, señora,   yo seria tu servidor.
— Vete de ahi, enemigo,   malo, falso, engañador,
que ni poso en ramo verde,   ni en prado que tenga flor ;
que si el agua hallo clara,   turbia la bebia yo ;
que no quiero haber marido,   porque hijos no haya, no :
no quiero plazer con ellos,   ni menos consolacion.
Dexame, triste enemigo,   malo, falso, mal traydor,
que no quiero ser tu amiga   ni casar contigo, no !

48.   *Romance del Prisionero*

POR el mes era de mayo   quando haze la calor,
    quando canta la calandria   y responde el ruyseñor,
quando los enamorados   van a servir al amor,
sino yo triste, cuytado,   que vivo en esta prision,
que ni se quando es de dia,   ni quando las noches son,
sino por una avezilla   que me cantaba al albor :
matómela un ballestero ;   dele Dios mal galardon !

49.   *Romance del conde Arnaldos*

QUIEN hubiese tal ventura   sobre las aguas de mar,
    como hubo el conde Arnaldos   la mañana de San
                                             Juan !
Con un halcon en la mano   la caza yba cazar,
vio venir una galera   que a tierra quiere llegar.
Las velas traia de seda,   la ejercia de un cendal,
marinero que la manda   diziendo viene un cantar
que la mar fazia en calma,   los vientos haze amainar,
los pezes que andan 'nel hondo   arriba los haze andar,
las aves que andan volando   en el mastel las faze posar.
Alli fablo el conde Arnaldos,   bien oyreys lo que dira :
— Por Dios te ruego, marinero,   digasme ora esse cantar.—
Respondiole el marinero,   tal respuesta le fue a dar :
— Yo no digo esta cancion   sino a quien conmigo va.

50.   *Romance de la Infantina*

A CAZAR va el caballero,   a cazar como solia :
  los perros lleva cansados,   el falcon perdido habia,
arrimarse a un roble,   alto es a maravilla.
En una rama mas alta,   viera estar una infantina,
cabellos de su cabeza   todo el roble cobrian.
— No te espantes, caballero,   ni tengas tamaña grima.
Fija soy yo del buen rey   y de la reina de Castilla :
siete fadas me fadaron   en brazos de una ama mia,
que andase los siete años,   sola en esta montiña.
Hoy se cumplian los siete años,   o mañana en aquel dia :
por Dios te ruego, caballero,   llevesme en tu compañia,
si quisieres por muger,   si no, sea por amiga.
— Espereisme vos, señora,   fasta mañana, aquel dia,
ire yo tomar consejo   de una madre que tenia. —
La niña le respondiera   y estas palabras dezia :
Oh mal haya el caballero   que sola deja la niña !
El se va a tomar consejo,   y ella queda en la montiña.

51.   *Romance de doña Alda.*

E N Paris está doña Alda   la esposa de don Roldan,
  trescientas damas con ella   para la acompañar :
todas visten un vestido,   todas calzan un calzar,
todas comen a una mesa,   todas comian de un pan,
sino era doña Alda,   que era la mayoral.
Las ciento hilaban oro,   las ciento texen cendal,
las ciento tañen instrumentos   para doña Alda holgar.
Al son de los instrumentos   doña Alda adormido se ha :
ensoñado habia un sueño,   un sueño de gran pesar.
Recordo despavorida   y con un pavor muy grande,
los gritos daba tan grandes   que se oian en la ciudad.

ANÓNIMO

Alli hablaron sus donzellas,   bien oyreys lo que diran :
— Que es aquesto, mi señora ?   quien es el que os hizo
mal ?

— Un sueño soñe, donzellas,   que me ha dado gran pesar ;
que me veia en un monte   en un desierto lugar :
de so los montes muy altos   un azor vide volar,
tras del viene una aguililla   que lo ahinca muy mal.
El azor con grande cuyta   metiose so mi brial ;
el aguililla con grande ira   de alli lo yba a sacar ;
con las uñas lo despluma,   con el pico lo deshaze. —
Alli hablo su camarera,   bien oyreys lo que dira :
— Aquesse sueño, señora,   bien os lo entiendo soltar :
el azor es vuestro esposo,   que viene de allen la mar ;
el aguila sedes vos,   con la qual ha de casar,
y aquel monte es la iglesia   donde os han de velar.
— Si assi es, mi camarera,   bien te lo entiendo pagar. —
Otro dia de mañana   cartas de fuera le traen ;
tintas venian de dentro,   de fuera escritas con sangre,
que su Roldan era muerto   en la caza de Roncesvalles.

ANÓNIMO

52.   *Villancico*

TRES morillas me enamoran
  en Jaen,
Axa y Fatima y Marien.

   Tres morillas tan garridas
iban a coger olivas,
y hallabanlas cogidas
en Jaen,
Axa y Fatima y Marien.

ANÓNIMO

Y hallabanlas cogidas,
y tornaban desmaidas
y las colores perdidas,
en Jaen,
Axa y Fatima y Marien.

Tres moricas tan lozanas,
tres moricas tan lozanas
iban a coger manzanas
a Jaen,
Axa y Fatima y Marien.

FRAY IÑIGO DE MENDOZA

ca. 1482

53. *Romance que cantó la Novena Orden,*
    que son los seraphines

GOZO muestren en la tierra
y en el limbo alegria,
fiestas hagan en el çielo
por el parto de Maria;
no halle lugar tristeza
en tan plazentero dia,
pues que oy de una donzella
el hijo de Dios nasçia
humillado en carne humana,
para que por esta via
se repare en nuestras syllas
lo que en ellas fallesçia.
O alta fuerça de amor!
pues que tu dulce porfia,
no solo le hizo onbre,
mas a la muerte le enbia,
digamos al sacro niño
con suave melodia.

RODRIGO COTA DE MAGUAQUE

ca. 1492

54.   *Esparsa*

VISTA ciega, luz escura,
      gloria triste, vida muerta,
ventura de desventura,
lloro alegre, risa incierta ;
hiel sabrosa, dulce agrura,
paz y yra y saña presta
es amor, con vestidura
de gloria que pena cuesta.

EL COMENDADOR JOAN ESCRIVÁ

ca. 1497

55.   *Cancion*

VEN muerte tan escondida
      que no te sienta comigo,
porqu' el gozo de contigo
no me torne a dar la vida.

Ven como rayo que hiere,
que hasta que ha herido
no se siente su ruydo,
por mejor herir do quiere :
assi sea tu venida,
si no, desde aqui me obligo
qu' el gozo que aure contigo
me dara de nuevo vida.

56.   *Villancico*

NO le dexes, pensamiento,
    que se quexa
el bien que nunca te dexa.

    Quando duermes el te vela,
quando andas el te guia,
mas ay ! que tan clara via
pocas vezes te consuela :
assi, vive con captela,
que se quexa
el bien que nunca te dexa.

    El se quexa de tu olvido,
porque solo te ha criado,
y despues de tu pecado
en la cruz te ha redemido ;
remedia pues tu sentido,
que se quexa
el bien que nunca te dexa.

    Bien te puedes ocupar,
corazon turbado, escuro,
en ganar algun seguro
de la quenta que has de dar,
porque es cierto sin dudar
que se quexa
el bien que nunca te dexa.

    Eres tu con los olores
con que tu Dios te requiere,
como vibora que muere
en prado de lindas flores ;
mira tu que te mejores,
que se quexa
el bien que nunca te dexa.

FRAY AMBROSIO MONTESINO

Puedes pensar algun rato,
corazon desperdiciado,
en ver a Dios sentenciado
del juez Poncio Pilato ;
de ti digo, y no dilato,
que se quexa
el bien que nunca te dexa.

Si cien mil vezes lo ensañas
por amar cosas ceviles,
por veredas muy sotiles
se trasforma en tus entrañas ;
vea llorar las montañas,
que se quexa
el bien que nunca te dexa.

GARCI SANCHEZ DE BADAJOZ

1460 (?)-1526 (?)

57.   *Villancico*

LO que queda es lo seguro,
que lo que comigo va
desseand' os morira.

Mi anima queda aqui,
señora, en vuestra prision,
partida del coraçon
del dolor con que parti ;
mas los ojos con que os vi,
y el cuerpo que n' os vera,
desseand' os morira.

78

1468 (?)-1529 (?)

58 *Villancico*

TAN buen ganadico,
      y mas en tal valle,
plazer es guardalle.

Ganado d' altura
y mas de tal casta,
muy presto se gasta
su mala pastura ;
y en buena verdura,
y mas en tal valle,
plazer es guardalle.

Ansi que yo quiero
guardar mi ganado,
por todo este prado
de muy buen apero :
con este tempero,
y mas en tal valle,
plazer es guardalle.

Esta muy vicioso
y siempre callando,
no anda balando
ni es enojoso ;
antes da reposo
en cualquiera valle :
plazer es guardalle.

Conviene guardalla
la cosa preciosa,
que en ser codiciosa
procuran hurtalla.

JUAN DEL ENZINA

Ganada sin falla,
y mas en tal valle,
plazer es guardalle.

Pastor que se encierra
en valle seguro,
los lobos te juro
que no le dan guerra.
Ganado de sierra
traspuesto en tal valle
plazer es guardalle.

Pastor de buen grado
yo siempre seria,
pues tanta alegria
me da este ganado ;
y tengo jurado
de nunca dexalle,
mas siempre guardalle.

GIL VICENTE

1470 (?)–1536 (?)

59.   *Cancion de Cassandra*

DIZEN que me case yo ;
no quiero marido, no.

Mas quiero vivir segura
nesta sierra a mi soltura,
que no estar en ventura
si casaré bien o no.
Dizen que me case yo ;
no quiero marido, no.

Madre, no sere casada,
por no ver vida cansada,
o quiza mal empleada
la gracia que Dios me dio.
Dizen que me case yo ;
no quiero marido, no.

No sera ni es nacido
tal para ser mi marido ;
y pues que tengo sabido
que la flor yo me la so,
dizen que me case yo,
no quiero marido, no.

60   *Cantiga*

MUY graciosa es la doncella ;
como es bella y hermosa !
Digas tu, el marinero,
que en las naves vivias,
si la nave o la vela o la estrella
es tan bella.

Digas tu, el caballero,
que las armas vestias,
si el caballo o las armas o la guerra
es tan bella.

Digas tu, el pastorcico,
que el ganadico guardas,
si el ganado o las valles o la sierra
es tan bella.

JUAN BOSCAN

1490 (?)-1542

61.   *Coplas a su amiga,*
enviándole un cancionero de sus coplas

AHI van las ansias mias,
      presentes y las pasadas;
do mas vivas que pintadas
hallareis mis fantasias,
de mi mano trasladadas.
Aunque a otras se presenta
parte aqui de mis querellas,
al rematar de la quenta,
la suma de todas ellas
a vuestra merced se asienta.

Si antes de yo seguiros
lo que hize fue acertado,
de ser yo predestinado
a la gloria de serviros,
parece que fue salvado.
Y si en otras hermosuras
anduvo mi sentimiento,
los males de aquel tormento
no fueron sino figuras
deste nuevo pensamiento.

62. *Soneto*

O GRAN fuerza de amor, que asi enflaqueces
los que nacidos son para ser fuertes,
y les truecas asi todas sus suertes,
que presto los mas ricos empobreces !

O piélago de mar, que te enriqueces
con los despojos de infinitas muertes !
Trágaslos, y despues luego los viertes,
porque nunca en un punto permaneces.

O rayo, cuyo efecto no entendemos,
que de dentro nos dexas abrasados,
y de fuera sin mal sanos nos vemos !

O dolencia mortal, cuyos estremos
son menos conocidos y alcanzados
por los tristes que mas los padecemos.

CRISTÓBAL DE CASTILLEJO

1490 (?)–1550

63. *Al Amor preso*

POR unas huertas hermosas
vagando muy linda Lida,
tejió de lirios y rosas
blancas, frescas y olorosas,
una guirnalda florida ;
y andando en esta labor,
viendo a deshora al Amor
en las rosas escondido,
con las que ella habia tejido
le prendió, como a traidor.

El mochacho no domado,
que nunca pensó prenderse,
viéndose preso y atado
al principio muy airado
pugnaba por defenderse;
y en sus alas estribando,
forcejaba peleando,
y tentaba, aunque desnudo,
de desatarse del ñudo,
para valerse volando.

Pero viendo la blancura
que sus tetas descubrian,
como leche fresca y pura,
que a su madre en hermosura
ventaja no conocian;
y su rostro, que encender
era bastante y mover
con su mucha lozania
los mismos dioses, pedia
para dejarse vencer.

Vuelto a Venus a la hora,
hablándole desde alli,
dijo: «Madre emperadora,
desde hoy mas busca, Señora,
un nuevo amor para ti.
Y esta nueva, con oilla,
no te mueva o de mancilla;
que habiendo yo de reinar,
este es el proprio lugar
en que se ponga mi silla.»

64. *En una partida de la Corte para Madrid*

A LAS tierras de Madrid
hemos de ir ;
todos hemos de morir.

Apercibid, cortesanos,
las armas del sufrimiento ;
que el peligro y el tormento
ya los tenemos cercanos.
De sus poderosas manos
es yerro pensar huir ;
todos hemos de morir.

Por condenadas tened,
si el corazon no es muy fuerte,
las vidas para la muerte,
las entrañas a merced,
en las almas proveed ;
que a la hora de partir
todos hemos de morir.

En esta guerra mortal
soldados son los dolores,
y el amor, con sus amores,
es capitan general ;
puestos en un memorial
tiene los que ha de herir.
Todos hemos de morir.

En el trance que se espera,
decid, morirá Escalante ?
Ya no, porque mucho ante
pagó la deuda postrera.
Sí muriera si viviera,
mas murió para vivir.
Los vivos han de morir.

Figueroa morirá
quando esta nueva se cuente?
Sí, si la pena que siente
le deja llegar allá;
ausencia le matará,
que no la podrá sufrir
sin matarse o sin morir.

El Rey está de partida,
dizen que para Madrid;
parte de Valladolid,
yo partiré de la vida.
Moriré de recaida,
partiendo para partir
segunda vez a morir.

La primera vez mori
muerte de sola mudanza,
y en virtud de la esperanza
he vivido hasta aqui,
alejándome de ahi;
ansias que no sé decir
me condenan a morir.

Dentro me abraso de fuego,
defuera muero de frio,
quanto de vos me desvio,
tanto a la muerte me llego.
De tan peligroso juego
es imposible salir
menos que para morir.

Mi deseo vivirá,
que va por otro camino
caminando de contino
do vuesamerced está.
El cuerpo quedará acá,
que es pesado para ir
y propio para morir.

65.   *Al Amor*

DAME, Amor, besos sin cuento,
     asido de mis cabellos,
y mil y ciento tras ellos,
y tras ellos mil y ciento,
y despues
de muchos millares, tres ;
y porque nadie lo sienta,
desbaratemos la quenta
y contemos al revés.

66.   *Romance contrahecho al que dize*
         «Tiempo es, el caballero»

TIEMPO es ya, Castillejo,
     tiempo es de andar de aqui;
que me crecen los dolores
y se me acorta el dormir ;
que me nacen muchas canas
y arrugas otro que si ;
ya no puedo estar en pie,
ni al rey, mi señor, servir.

CRISTÓBAL DE CASTILLEJO

Tengo vergüenza de aquellos
que en juventud conoci,
viéndolos ricos y sanos
y ellos lo contrario en mi.
Tiempo es ya de retirar
lo que queda de vivir,
pues se me alexa esperanza
quanto se acerca el morir ;
y el medrar, que nunca vino,
no hay ya para que venir ;
adios, adios, vanidades,
que no os quiero mas seguir :
dadme licencia, buen rey,
porque me es fuerza el partir.

GARCILASSO DE LA VEGA

1503-1536

67.   *Cancion*

CON un manso ruido
      de agua corriente y clara,
cerca el Danubio, una isla que pudiera
ser lugar escogido
para que descansara
quien como estó yo agora, no estuviera ;
do siempre primavera
parece en la verdura
sembrada de las flores ;
hazen los ruiseñores
renovar el placer o la tristura
con sus blandas querellas,
que nunca dia y noche cesan dellas.

Aqui estuve yo puesto,
o por mejor dezillo,
preso, forzado y solo en tierra agena;
bien pueden hazer esto
en quien puede sufrillo
y en quien él a si mismo se condena.
Tengo sola una pena,
si muero desterrado
y en tanta desventura
que piensen por ventura
que juntos tantos males me han llevado;
y sé yo bien que muero
por solo aquello que morir espero;

El cuerpo está en poder
y en manos de quien puede
hazer a su plazer lo que quisiere;
mas no podra hazer
que mal librado quede,
mientras de mi otra prenda no tuviere.
Quando ya el mal viniere
y la postrera suerte,
aqui me ha de hallar,
en el mismo lugar;
que otra cosa mas dura que la muerte
me halla y ha hallado;
y esto sabe muy bien quien lo ha probado.

No es necesario agora
hablar mas sin provecho,
que es mi necesidad muy apretada;
pues ha sido en un hora
todo aquello deshecho
en que toda mi vida fue gastada.

Y al fin de tal jornada
presumen espantarme ?
Sepan que ya no puedo
morir sino sin miedo ;
que aun nunca que temer quiso dejarme
la desventura mia,
que el bien y el miedo me quito en un dia.

Danubio, rio divino,
que por fieras naciones
vas con tus claras ondas discurriendo,
pues no hay otro camino
por donde mis razones
vayan fuera de aqui, sino corriendo
por tus aguas y siendo
en ellas anegadas ;
si en tierra tan agena
en la desierta arena
fueren de alguno acaso en fin halladas,
entierrelas, siquiera
porque su error se acabe en tu ribera.

Aunque en el agua mueras,
cancion, no has de quejarte ;
que yo he mirado bien lo que te toca.
Menos vida tuvieras
si hubieras de igualarte
con otras que se me han muerto en la boca.
Quien tiene culpa desto
alla lo entenderás de mi muy presto.

68.   *Cancion a la flor de Gnido*

SI de mi baxa lira
    tanto pudiese el son, que en un momento
aplacase la ira
del animoso viento,
y la furia del mar y el movimiento;

    y en ásperas montañas
con el suave canto enterneciese
las fieras alimañas,
los árboles moviese,
y al son confusamente los traxese;

    no pienses que cantado
seria de mi, hermosa flor de Gnido,
el fiero Marte ayrado
a muerte convertido,
de polvo y sangre y de sudor teñido;

    ni aquellos capitanes
en las sublimes ruedas colocados,
por quien los alemanes
el fiero cuello atados,
y los franceses van domesticados.

    Mas solamente aquella
fuerza de tu beldad seria cantada,
y alguna vez con ella
tambien seria notada
el aspereza de que estás armada;

y como por ti sola,
y por tu gran valor y hermosura,
convertido en viola,
llora su desventura
el miserable amante en tu figura.

Hablo de aquel cativo,
de quien tener se debe mas cuidado,
que está muriendo vivo,
al remo condenado,
en la concha de Venus amarrado.

Por ti, como solia,
del áspero caballo no corrige
la furia y gallardia,
ni con freno le rige,
ni con vivas espuelas ya le aflige.

Por ti, con diestra mano
no revuelve la espada presurosa,
y en el dudoso llano
huye la polvorosa
palestra, como sierpe ponzoñosa.

Por ti, su blanda musa,
en lugar de la cítara sonante,
tristes querellas usa,
que con llanto abundante
hazen bañar el rostro del amante.

Por ti, el mayor amigo
le es importuno, grave y enojoso;
yo puedo ser testigo,
que ya del peligroso
naufragio fui su puerto y su reposo.

GARCILASSO DE LA VEGA

Y agora en tal manera
vence el dolor a la razon perdida,
que ponzoñosa fiera
nunca fue aborrecida
tanto como yo dél, ni tan temida.

No fuiste tu engendrada
ni producida de la dura tierra;
no debe ser notada
que ingratamente yerra
quien todo el otro error de si destierra.

Hágate temorosa
el caso de Anaxárete, y cobarde,
que de ser desdeñosa
se arrepintió muy tarde;
y asi, su alma con su marmol arde.

Estábase alegrando
del mal ageno el pecho empedernido,
quando abaxo mirando
el cuerpo muerto vido
del miserable amante, alli tendido.

Y al cuello el lazo atado
con que desenlazó de la cadena
el corazon cuitado,
que con su breve pena
compro la eterna punicion agena.

Sintió alli convertirse
en piedad amorosa el aspereza.
O tarde arrepentirse !
O última terneza !
Como te sucedió mayor dureza !

Los ojos se enclavaron
en el tendido cuerpo que alli vieron,
los huesos se tornaron
mas duros y crecieron,
y en si toda la carne convirtieron ;

las entrañas heladas
tornaron poco a poco en piedra dura ;
por las venas cuitadas
la sangre su figura
iba desconociendo y su natura ;

hasta que finalmente
en duro marmol vuelta y trasformada,
hizo de si la gente
no tan maravillada
quanto de aquella ingratitud vengada.

No quieras tu, señora,
de Némesis airada las saetas
probar, por Dios, agora ;
baste que tus perfetas
obras y hermosura a los poetas

den inmortal materia,
sin que tambien en verso lamentable
celebren la miseria
de algun caso notable
que por ti pase triste y miserable.

69. *Soneto*

O DULCES prendas, por mi mal halladas,
dulces y alegres quando Dios queria !
juntas estais en la memoria mia
y con ella en mi muerte conjuradas.

Quien me dixera, quando en las pasadas
horas en tanto bien por vos me via,
que me habiais de ser en algun dia
con tan grave dolor representadas ?

Pues en un hora junto me llevastes
todo el bien que por términos me distes,
llevadme junto el mal que me dexastes.

Si no, sospecharé que me pusistes
en tantos bienes, porque deseastes
verme morir entre memorias tristes.

70. *Soneto*

EN tanto que de rosa y azucena
se muestra la color en vuestro gesto
y que vuestro mirar ardiente, honesto,
con clara luz la tempestad serena,

y en tanto que el cabello, que en la vena
del oro se escogió, con vuelo presto,
por el hermoso cuello blanco, enhiesto,
el viento mueve, esparce y desordena ;

coged de vuestra alegre primavera
el dulce fruto, antes que el tiempo ayrado
cubra de nieve la hermosa cumbre.

Marchitará la rosa el viento helado,
todo lo mudará la edad ligera,
por no hazer mudanza en su costumbre.

1503-1575

71.   *A su pensamiento*

PENSAMIENTO mio,
      no me deis tal guerra,
pues sois en la tierra
de quien solo fio ;
      que si en tal altura
no vais poco a poco,
quedaré por loco,
y vos por locura.

      Con alas deshechas
vais dando ocasiones
que vuestras canciones
se vuelvan endechas.

      Y no es el aprieto
de mi cobardia
por vuestra osadia,
mas por mi respeto.

      Vuestra es ya la palma,
mio es el tormento,
pues de pensamiento
sois prision del alma.

      La disculpa hago,
porque amor la haga,
y lleva la paga,
pero yo lo pago.

      Aun pudiera ser
temer donde osais,
si como pensais,
pudiérades ver.

      Mirad si se encarga
mi poco sosiego,

pensamiento ciego,
por senda tan larga.

Con todo, recibo
un bien tan inmenso,
que quando lo pienso,
no pienso que vivo.

Mis fieros tormentos
seran aliviados
si son sepultados
en mis pensamientos.

Honrada y dichosa
es vuestra subida ;
pero la caida
muy mas peligrosa.

Que buen fin espera
quien va sin recelo
subiendo en el cielo
con alas de cera ?

De vuestros antojos
vencido el volar,
dareis nombre al mar
que han hecho mis ojos.

Y el luto despues
traeráse en venganza
por mi, y la esperanza,
y yo por los tres.

Podreis responderme,
si doy en culparos,
que sé aconsejaros,
y no socorrerme.

Y en estos errores
vereis lo que soy.
Consejo os doy,
y tomo dolores.

SANTA TERESA DE JESÚS

1515-1582

72. *Versos nacidos del fuego del amor de Dios*

VIVO sin vivir en mi,
y tan alta vida espero,
que muero porque no muero.

GLOSA

Aquesta divina union,
del amor con que yo vivo,
haze a Dios ser mi cativo,
y libre mi corazon :
mas causa en mi tal pasion
ver a Dios mi prisionero,
que muero porque no muero.

Ay ! que larga es esta vida,
que duros estos destierros,
esta carcel, y estos hierros,
en que el alma está metida !
Solo esperar la salida
me causa un dolor tan fiero,
que muero porque no muero.

Ay ! que vida tan amarga
do no se goza el Señor !
y si es dulce el amor,
no lo es la esperanza larga :
quíteme Dios esta carga,
mas pesada que de acero,
que muero porque no muero.

Solo con la confianza
vivo de que he de morir ;
porque muriendo el vivir
me asegura mi esperanza :
muerte do el vivir se alcanza,
no te tardes, que te espero,
que muero porque no muero.

Mira que el amor es fuerte ;
vida no seas molesta,
mira que solo te resta,
para ganarte, perderte ;
venga ya la dulce muerte,
venga el morir muy ligero,
que muero porque no muero.

Vida, que puedo yo darle
a mi Dios, que vive en mí,
si no es perderte a ti,
para mejor a El gozarle ?
Quiero muriendo alcanzarle,
pues a El solo es el que quiero,
que muero porque no muero.

Estando ausente de ti,
que vida puedo tener ?
sino muerte padecer
la mayor que nunca vi :
lástima tengo de mí,
por ser mi mal tan entero,
que muero porque no muero.

El pez que del agua sale
aun de alivio no carece,
a quien la muerte padece
al fin la muerte le vale :

que muerte habrá que se iguale
a mi vivir lastimero ?
que muero porque no muero.

Quando me empiezo a aliviar
viendote en el Sacramento,
me haze mas sentimiento
el no poderte gozar :
todo es para mas penar,
por no verte como quiero,
que muero porque no muero.

Quando me gozo, Señor,
con esperanza de verte,
viendo que puedo perderte,
se me dobla mi dolor :
viviendo en tanto pavor,
y esperando como espero,
que muero porque no muero.

Sácame de aquesta muerte,
mi Dios, y dame la vida,
no me tengas impedida
en este lazo tan fuerte :
mira que muero por verte,
y vivir sin ti no puedo,
que muero porque no muero.

Lloraré mi muerte ya,
y lamentaré mi vida,
en tanto que detenida
por mis pecados está.
O, mi Dios, quando será,
quando yo diga de vero,
que muero porque no muero.

GUTIERRE DE CETINA

1520 (?)–1557

73.   *Madrigal*

OJOS claros, serenos,
   si de un dulce mirar sois alabados,
por qué, si me mirais, mirais airados ?
Si quanto mas piadosos,
mas bellos pareceis a aquel que os mira,
no me mireis con ira,
porque no parezcais menos hermosos.
Ay, tormentos rabiosos !
Ojos claros, serenos,
ya que asi me mirais, miradme al menos.

JORGE DE MONTEMÔR

1520 (?)–1561

74.   *Cancion de Sireno*

PASADOS contentamientos,
   que quereys ?
dexadme, no me canseys.

   Memoria, quereys oirme ?
Los dias, las noches buenas,
paguélos con las setenas,
no teneys mas que pedirme ;
todo se acabó en partirme
como veys,
dexadme, no me canseys.

JORGE DE MONTEMÔR

Campo verde, valle umbroso,
donde algun tiempo gozé,
ved lo que despues pasé,
y dexadme en mi reposo;
si estoy con razon medroso,
ya lo veys,
dexadme, no me canseys.

Vi mudado un coraçon,
cansado de assegurarme,
fue forçado aprovecharme
del tiempo, y de la ocasion;
memoria do no hay pasion,
qué quereys?
dexadme, no me canseys.

Corderos y ovejas mias,
pues algun tiempo lo fuistes,
las horas ledas, o tristes,
pasáronse con los dias;
no hagays las alegrias
que soleys,
pues ya no m'enganareys.

Si venis por me turbar,
no hay pasion, ni habrá turbarme;
si venis por consolarme,
ya no hay mal que consolar;
si venis por me matar
bien podeys,
matadme y acabareys.

1520-1569

75.   *Visita de Amor*

UNAS coplas muy cansadas,
    con muchos pies arrastrando,
a lo toscano imitadas,
entró un amador cantando,
enojosas y pesadas,
cada pie con dos corcovas,
y de peso doce arrobas,
trovadas al tiempo viejo.
Dios perdone a Castillejo
que bien habló destas trovas.

Dijo Amor : « Donde se aprende
este metro tan prolijo,
que las orejas ofende ?
Por estas coplas se dijo :
« Algarabia de allende » :
el sujeto, frio y duro
y el estilo tan escuro,
que la dama en quien se emplea
duda, por sabia que sea,
si es requiebro o es conjuro.

« Ved si la invencion es basta,
pues Garcilasso y Boscan,
las plumas puestas por asta,
cada uno es un Roldan,
y, con todo, no le basta :
yo no alcanzo cual engaño
te hizo para tu daño,
con locura y desvario,
meter en mi señorio
moneda de reino extraño.»

—«Con dueñas y con doncellas
(dijo Venus), que pretende
quien les dice sus querellas
en lenguaje que no entiende
el, ni yo, ni vos, ni ella ?
Sentencio al que tal hiciere
que la dama por quien muere
lo tenga por cascabel,
y que haga burla dél ;
y de quanto le escribiere.»

HERNANDO DE ACUÑA

†1580 (?)

76.   *Al Rey nuestro Señor*

YA se acerca, Señor, o es ya llegada
    la edad gloriosa en que promete el cielo
una grey, y un pastor solo en el suelo,
por suerte a vuestros tiempos reservada ;
    ya tan alto principio en tal jornada
os muestra el fin de vuestro santo celo,
y anuncia al mundo para mas consuelo
un Monarca, un Imperio y una Espada :
    Ya el orbe de la tierra siente en parte
y espera en todo vuestra monarquia
conquistada por vos en justa guerra,
    que a quien ha dado Christo su estandarte,
dará el segundo mas dichoso dia
en que vencido el mar, venza la tierra.

FRAY LUIS DE LEON

1528 (?)-1591

77.   *Vida retirada*

QUE descansada vida
     la del que huye el mundanal ruido,
y sigue la escondida
senda por donde han ido
los pocos sabios que en el mundo han sido !

Que no le enturbia el pecho
de los soberbios grandes el estado,
ni del dorado techo
se admira fabricado
del sabio moro en jaspes sustentado.

No cura si la fama
canta con voz su nombre pregonera,
ni cura si encarama
la lengua lisongera
lo que condena la verdad sincera.

Que presta a mi contento
si soy del vano dedo señalado ?
si en busca de este viento
ando desalentado
con ansias vivas, y mortal cuidado ?

O campo, o monte, o rio !
O secreto seguro deleytoso !
roto casi el navio
a vuestro almo reposo
huyo de aqueste mar tempestuoso.

Un no rompido sueño,
un dia puro, alegre, libre quiero;
no quiero ver el ceño
vanamente severo
de quien la sangre ensalza o el dinero.

Despiértenme las aves
con su cantar suave no aprendido,
no los cuidados graves
de que es siempre seguido
quien al ageno arbitrio está atenido.

Vivir quiero conmigo,
gozar quiero del bien que debo al cielo
a solas, sin testigo,
libre de amor, de zelo,
de odio, de esperanzas, de recelo.

Del monte en la ladera
por mi mano plantado tengo un huerto,
que con la primavera
de bella flor cubierto
ya muestra en esperanza el fruto cierto.

Y como codiciosa
de ver y acrecentar su hermosura,
desde la cumbre ayrosa
una fontana pura
hasta llegar corriendo se apresura.

Y luego sosegada
el paso entre los árboles torciendo,
el suelo de pasada
de verdura vistiendo,
y con diversas flores va esparciendo.

FRAY LUIS DE LEON

El ayre el huerto orea,
y ofrece mil olores al sentido,
los árboles menea
con un manso ruido,
que del oro y del cetro pone olvido.

Ténganse su tesoro
los que de un flaco leño se confian :
no es mio ver el lloro
de los que desconfian
quando el cierzo y el ábrego porfian.

La combatida antena
cruxe, y en ciega noche el claro dia
se torna, al cielo suena
confusa voceria,
y la mar enriquecen a porfia.

A mi una pobrecilla
mesa de amable paz bien abastada
me baste, y la baxilla
de fino oro labrada
sea de quien la mar no teme ayrada.

Y mientras miserable-
mente se están los otros abrasando
en sed insaciable
del no durable mando,
tendido yo a la sombra esté cantando.

A la sombra tendido
de yedra y lauro eterno coronado,
puesto el atento oido
al son dulce, acordado,
del plectro sabiamente meneado.

78.   *Oda a Francisco Salinas*

EL ayre se serena
y viste de hermosura y luz no usada,
Salinas, quando suena
la música extremada
por vuestra sabia mano gobernada.

A cuyo son divino
mi alma que en olvido está sumida,
torna a cobrar el tino,
y memoria perdida
de su origen primera esclarecida.

Y como se conoce,
en suerte y pensamientos se mejora,
el oro desconoce
que el vulgo ciego adora,
la belleza caduca engañadora.

Traspasa el ayre todo
hasta llegar a la mas alta esfera,
y oye alli otro modo
de no perecedera
música, que es de todas la primera.

Ve como el gran maestro,
a aquesta inmensa cítara aplicado,
con movimiento diestro
produce el son sagrado,
con que este eterno templo es sustentado.

Y como está compuesta
de números concordes, luego envia
consonante respuesta,
y entrambas a porfia
mezclan una dulcísima armonia.

Aqui la alma navega
por un mar de dulzura, y finalmente
en él ansí se anega,
que ningun accidente
extraño o peregrino oye o siente.

O desmayo dichoso !
o muerte que das vida ! o dulce olvido !
durase en tu reposo
sin ser restituido
jamás a aqueste baxo y vil sentido !

A este bien os llamo,
gloria del Apolíneo sacro coro,
amigos, a quien amo
sobre todo tesoro,
que todo lo demas es triste lloro.

O ! suene de contino,
Salinas, vuestro son en mis oidos,
por quien al bien divino
despiertan los sentidos,
quedando a lo demas amortecidos.

79. *A Felipe Ruiz de la Torre y Mota*

QUANDO será que pueda
libre de esta prision volar al cielo,
Felipe, y en la rueda
que huye mas del suelo,
contemplar la verdad pura sin velo ?

Alli a mi vida junto
en luz resplandeciente convertido
veré distinto y junto,
lo que es, y lo que ha sido,
y su principio propio y escondido.

Entonces veré como
el divino poder echó el cimiento
tan a nivel y plomo,
do estable eterno asiento
posée el pesadísimo elemento.

Veré las inmortales
columnas do la tierra está fundada,
las lindes y señales
con que a la mar ayrada
la providencia tiene aprisionada.

Porque tiembla la tierra,
porque las hondas mares se embravecen,
do sale a mover guerra
el cierzo, y porque crecen
las aguas del océano y descrecen.

De do manan las fuentes ;
quien ceba, y quien bastece de los rios
las perpetuas corrientes ;
de los helados frios
veré las causas, y de los estios.

Las soberanas aguas
del ayre en la region quien las sostiene ;
de los rayos las fraguas ;
do los tesoros tiene
de nieve Dios, y el trueno donde viene.

No ves quando acontece
turbarse el ayre todo en el verano ?
el dia se ennegrece,
sopla el gallego insano,
y sube hasta el cielo el polvo vano.

FRAY LUIS DE LEON

Y entre las nubes mueve
su carro Dios ligero y reluciente,
horrible son conmueve,
relumbra fuego ardiente,
treme la tierra, humíllase la gente.

La lluvia baña el techo,
envian largos rios los collados;
su trabajo deshecho,
los campos anegados
miran los labradores espantados.

Y de alli levantado
veré los movimientos celestiales,
ansí el arrebatado
como los naturales,
las causas de los hados, las señales.

Quien rige las estrellas
veré, y quien las enciende con hermosas
y eficaces centellas;
porque están las dos osas,
de bañarse en el mar siempre medrosas.

Veré este fuego eterno
fuente de vida y luz do se mantiene;
y porque en el invierno
tan presuroso viene,
porque en las noches largas se detiene.

Veré sin movimiento
en la mas alta esfera las moradas
del gozo y del contento,
de oro y luz labradas,
de espíritus dichosos habitadas.

80.   *Profecia del Tajo*

FOLGABA el rey Rodrigo
    con la hermosa Caba en la ribera
del Tajo sin testigo;
el pecho sacó fuera
el rio, y le habló de esta manera:

«En mal punto te goces,
injusto forzador; que ya el sonido,
y las amargas voces,
y ya siento el bramido
de Marte, de furor y ardor ceñido.

Aquesta tu alegria
que llantos acarrea! aquesa hermosa,
que vió el sol en mal dia,
al Godo, ay! quan llorosa,
al soberano sceptro, ay! quan costosa!

Llamas, dolores, guerras,
muertes, asolamientos, fieros males
entre los brazos cierras,
trabajos inmortales
a ti y a tus vasallos naturales.

A los que en Constantina
rompen el fértil suelo, a los que baña
el Ebro, a la vecina
Sansueña, a Lusitaña,
a toda la espaciosa y triste España.

Ya dende Cadiz llama
el injuriado Conde a la venganza
atento, y no a la fama,
la bárbara pujanza,
en quien para tu daño no hay tardanza.

Oye que al cielo toca
con temeroso son la trompa fiera,
que en África convoca
el moro a la bandera,
que al ayre desplegada va ligera.

La lanza ya blandea
el árabe cruel, y hiere el viento,
llamando a la pelea,
innumerable cuento
de esquadras juntas veo en un momento

Cubre la gente el suelo,
debaxo de las velas desparece
la mar, la voz al cielo
confusa, incierta crece,
el polvo roba el dia, y le escurece.

Ay ! que ya presurosos
suben las largas naves ; ay ! que tienden
los brazos vigorosos
a los remos, y encienden
las mares espumosas por do hienden.

El Eolo derecho
hinche la vela en popa, y larga entrada
por el hercúleo estrecho
con la punta acerada
el gran padre Neptuno da a la armada.

Ay triste ! y aun te tiene
el mal dulce regazo ? ni llamado
al mal que sobreviene
no acorres ? ocupado
no ves ya el puerto de Hércules sagrado ?

Acude, acorre, vuela,
traspasa la alta sierra, ocupa el llano,
no perdones la espuela,
no des paz a la mano,
menea fulminando el hierro insano.

Ay! quanto de fatiga,
ay! quanto de sudor está presente
al que viste loriga,
al infante valiente,
a hombres y a caballos juntamente!

Y tu, Betis divino,
de sangre agena y tuya amancillado,
darás al mar vecino
quanto yelmo quebrado!
quanto cuerpo de nobles destrozado!

El furibundo Marte
cinco luces las haces desordena,
igual a cada parte,
la sexta, ay! te condena,
o cara patria, a bárbara cadena.»

81.   *Noche serena*

QUANDO contemplo el cielo
     de innumerables luces adornado,
y miro hacia el suelo
de noche rodeado,
en sueño y en olvido sepultado;

El amor y la pena
despiertan en mi pecho una ansia ardiente;
despiden larga vena
los ojos hechos fuente;
la lengua dice al fin con voz doliente:

FRAY LUIS DE LEON

Morada de grandeza,
templo de claridad y hermosura,
mi alma que a tu alteza
nació, que desventura
la tiene en esta cárcel baxa, oscura ?

Que mortal desatino
de la verdad aleja ansi el sentido,
que de tu bien divino
olvidado, perdido
sigue la vana sombra, el bien fingido ?

El hombre está entregado
al sueño, de su suerte no cuidando,
y con paso callado
el cielo vueltas dando
las horas del vivir le va hurtando.

Ay ! despertad, mortales ;
mirad con atencion en vuestro daño ;
las almas inmortales
hechas a bien tamaño
podrán vivir de sombra, y solo engaño ?

Ay ! levantad los ojos
a aquesta celestial eterna esfera,
burlareis los antojos
de aquesa lisongera
vida, con quanto teme y quanto espera.

Es mas que un breve punto
el baxo y torpe suelo, comparado
a aqueste gran trasunto
do vive mejorado
lo que es, lo que será, lo que ha pasado ?

Quien mira el gran concierto
de aquestos resplandores eternales,
su movimiento cierto,
sus pasos desiguales,
y en proporcion concorde tan iguales :

La luna como mueve
la plateada rueda, y va en pos de ella
la luz do el saber llueve,
y la graciosa estrella
de amor le sigue reluciente y bella :

Y como otro camino
prosigue el sanguinoso Marte ayrado,
y el Júpiter benino,
de bienes mil cercado,
serena el cielo con su rayo amado :

Rodéase en la cumbre
Saturno, padre de los siglos de oro,
tras él la muchedumbre
del reluciente coro
su luz va repartiendo y su tesoro :

Quien es el que esto mira,
y precia la baxeza de la tierra,
y no gime y suspira
por romper lo que encierra
el alma, y de estos bienes la destierra ?

Aqui vive el contento,
aqui reyna la paz ; aqui asentado
en rico y alto asiento
está el amor sagrado
de honra y de deleytes rodeado.

Inmensa hermosura
aqui se muestra toda ; y resplandece
clarísima luz pura,
que jamás anochece ;
eterna primavera aqui florece.

O campos verdaderos !
o prados con verdad frescos y amenos !
riquísimos mineros !
O deleitosos senos !
repuestos valles de mil bienes llenos !

82.   *Al apartamiento*

O YA seguro puerto
de mi tan luengo error ! o deseado
para reparo cierto
del grave mal pasado,
reposo alegre, dulce, descansado !

Techo pagizo a donde
jamás hizo morada el enemigo
cuidado, ni se asconde
envidia en rostro amigo,
ni voz perjura, ni mortal testigo :

Sierra que vas al cielo
altísima, y que gozas del sosiego
que no conoce el suelo,
a donde el vulgo ciego
ama el morir ardiendo en vivo fuego :

Recíbeme en tu cumbre,
recíbeme que huyo perseguido
la errada muchedumbre,
el trabajo perdido,
la falsa paz, el mal no merecido.

FRAY LUIS DE LEON

Yo do está mas sereno
el ayre me coloca, mientras curo
los daños del veneno
que bebí mal seguro,
mientras el mancillado pecho apuro.

Mientras que poco a poco
borro de la memoria quanto impreso
dexó alli el vivir loco
por todo su proceso
vario entre gozo vano, y caso avieso.

En ti, casi desnudo
de este corporal velo, y de la asida
costumbre roto el nudo,
traspasaré la vida
en gozo, en paz, en luz no corrompida.

De ti en el mar sujeto
con lástima los ojos inclinando,
contemplaré el aprieto
del miserable bando,
que las saladas olas va cortando.

El uno que surgia
alegre ya en el puerto, salteado
de bravo soplo, guia
en alto mar lanzado
apenas el navio desarmado.

El otro en la cubierta
peña rompe la nave, que al momento
el hondo pide abierta ;
al otro calma el viento ;
otro en las baxas sirtes hace asiento.

A otros roba el claro
dia, y el corazon el aguacero;
ofrecen al avaro
Neptuno su dinero;
otro nadando huye el morir fiero.

Esfuerza, opone el pecho:
mas como será parte un afligido
que va, el leño deshecho,
de flaca tabla asido
contra un abismo inmenso embravecido?

Ay! otra vez y ciento
otras, seguro puerto deseado!
no me falte tu asiento,
y falte quanto amado,
quanto del ciego error es codiciado.

83.   *Morada del cielo*

ALMA region luciente,
    prado de bienandanza, que ni al hielo
ni con el rayo ardiente
falleces, fértil suelo
producidor eterno de consuelo;

De púrpura y de nieve
florida la cabeza coronado,
a dulces pastos mueve
sin honda ni cayado,
el buen Pastor en ti su hato amado.

El va, y en pos dichosas
le siguen sus ovejas, do las pace
con inmortales rosas,
con flor que siempre nace,
y quanto mas se goza mas renace.

119

Ya dentro a la montaña
del alto bien las guia; ya en la vena
del gozo fiel las baña,
y les da mesa llena,
pastor y pasto él solo, y suerte buena.

Y de su esfera quando
la cumbre toca altísimo subido
el sol, él sesteando
de su hato ceñido
con dulce son deleyta el santo oido.

Toca el rabel sonoro,
y el inmortal dulzor al alma pasa,
con que envilece el oro,
y ardiendo se traspasa
y lanza en aquel bien libre de tasa.

O son, o voz! siquiera
pequeña parte alguna descendiese
en mi sentido, y fuera
de si el alma pusiese
y toda en ti, o amor, la convirtiese!

Conoceria donde
sesteas, dulce Esposo, y desatada
de esta prision a donde
padece, a tu manada
junta, no ya andará perdida, errada.

84   *En la Ascension*

Y DEXAS, Pastor santo,
　　tu grey en este valle hondo escuro
con soledad y llanto,
y tu rompiendo el puro
ayre, te vas al inmortal seguro !

　　Los antes bien hadados,
y los agora tristes y afligidos,
a tus pechos criados,
de ti desposeidos,
a do convertirán ya sus sentidos ?

　　Que mirarán los ojos
que vieron de tu rostro la hermosura,
que no les sea enojos ?
quien oyó tu dulzura,
que no tendrá por sordo y desventura ?

　　Aqueste mar turbado
quien le pondrá ya freno ? quien concierto
al viento fiero ayrado ?
estando tu encubierto,
que norte guiará la nave al puerto.

　　Ay ! nube envidiosa
aun de este breve gozo, que te aquexas ?
do vuelas presurosa ?
quan rica tu te alexas !
quan pobres y quan ciegos, ay ! nos dexas.

121

85.   *Al salir de la carcel*

AQUI la envidia y mentira
    me tuvieron encerrado :
dichoso el humilde estado
del sabio que se retira
de aqueste mundo malvado ;
y con pobre mesa y casa
en el campo deleytoso,
con solo Dios se compasa
y a solas su vida pasa
ni envidiado ni envidioso.

86.   *Soneto*

O CORTESIA, o dulce acogimiento,
    o celestial saber, o gracia pura,
o de valor dotado y de dulzura,
pecho real y honesto pensamiento !
    O luces del amor querido asiento,
o boca donde vive la hermosura,
o habla suavísima, o figura
angelical, o mano, o sabio acento !
    Quien tiene en solo vos atesorado
su gozo, y vida alegre, y su consuelo,
su bienaventurada y rica suerte :
    quando de vos se viere desterrado,
ay ! qué le quedará sino recelo
y noche, y amargor, y llanto, y muerte.

87. *Cancion*

ESCLAVO soy; pero cuyo,
eso no lo diré yo;
que cuyo soy me mandó
que no diga que soy suyo.

Cuyo soy jurado tiene
de ahorrarme si lo digo;
líbreme Dios de un castigo
que a tales términos viene.
Yo horro, siendo de un cuyo
tal qual quien me cautivó?
Bien librado estaba yo
si dixera que soy suyo.

Ando a ganar para mi,
no para mi libertad;
que esta de mi voluntad
por ser esclavo la di.
Harto he dicho; pero cuyo
puedo yo ser, eso no;
dígalo quien me mandó
que no diga que soy suyo.

Púsome en el alma el clavo,
su dulce nombre y la S,
porque ninguno pudiese
saber de quien soy esclavo.
Quien quisiere saber cuyo,
lea donde se escribió.
y verá quien me mandó
que no diga que soy suyo.

Quiero, al fin, decir quien es,
si no me lo estorba el miedo :
soy de Inés . . . perdido quedo !
señores, no soy de Inés !
burlando estaba en el cuyo . . .
mal haya quien me engañó ;
que en mi seso estaba yo
de no dezir que soy suyo !

88.   *Cena jocosa*

EN Jaen, donde resido,
    vive don Lope de Sosa,
y diréte, Inés, la cosa
mas brava dél que has oido.
    Tenia este caballero
un criado portugués . . .
pero cenemos, Inés,
si te parece, primero.
    La mesa tenemos puesta ;
lo que se ha cenar, junto ;
las tazas y el vino, a punto ;
falta comenzar la fiesta.
    Rebana pan. Bueno está.
La ensaladilla es del cielo ;
y el salpicon, con su ajuelo,
no miras qué tufo da ?
    Comienza el vinillo nuevo
y échale la bendicion ;
yo tengo por devocion
de santiguar lo que bebo.
    Franco fue, Inés, ese toque
pero arrójame la bota ;

vale un florin cada gota
deste vinillo haloque.

De qué taberna se traxo ?
mas ya : de la del cantillo ;
diez y seis vale el cuartillo ;
no tiene vino mas baxo.

Por Nuestro Señor, que es mina
la taberna de Alcocer ;
grande consuelo es tener
la taberna por vecina.

Si es o no invencion moderna,
vive Dios, que no lo sé,
pero delicada fue
invencion de la taberna.

Porque allí llego sediento,
pido vino de lo nuevo,
mídenlo, dánmelo, bebo,
págolo y voime contento.

Esto, Inés, ello se alaba ;
no es menester alaballo ;
sola una falta le hallo :
que con la prisa se acaba.

La ensalada y salpicon
hizo fin ; que viene ahora ?
La morcilla. O gran señora,
digna de veneracion !

Qué oronda viene y qué bella !
qué través y enjundias tiene !
Paréceme, Inés, que viene
para que demos en ella.

Pues, sus ! encójase y entre,
que es algo estrecho el camino.
No eches agua, Inés, al vino,
no se escandalice el vientre.

Echa de lo trasaniejo,
porque con mas gusto comas :
Dios te salve, que así tomas,
como sabia, mi consejo.

Mas di : no adoras y precias
la morcilla ilustre y rica ?
Como la traidora pica !
tal debe tener especias.

Qué llena está de piñones !
morcilla de cortesanos,
y asada por esas manos,
hechas a cebar lechones.

Vive Dios, que se podia
poner al lado del Rey !
puerco, Inés, a toda ley,
que hinche tripa vacia.

El corazon me revienta
de placer ; no sé de ti
como te va ; yo, por mi,
sospecho que estás contenta.

Alegre estoy, vive Dios ;
mas oye un punto sutil :
no pusiste allí un candil ?
Como remanecen dos ?

Pero son preguntas viles ;
ya sé lo que puede ser :
con este negro beber
se acrecientan los candiles.

Probemos lo del pichel,
alto licor celestial !
no es el haloquillo tal,
ni tiene que ver con él.

Qué suavidad ! qué clareza !
qué rancio gusto y olor !

qué paladar ! qué color,
todo con tanta fineza !

   Mas el queso sale a plaza,
la moradilla va entrando,
y ambos vienen preguntando
por el pichel y la taza.

   Prueba el queso, que es extremo ;
el de Pinto no le iguala ;
pues la aceituna no es mala :
bien puede bogar su remo.

   Pues haz, Inés, lo que sueles ;
daca de la bota llena
seis tragos. Hecha es la cena :
levántense los manteles.

   Ya que, Inés, hemos cenado
tan bien y con tanto gusto,
parece que será justo
volver al cuento pasado.

   Pues sabrás, Inés hermana,
que el portugués cayó enfermo . . .
las onze dan ; yo me duermo :
quédese para mañana.

GASPAR GIL POLO

†1591 (?)

89.   *Cancion de Turiano*

QUANDO con mil colores devisado
    viene el verano en el ameno suelo,
el campo hermoso está, sereno el cielo,
rico el pastor y próspero el ganado.
   Philomena por árboles floridos
da sus gemidos ;
hay fuentes bellas,
y en torno dellas,

127

cantos suaves
de Nymphas y aves.
Mas si Elvinia de allí sus ojos parte,
habrá contino hibierno en toda parte.

Quando el helado cierzo de hermosura
despoja hierbas, árboles y flores,
el canto dejan ya los ruiseñores
y queda el yermo campo sin verdura.
Mil horas mas largas que los dias
las noches frias,
espessa niebla
con la tiniebla
escura y triste
el aire viste.
Mas salga Elvinia al campo, y por doquiera
renovará la alegre primavera.

Si alguna vez envia el cielo ayrado
el temeroso rayo o bravo trueno,
está el pastor de todo amparo ageno,
triste, medroso, atónito y turbado.
Y si granizo o dura piedra arroja,
la fruta y hoja
gasta y destruye,
el pastor huye
a passo largo,
triste y amargo.
Mas salga Elvinia al campo, y su belleza
desterrará el recelo y la tristeza.

Y si acaso tañendo estó o cantando
a sombra de olmos o altos valladares,
y están con dulce acento a mis cantares
la mirla y la calandria replicando;

quando suave espira el fresco viento,
quando el contento
mas soberano
me tiene ufano,
libre de miedo,
lozano y ledo :
si asoma Elvinia airada, así me espanto,
que el rayo ardiente no me atierra tanto.

   Si Delia en perseguir silvestres fieras,
con muy castos cuidados ocupada
va de su hermosa escuadra acompañada,
buscando sotos, campos y riberas ;
   Napeas y Hamadríadas hermosas
con frescas rosas
le van delante,
está triunfante
con lo que tiene ;
pero si viene
al bosque donde caza Elvinia mia,
parecerá menor su lozania.

   Y quando aquellos miembros delicados
se lavan en la fuente esclarecida,
si alli Cyntia estuviera, de corrida
los ojos abajara avergonzados.
   Porque en la agua de aquella trasparente
y clara fuente
el mármol fino
y peregrino
con beldad rara
se figurara,
y al atrevido Acteon, si la viera,
no en ciervo, pero en mármol convirtiera.

Cancion, quiero mil veces replicarte
en toda parte,
por ver si el canto
amansa un tanto
mi clara estrella,
tan cruda y bella.
Dichoso yo si tal ventura hubiese
que Elvinia se ablandase o yo muriese.

FERNANDO DE HERRERA
1534 (?)-1594

90. *Cancion en alabanza de la divina Magestad, por la vitoria del Señor don Juan*

CANTEMOS al Señor, que en la llanura
venció del mar al enemigo fiero.
Tu, Dios de las batallas, tu eres diestra,
salud, y gloria nuestra.
Tu rompiste las fuerzas, y la dura
frente de Faraon, feroz guerrero.
Sus escogidos príncipes cubrieron
los abissos del mar, y descendieron
qual piedra en el profundo, y tu ira luego
los tragó, como arista seca el fuego.

El soberbio tirano confiado
en el grande aparato de sus naves,
que de los nuestros la cerviz cativa,
y las manos aviva
al ministerio de su duro estado :
derribo con los brazos suyos graves
los cedros mas excelsos de la cima
y el árbol que mas yerto se sublima,
bebiendo agenas aguas, y pisando
el mas cerrado y apartado bando.

Temblaron los pequeños, confundidos
del impío furor suyo, alzó la frente
contra ti, señor Dios, y enfurecido
ya contra ti se vido
con los armados brazos estendidos
el arrogante cuello del potente.
Cercó su corazon de ardiente saña
contra las dos Esperias, que el mar baña,
porque en ti confiadas le resisten,
y de armas de tu fe, y amor se visten.

Dixo aquel insolente, y desdeñoso :
« No conocen mis iras estas tierras,
y de mis padres los ilustres hechos ?
o valieron sus pechos
contra ellos con el húngaro dudoso,
y de Dalmacia y Rodas en las guerras ?
pudo su Dios liballos de sus manos ?
que Dios salvó a los de Austria, y los Germanos ?
por ventura podrá su Dios aora
guardallos de mi diestra vencedora ?

Su Roma temerosa y humillada
sus canciones en lágrimas convierte ;
ella y sus hijos mi furor esperan,
quando vencidos mueran.
Francia está con discordia quebrantada,
y en España amenaza horrible muerte
quien honra de la luna las banderas ;
y aquellas gentes en la guerra fieras
ocupadas están en su defensa,
y aunque no, quien podrá hazerme ofensa ?

131

FERNANDO DE HERRERA

Los poderosos pueblos me obedecen,
y con su daño el yugo an consentido,
y me dan por salvarse ya la mano;
y su valor es vano,
que sus luzes muriendo se escurecen.
Sus fuertes en batalla an perecido,
sus vírgenes están en cautiverio,
su gloria ha buelto al cetro de mi imperío.
Del Nilo a Eufrates y al Danubio frio
quanto el sol alto mira : todo es mio. »

Tu, Señor, que no sufres que tu gloria
usurpe quien confia en su grandeza,
prevaleciendo en vanidad y en ira :
a este soberbio mira,
que tus templos afea en su vitoria,
no dexes que los tuyos así oprima,
y en sus cuerpos las fieras bravas cebe,
y en su esparcida sangre el odio pruebe ;
que hecho ya su oprobrio, dize : « Donde
el Dios destos está ? de quien se esconde ? »

Por la gloria debida de tu nombre,
por la venganza de tu muerta gente,
y de los presos por aquel gemido,
vuelve el brazo tendido
contra aquel, que aborrece ya ser ombre,
y las onras que a ti se dan, consiente,
y tres y quatro vezes su castigo
dobla con fortaleza al enemigo
y la injuria a tu nombre cometida.
sea el duro cuchillo de su vida.

FERNANDO DE HERRERA

Levantó la cabeza el poderoso,
que tanto odio te tiene ; en nuestro estrago
juntó el consejo, y contra nos pensaron
los que en él se hallaron.
« Venid, dixeron, y en el mar undoso
hagamos de su sangre un grande lago :
deshagamos a estos de la gente,
y el nombre de su Cristo juntamente,
y dividiendo dellos los despojos,
hártense en muerte suya nuestros ojos.»

Vinieron de Asia, y de la antigua Egito,
los árabes, y fieros africanos,
y los que Grecia junta mal con ellos,
con levantados cuellos,
con gran potencia y número infinito.
Y prometieron con sus duras manos
encender nuestros fines, y dar muerte
con hierro a nuestra juventud mas fuerte,
nuestros niños prender, y las donzellas,
y la gloria ofender, y la luz dellas.

Ocuparon del mar los largos senos,
en silencio y temor puesta la tierra,
y nuestros fuertes súbito cessaron,
y medrosos callaron,
hasta que a los feroces agarenos
el señor eligiendo nueva guerra,
se opuso el joven de Austria valeroso
con el claro español y belicoso ;
que Dios no sufre en Babilonia viva
su querida Sion siempre cativa.

FERNANDO DE HERRERA

Qual leon a la presa apercibido,
esperaban los impios confiados
a los que tu, Señor, eras escudo;
que el coraçon desnudo
de temor, y de fe todo vestido,
de tu espíritu estaban confortados.
Sus manos a la guerra compusiste,
y a sus brazos fortísimos pusiste
como el arco azerado, y con la espada
mostraste en su favor la diestra armada.

Turbáronse los grandes, los robustos
rindiéronse temblando, y desmayaron;
y tu pusiste, Dios, como la rueda,
como la arista queda
al ímpetu del viento, a estos injustos,
que mil huyendo de uno se pasmaron.
Qual fuego abrasa selvas, y qual llama,
que en las espessas cumbres se derrama,
tal en tu ira y tempestad seguiste,
y su faz de inominia confundiste.

Quebrantaste al dragon fiero, cortando
las alas de su cuerpo temerosas,
y sus brazos terribles no vencidos;
que con hondos gemidos
se retira a su cueva, silbos dando,
y tiembla con sus sierpes venenosas,
lleno de miedo torpe sus entrañas,
de tu leon temiendo las hazañas;
que, saliendo de España, dió un rugido,
que con espanto lo dexó atordido.

FERNANDO DE HERRERA

Hoy los ojos se vieron humillados
del sublime varon y su grandeza,
y tu solo, Señor, fuiste exaltado.
Que tu dia es llegado,
Señor de los exércitos armados,
sobre la alta cerviz, y su dureza,
sobre derechos cedros y estendidos,
sobre empinados montes y crecidos,
sobre torres, y muros, y las naves
de Tiro, que a los tuyos fueron graves.

Babilonia y Egito amedrentada,
del fuego y asta temblará sangrienta,
y el humo subirá a la luz del cielo,
y faltos de consuelo,
con rostro oscuro y soledad turbada
tus enemigos llorarán su afrenta.
Y tu, Grecia, concorde a la esperanza
de Egito, y gloria de su confianza,
triste que a ella pareces, no temiendo
a Dios y en tu remedio no atendiendo.

Por que, ingrata, tus hijas adornaste
en adulterio con tan impía gente,
que deseaba profanar tus frutos,
y con ojos enxutos
sus odiosos passos imitaste,
su aborrecible vida y mal presente ?
por eso Dios se vengará en tu muerte ;
que llega a tu cerviz su diestra fuerte
la aguda espada ; quien será que pueda
tener su mano poderosa queda ?

FERNANDO DE HERRERA

Mas tu, fuerça del mar, tu, excelsa Tiro,
que en tus naves estabas gloriosa,
y el término espantabas de la tierra :
y si hazias guerra,
de temor la cubrias con suspiro,
como acabaste fiera y orgullosa ?
Quien pensó a tu cabeza daño tanto ?
Dios, para convertir tu gloria en llanto,
y derribar tus ínclitos y fuertes,
te hizo perecer con tantas muertes.

Llorad, naves del mar, que es destruida
toda vuestra soberbia y fortaleza !
Quien ya tendrá de ti lástima alguna,
tu que sigues la luna,
Asia adúltera, en vicios sumergida ?
Quien mostrará por ti alguna tristeza ?
Quien rogará por ti ? Que Dios entiende
tu ira, y la soberbia que te ofende,
y tus antiguas culpas y mudanza
han vuelto contra ti a pedir venganza.

Los que vieren tus brazos quebrantados,
y de tus pinos ir el mar desnudo,
que sus ondas turbaron, y llanura,
viendo tu muerte oscura,
dirán, de tus estragos espantados :
quien contra la espantosa tanto pudo ?
El Señor, que mostró su fuerte mano
por la fe de su príncipe cristiano,
y por el nombre santo de su gloria,
a España concede esta vitoria.

Bendita, Señor, sea tu grandeza,
que despues de los daños padecidos,
despues de nuestras culpas y castigo,
rompiste al enemigo
de la antigua soberbia la dureza.
Adórente, Señor, tus escogidos !
Confiese, quanto cerca el ancho cielo,
tu nombre, o nuestro Dios, nuestro consuelo
y la cerviz rebelde, condenada,
padezca en bravas llamas abrasada.

A ti solo la gloria
por siglos de los siglos, a ti damos
la honra, y humillados te adoramos.

91.   *Soneto*

OSÉ y temí : mas pudo la osadia
tanto, que desprecié el temor cobarde ;
subí a do el fuego mas m' enciende y arde,
cuanto mas la esperanza se desvia.
Gasté en error la edad florida mia ;
aora veo el daño, pero tarde ;
que ya mal puede ser, qu' el seso guarde
a quien s' entrega ciego a su porfia.
Tal vez pruebo (mas que me vale) alzarme
del grave peso, que mi cuello oprime ;
aunque falta a la poca fuerza el hecho.
Sigo al fin mi furor, porque mudarme
no es honra ya, ni justo, que s' estime
tan mal de quien tan bien rindió su pecho.

92. *Por la Pérdida del Rey Don Sebastian*

VOZ de dolor, y canto de gemido,
    y espíritu de miedo, envuelto en ira,
hagan principio acerbo a la memoria
d' aquel dia fatal aborrecido,
que Lusitania mísera suspira,
desnuda de valor, falta de gloria ;
y la llorosa historia
asombre con horror funesto y triste,
dend' el áfrico Atlante y seno ardiente,
hasta do el mar de otro color se viste
y do el límite roxo d' Oriente,
y todas sus vencidas gentes fieras
ven tremolar de Cristo las banderas.

Ay de los que pasaron, confiados
en sus caballos, y en la muchedumbre
de sus carros, en ti, Libia desierta,
y en su vigor y fuerzas engañados,
no alzaron su esperanza a aquella cumbre
d' eterna luz ; mas con soberbia cierta
se ofrecieron la incierta
vitoria, y sin volver a Dios sus ojos,
con yerto cuello y corazon ufano
solo atendieron siempre a los despojos
y el santo d' Israel abrió su mano,
y los dexó ; y cayó en despeñadero
el carro, y el caballo y caballero.

Vino el dia cruel, el dia lleno
d' indinacion, d' ira y furor, que puso
en soledad, y en profundo llanto,
de gente y de plazer el reino ageno.

El cielo no alumbró, quedó confuso
el nuevo sol, presago de mal tanto,
y con terrible espanto
el Señor visitó sobre sus males,
para humillar los fuertes arrogantes,
y levantó los bárbaros no iguales,
que con osados pechos y constantes
no busquen oro ; mas con crudo hierro
venguen la ofensa y cometido yerro.

Los impios y robustos, indinados,
las ardientes espadas desnudaron
sobre la claridad y hermosura
de tu gloria y valor ; y no cansados
en tu muerte, tu honor todo afearon,
mezquina Lusitania sin ventura ;
y con frente segura
rompieron sin temor con fiero estrago
tus armadas escuadras y braveza.
L' arena se tornó sangriento lago,
la llanura con muertos aspereza ;
cayó en unos vigor, cayó denuedo,
mas en otros desmayo y torpe miedo.

Son estos por ventura los famosos,
los fuertes y belígeros varones,
que conturbaron con furor la tierra ?
que sacudieron reinos poderosos ?
que domaron las hórridas naciones ?
que pusieron desierto en cruda guerra,
quanto enfrena y encierra
el mar Indo, y feroces destruyeron
grandes ciudades ? do la valentia ?

FERNANDO DE HERRERA

Como así s' acabaron, y perdieron
tanto heroico valor en solo un dia,
y lexos de su patria derribados,
no fueron justamente sepultados ?

    Tales fueron aquestos, cual hermoso
cedro del alto Líbano, vestido
de ramos, hojas, con excelsa alteza ;
las aguas lo criaron poderoso,
sobre empinados árboles subido,
y se multiplicaron en grandeza
sus ramos con belleza,
y extendiendo su sombra, s' anidaron
las aves, que sustenta el grande cielo,
y en sus hojas las fieras engendraron,
y hizo a mucha gente umbroso velo.
No igualó en celsitud y hermosura
jamás árbol alguno a su figura.

    Pero elevóse con su verde cima,
y sublimó la presuncion su pecho,
desvanecido todo y confiado,
haziendo de su alteza solo estima.
Por eso Dios lo derribó deshecho,
a los impios y agenos entregado,
por la raiz cortado ;
qu' opreso de los montes arrojados,
sin ramos y sin hojas, y desnudo,
huyeron dél los hombres espantados,
que su sombra tuvieron por escudo ;
en su ruina y ramos, cuantas fueron,
las aves y las fieras se pusieron.

Tu, infanda Libia, en cuya seca arena
murió el vencido reino Lusitano,
y s' acabó su generosa gloria,
no estés alegre y d' ufania llena;
porque tu temerosa y flaca mano
hubo sin esperanza tal vitoria,
indina de memoria;
que si el justo dolor mueve a venganza
alguna vez el español corage,
despedazada con aguda lanza,
compensarás muriendo el hecho ultrage;
y Luco amedrentado, al mar inmenso
pagará d' Africana sangre el censo.

93.   *Al Santo Rey Don Fernando*

INCLINEN a tu nombre, o luz d' España,
    ardiente rayo del divino Marte,
Camilo, y el belígero africano,
y el vencedor de Francia y d' Alemaña,
la frente armada de valor y d' arte;
pues tu con grave seso y fuerte mano
por el pueblo cristiano
contra el ímpetu bárbaro sañudo
pusiste osado el generoso pecho;
cayó el furor ante tus pies desnudo,
y el impío orgullo vándalo deshecho,
con la fulmínea espada traspasado
rindió l' acerba vida al fiero hado.

De ti temblaron todas las riberas,
todas las ondas, cuantas juntamente
las colunas del grande Briareo
miran; y al tremolar de tus banderas

torció el Nilo, medroso, la corriente,
y el monte Libio, a quien mostró Perseo
el rostro meduseo,
las cimas altas humilló rendido
con mas pavor que cuando los gigantes
y el áspero Tifeo fue vencido.
Prostráronse los bravos y arrogantes,
temiendo con espanto y con flaqueza
el vigor de tu excelsa fortaleza.

Pero en tantos triunfos y vitorias,
lo que mas te sublima y esclarece,
de Cristo o excelso capitan, Fernando,
y remata la cumbre de tus glorias,
con qu' a la eternidad tu nombre ofrece
es que, peligros mal sobrepujando,
volviste al sacro bando,
y a la cristiana religion traxiste
esta insine ciudad y generosa
qu' en cuanto Febo Apolo de luz viste,
y ciñe la grande orla espaciosa
del mar cerúleo, no se ve otra alguna
de mas nobleza y de mayor fortuna.

Cubrió el sagrado Betis de florida
púrpura y blandas esmeraldas llena
y tiernas perlas la ribera ondosa,
y al cielo alzó la barba revestida
de verde musgo, y removió en l' arena
el movible cristal de la sombrosa
gruta, y la faz honrosa
de juncos, cañas y coral ornada,
tendió los cuernos húmidos, creciendo
l' abundosa corriente dilatada,

su imperio en el Océano extendiendo;
qu' al cerco de la tierra en vario lustre
de soberbia corona haze ilustre.

Tu, despues que tu espíritu divino,
de los mortales nudos desatado,
subió ligero a la celeste alteza,
con justo culto, aunqu' en lugar no dino
a tu inmenso valor, fuiste encerrado;
hasta qu' aora la real grandeza
con heroica largueza
en este sacro templo y alta cumbre
trasfiere tus despojos venerados;
do toda esta devota muchedumbre,
y sublimes varones humillados,
honran tu santo nombre glorioso,
tu religion, tu esfuerzo belicoso.

Salve, o defensa nuestra, tu que tanto
domaste las cervizes agarenas,
y la fe verdadera acrecentaste;
tu cubriste a Ismael de miedo y llanto
y en su sangre ahogaste las arenas,
qu' en las campañas béticas hollaste.
Tu solo nos mostraste
entre el rigor de Marte violento,
entre el peso y molestias del gobierno,
juntas en bien trabado ligamento
justicia, piedad, valor eterno,
y como puede, despreciando el suelo,
un príncipe guerrero alzar s' al cielo.

1534 (?)–1594 (?)

94.   *Oda*

TIRSIS, ah Tirsis ! vuelve, y endereza
        tu navecilla contrastada y frágil
a la seguridad del puerto ; mira
            que se te cierra el cielo.

El frio Boreas, y el ardiente Noto,
apoderados de la mar insana,
anegaron agora en este piélago
            una dichosa nave.

Clamó la gente mísera, y el cielo
escondió los clamores y gemidos
entre los rayos y espantosos truenos
            de su turbada cara.

Ay ! que me dize tu animoso pecho
que tus atrevimientos mal regidos
te ordenan algun caso desastrado
            al romper de tu Oriente.

No ves cuytado, que el hinchado Noto
trae en sus remolinos polvorosos
las imitadas mal seguras alas
            de un atrevido mozo.

No ves que la tormenta rigurosa
viene del abrasado monte, donde
yaze muriendo vivo el temerario
            Enzélado, y Tipheo.

Conoce desdichado tu fortuna,
y preven a tu mal : que la desdicha
prevenida con tiempo, no penetra
            tanto como la súbita.

Ay ! que te pierdes ; vuelve, Tirsis, vuelve,
tierra, tierra que brama tu navio,
hecho prision, y cueva sonorosa
      de los hinchados vientos.

Allá se avenga el mar, allá se avengan
los mal regidos súbditos del fiero
Eolo, con soberbios navegantes
      que su furor desprecian.

Miremos la tormenta rigurosa
dende la playa, que el airado cielo
menos se encruelece de contino
      con quien se anima menos.

95.   *La cierva*

DOLIENTE cierva, que el herido lado
    de ponzoñosa y cruda yerba lleno,
buscas la agua de la fuente pura,
con el cansado aliento y con el seno
bello de la corriente sangre hinchado,
débil y descaida tu hermosura.
Ay ! que la mano dura
que tu nevado pecho
ha puesto en tal estrecho,
gozosa va con tu desdicha, quando
cierva mortal, viviendo estas penando
tu desangrado y dulce compañero
el regalado y blando
pecho pasado del veloz montero.

Vuelve cuitada, vuelve al valle, donde
queda muerto tu amor, en vano dando
términos desdichados a tu suerte;
morirás en su seno, reclinando
la beldad, que la cruda mano esconde
delante de la nube de la muerte.
Que el paso duro y fuerte,
ya forzoso y terrible,
no puede ser posible
que le escusen los cielos, permitiendo
crudos astros que muera padeciendo
las asechanzas de un montero crudo
que te vino siguiendo
por los desiertos de este campo mudo.

Mas ay! que no dilatas la inclemente
muerte, que en tu sangriento pecho llevas,
del crudo amor vencido y maltratado;
tu con el fatigado aliento pruebas
a rendir el espíritu doliente
en la corriente de este valle amado.
Que el ciervo desangrado,
que contigo la vida
tuvo por bien perdida,
no fue tan poco de tu amor querido,
que habiendo tan cruelmente padecido,
quieras vivir sin el, quando pudieras
librar el pecho herido
de crudas llagas y memorias fieras.

Quando por la espesura deste prado
como tórtolas solas y queridas,
solos y acompañados anduvistes:
quando de verde mirto y de floridas

violetas, tierno acanto y lauro amado
vuestras frentes bellísimas ceñistes,
quando las horas tristes,
ausentes y queridos,
con mil mustios bramidos
ensordecistes la ribera umbrosa
del claro Tajo, rica y venturosa
con vuestro bien, con vuestro mal sentida:
cuya muerte penosa
no dexa rastro de contenta vida.

Agora el uno, cuerpo muerto lleno
de desden y de espanto, quien solia
ser ornamento de la selva umbrosa:
tu, quebrantada y mustia, al agonia
de la muerte rendida, el bello seno
agonizando, el alma congoxosa;
cuya muerte gloriosa
en los ojos de aquellos
cuyos despojos bellos
son victorias del crudo amor furioso,
martirio fue de amor, triunfo glorioso,
con que corona y premia dos amantes
que del siempre rabioso
trance mortal salieron muy triunfantes.

Cancion, fábula un tiempo, y caso agora
de una cierva doliente, que la dura
flecha del cazador dexó sin vida,
errad por la espesura
del monte, que de gloria tan perdida
no hay sino lamentar su desventura.

1536 (?)–1620 (?)

96.   *Soneto*

TIERRA, a quien nunca el sol muestra su cara,
   ni la luna jamás limpia su frente,
a quien de quanto ha menester la gente,
natura fue como madrastra avara ;
   con quien justa razon se me empleara
(pues que partí de mi perpetuo oriente)
que extrano y solo miserablemente
la vida entre tus nieves acabara,
   do amoroso pastor mi sepultura
no cercara de rosas y violas,
ni dixera con lágrimas piadosas :
   Fili supo tu muerte sin ventura,
Tirsi, y te ofrece dos lágrimas solas
mas que el llanto de Niobe preciosas.

97.   *Madrigal*

TRISTE de mi que parto, mas no parto,
   que el alma, que es de mi la mejor parte,
ni partirá, ni parte,
de quien jamás el pensamiento aparto :
si parte el cuerpo triste, el alma queda
gozosa, ufana y leda ;
si : mas del alma el cuerpo parte, y temo,
o doloroso extremo !
que en esta de los dos triste partida,
por fuerza he de partirme de la vida.

MIGUEL DE CERVANTES SAAVEDRA

1547-1616

98. *Soneto*

SANTA amistad, que con ligeras alas,
      tu apariencia quedándose en el suelo,
entre benditas almas, en el cielo
subiste alegre a las impíreas salas;
   desde allá, quando quieres, nos señalas
la falsa faz cubierta con un velo,
por quien a vezes se trasluce el celo
de buenas obras, que a la fin son malas.
   Deja el cielo, amistad, o no permitas
que el engaño se vista tu librea,
con que destruye a la intencion sincera;
   que si tus apariencias no le quitas,
presto ha de verse el mundo en la pelea
de la discorde confusion primera.

LUIS BARAHONA DE SOTO

1548-1591

99. *Madrigal*

CUANDO las penas miro
      de tu martirio fuerte,
amor, gimo y suspiro,
como último remedio, por la muerte;
procuro, por perderte,
perder contigo la enojosa vida,
y, viéndola por ti mas que perdida
del gran placer que siento,
vuelvo a vivir, y crece mi tormento.

LUIS BARAHONA DE SOTO

100.   *Madrigal*

UN panal, lleno de sutil rocio,
    de blanca miel hurtaba codicioso
amor para su boca,
mas dulce que el panal al gusto mio,
y no de mi reposo,
cuando una abeja toca,
con celo venenoso,
su tierna mano, atrevidilla y loca;
el niño con un ay! tan doloroso
que arder hiciera el frio
y enternecer lo duro de una roca,
la mano tiende y muéstrala herida
a su piadosa madre, que, temiendo
del caro hijo la ultrajada vida,
venido habia corriendo;
y al hijo que pedia
por qué ponzoña en animal cabia
de quien tan dulce miel fue producida,
respóndele riendo:
« Mas dulce es, aunque falsa, tu alegria,
y mas ponzoña en ti se esconde y cria.»

SAN JUAN DE LA CRUZ

1549-1591

101.   *Canciones del alma*

EN una noche escura,
    con ansias en amores inflamada,
oh dichosa ventura!
salí sin ser notada,
estando ya mi casa sosegada.

150

SAN JUAN DE LA CRUZ

A escuras y segura
por la secreta escala, disfrazada,
oh dichosa ventura !
a escuras, en celada,
estando ya mi casa sosegada.

En la noche dichosa,
en secreto, que nadie me veia,
ni yo miraba cosa,
sin otra luz ni guia,
sino la que en el corazon ardia.

Aquesta me guiaba
mas cierto que la luz de mediodia,
adonde me esperaba
quien yo bien me sabia,
en parte donde nadie parecia.

Oh noche, que guiaste,
oh noche amable mas que el alborada,
oh noche, que juntaste
Amado con amada,
amada en el Amado trasformada !

En mi pecho florido,
que entero para él solo se guardaba,
allí quedó dormido,
y yo le regalaba,
y el ventalle de cedros aire daba.

El aire del almena,
cuando yo sus cabellos esparcia,
con su mano serena,
en mi cuello heria
y todos mis sentidos suspendia.

Quedéme y olvidéme,
el rostro recliné sobre el Amado,
cesó todo, y déjeme,
dejando mi cuidado
entre las azucenas olvidado.

102. *Canciones entre el Alma y el Esposo*

Esposa

ADONDE te escondiste,
Amado, y me dejaste con gemido ?
Como el ciervo huiste,
habiéndome herido ;
salí tras ti clamando, y ya eras ido.

Pastores, los que fuerdes
allá por las majadas al otero,
si por ventura vierdes
aquel que yo mas quiero,
decidle que adolezco, peno y muero.

Buscando mis amores,
iré por esos montes y riberas,
ni cogeré las flores,
ni temeré las fieras,
y pasaré los fuertes y fronteras.

Oh bosques y espesuras,
plantadas por la mano del Amado,
oh prado de verduras,
de flores esmaltado,
decid si por vosotros ha pasado.

SAN JUAN DE LA CRUZ

CRIATURAS

Mil gracias derramando,
pasó por estos sotos con presura,
y yéndolos mirando,
con sola su figura
vestidos los dejó de su hermosura.

ESPOSA

Ay, quien podrá sanarme !
acaba de entregarte ya de vero,
no quieras enviarme
de hoy mas ya mensajero,
que no saben decirme lo que quiero.

Y todos cuantos vagan,
de ti me van mil gracias refiriendo,
y todos mas me llagan,
y déjame muriendo
un no sé qué que quedan balbuciendo.

Mas cómo perseveras,
oh vida, no viviendo donde vives,
y haciendo porque mueras,
las flechas que recibes,
de lo que del Amado en ti concibes ?

Por qué, pues has llegado
a aqueste corazon, no le sanaste ?
y pues me le has robado,
por qué así le dejaste,
y no tomas el robo que robaste.

Apaga mis enojos,
pues que ninguno basta a deshacellos,
y véante mis ojos,
pues eres lumbre de ellos,
y solo para ti quiero tenellos.

SAN JUAN DE LA CRUZ

Descubre tu presencia,
y máteme tu vista y hermosura;
mira que es la dolencia
de amor, que no se cura
sino con la presencia y la figura.

Oh cristalina fuente,
si en esos tus semblantes plateados,
formases de repente
los ojos deseados,
que tengo en mis entrañas dibujados!

Apártalos, Amado,
que voy de vuelo.

Esposo

Vuélvete, paloma,
que el ciervo vulnerado
por el otero asoma,
al aire de tu vuelo, y fresco toma.

Esposa

Mi Amado, las montañas,
los valles solitarios nemorosos,
las ínsulas extrañas,
los rios sonorosos,
el silbo de los aires amorosos.

La noche sosegada
en par de los levantes de la aurora,
la música callada,
la soledad sonora,
la cena, que recrea y enamora.

Cazadnos las raposas,
que está ya florecida nuestra viña,
en tanto que de rosas
hacemos una piña,
y no parezca nadie en la montiña.

Detente, cierzo muerto,
ven, austro, que recuerdas los amores,
aspira por mi huerto,
y corran tus olores,
y pacerá el Amado entre las flores.

Oh ninfas de Judea,
en tanto que en las flores y rosales
el ámbar perfumea,
morá en los arrabales,
y no querais tocar nuestros umbrales.

Escóndete, Carillo,
y mira con tu haz a las montañas,
y no quieras decillo;
mas mira las campañas
de la que va por ínsulas extrañas.

Esposo

A las aves ligeras,
leones, ciervos, gamos saltadores,
montes, valles, riberas,
aguas, aires, ardores,
y miedos de las noches veladores.

Por las amenas liras
y cantos de sirenas os conjuro
que cesen vuestras iras,
y no toqueis el muro,
porque la Esposa duerma mas seguro.

155

Entrádose ha la Esposa
en el ameno huerto deseado,
y a su sabor reposa,
el cuello reclinado
sobre los dulces brazos del Amado.

Debajo del manzano
allí conmigo fuiste desposada,
allí te di la mano,
y fuiste reparada
donde tu madre fuera violada.

Esposa

Nuestro lecho florido,
de cuevas de leones enlazado,
en púrpura tendido,
de paz edificado,
de mil escudos de oro coronado.

A zaga de tu huella
los jóvenes discurren al camino
al toque de centella,
al adobado vino,
emisiones de bálsamo divino.

En la interior bodega
de mi Amado bebí, y cuando salía
por toda aquesta vega,
ya cosa no sabia,
y el ganado perdí que antes seguia.

Allí me dió su pecho,
allí me enseñó ciencia muy sabrosa,
y yo le di de hecho
a mi, sin dejar cosa ;
allí le prometí de ser su esposa.

SAN JUAN DE LA CRUZ

Mi alma se ha empleado,
y todo mi caudal, en su servicio,
ya no guardo ganado
ni ya tengo otro oficio,
que ya solo en amar es mi ejercicio.

Pues ya si en el ejido
de hoy mas no fuere vista ni hallada,
direis que me he perdido,
que, andando enamorada,
me hice perdidiza y fui ganada.

De flores y esmeraldas
en las frescas mañanas escogidas,
haremos las guirnaldas,
en tu amor florecidas,
y en un cabello mio entretejidas.

En solo aquel cabello
que en mi cuello volar consideraste,
mirástele en mi cuello,
y en él preso quedaste,
y en uno de mis ojos te llagaste.

Cuando tu me mirabas,
su gracia en mi tus ojos imprimian,
por eso me adamabas,
y en eso merecian
los mios adorar lo que en ti vian.

No quieras despreciarme,
que si color moreno en mi hallaste,
ya bien puedes mirarme,
despues que me miraste :
que gracia y hermosura en mi dejaste.

SAN JUAN DE LA CRUZ

Esposo

La blanca palomica
al arca con el ramo se ha tornado,
y ya la tortolica
al socio deseado
en las riberas verdes ha hallado.

En soledad vivia,
y en soledad ha puesto ya su nido,
y en soledad la guia
a solas su querido,
tambien en soledad de amor herido.

Esposa

Gocémonos, Amado,
y vámonos a ver en tu hermosura
al monte y al collado,
do mana el agua pura;
entremos mas adentro en la espesura.

Y luego a las subidas
cavernas de las piedras nos iremos,
que están bien escondidas,
y allí nos entraremos,
y el mosto de granadas gustaremos.

Allí me mostrarias
aquello que mi alma pretendia,
y luego me darias
allí tu, vida mia,
aquello que me diste el otro dia.

El aspirar del aire,
el canto de la dulce Filomena,
el soto y su donaire,
en la noche serena
con llama que consume y no da pena.

Que nadie lo miraba,
Aminadab tampoco parecia,
y el cerco sosegaba,
y la caballeria
a vista de las aguas descendia.

103.

Llama de amor viva

OH llama de amor viva,
    que tiernamente hieres
de mi alma en el mas profundo centro !
pues ya no eres esquiva,
acaba ya, si quieres,
rompe la tela de este dulce encuentro.

Oh cauterio suave !
oh regalada llaga !
oh mano blanda ! oh toque delicado,
que a vida eterna sabe,
y toda deuda paga !
matando, muerte en vida la has trocado.

Oh lámparas de fuego,
en cuyos resplandores
las profundas cavernas del sentido,
que estaba escuro y ciego,
con extraños primores,
calor y luz dan junto a su querido !

Cuan manso y amoroso
recuerdas en mi seno,
donde secretamente solo moras !
y en tu aspirar sabroso,
de bien y gloria lleno,
cuan delicadamente me enamoras !

JUAN DE LA CUEVA

1550 (?)-1609(?)

104.

A Casio

VIENDO contraria la felice suerte,
  arrebatado de impaciente ira,
con ceño horrible desdeñoso mira
Casio el puñal que a César dió la muerte.

  Permite el cielo (dice), oh hado fuerte,
tanto como en mi daño se conspira?
Sea el asilo, pues, la ardiente pira
a quien el daño por venir no advierte.

  Levantó el brazo (el corazon desnudo
de cobarde temor) el propio hierro
que despojó de vida el patrio amigo,

  y con un golpe el homicida pudo
vengar a César, castigar su yerro,
y quedar libre de mayor castigo.

VICENTE ESPINEL

1551-1624

105.

Letrilla

MIL veces voy a hablar
  a mi zagala ;
pero mas quiero callar
por no esperar
que me envie noramala.

  Voy a decirle mi daño ;
pero tengo por mejor
tener dudoso el favor
que no cierto el desengaño,
y aunque me suele animar

160

su gracia y gala,
el temor me hace callar,
por no esperar
que me envie noramala.

Tengo por suerte mas buena
mostrar mi lengua a ser muda ;
que estando la gloria en duda,
no estará cierta la pena ;
y aunque con disimular
se desiguala,
tengo por mejor callar,
por no esperar
que me envie noramala.

ANÓNIMO

Siglo XVI ó XVII (?)

106.   *A Cristo Crucificado*

NO me mueve, mi Dios, para quererte,
el cielo que me tienes prometido,
ni me mueve el infierno tan temido
para dejar por eso de ofenderte.
Tu me mueves, Señor ; muéveme el verte
clavado en esa cruz, y escarnecido ;
muéveme el ver tu cuerpo tan herido ;
muévenme tus afrentas, y tu muerte.
Muévesme al tu amor en tal manera,
que aunque no hubiera cielo, yo te amara ;
y aunque no hubiera infierno, te temiera.
No me tienes que dar, porque te quiera ;
que aunque cuanto espero no esperara,
lo mismo que te quiero te quisiera.

ANÓNIMO

Com. del siglo XVII

107. *Epístola moral a Fabio*

FABIO, las esperanzas cortesanas
    prisiones son do el ambicioso muere
y donde al mas activo nacen canas;

el que no las limare o las rompiere,
ni el nombre de varon ha merecido,
ni subir al honor que pretendiere.

El animo plebeyo y abatido
procure, en sus intentos temeroso,
antes estar suspenso que caido;

que el corazon entero y generoso,
al caso adverso inclinará la frente,
antes que la rodilla al poderoso.

Mas coronas, mas triunfos dió al prudente
que supo retirarse, la fortuna,
que al que esperó obstinada y locamente.

Esta invasion terrible e importuna
de contrarios sucesos, nos espera
desde el primer sollozo de la cuna:

dejémosla pasar como a la fiera
corriente del gran Betis, cuando airado
dilata hasta los montes la ribera.

Aquel entre los héroes es contado
que el premio meresció, no quien le alcanza
por vanas consecuencias del estado.

Peculio es propio ya de la privanza
cuanto de Astrea fue, cuanto regia
con su temida espada y su balanza.

El oro, la maldad, la tirania,
del inicuo procede y pasa al bueno :
que espera la virtud, a que confia ?

Vente y reposa en el materno seno
de la antigua Romulea, cuyo clima
te será mas humano y mas sereno ;

adonde, por lo menos, cuando oprima
nuestro cuerpo la tierra, dirá alguno :
« Blanda le sea ! » al derramarla encima ;

donde no dejarás la mesa ayuno
cuando en ella te falte el pece raro,
o cuando su pavon nos niegue Juno.

Busca, pues, el sosiego dulce y caro,
como, en la oscura noche del Egeo,
busca el piloto el eminente faro :

que si aciertas y ciñes tu deseo,
dirás : « Lo que desprecio he conseguido »,
que la opinion vulgar es devaneo.

Mas quiere el ruiseñor su pobre nido
de pluma y leves pajas, mas sus quejas,
en el monte repuesto y escondido,

que agradar lisonjero las orejas
de algun príncipe insigne, aprisionado
en el metal de las doradas rejas.

Triste de aquel que vive destinado
a esa antigua colonia de los vicios,
augur de los semblantes del privado !

Cese el ansia y la sed de los oficios,
que acepta el don y burla del intento
el ídolo a quien haces sacrificios.

ANÓNIMO

Iguala con la vida el pensamiento,
y no le pasarás de hoy a mañana,
ni aun quizás de un momento a otro momento.

Apenas tienes ni una sombra vana
de nuestra antigua Itálica, y esperas :
o error perpetuo de la suerte humana !

Las enseñas Grecianas, las banderas
del Senado y Romana monarchia
murieron, y pasaron sus carreras.

Qué es nuestra vida mas que un breve dia,
do, apenas sale el sol, cuando se pierde
en las tinieblas de la noche fria ?

qué mas que el heno, a la mañana verde,
seco a la tarde ? o ciego desvario !
será que deste sueño se recuerde ?

Será que pueda ver que me desvio
de la vida viviendo, y que está unida
la cauta muerte al simple vivir mio ?

Como los rios, que en veloz corrida
se llevan a la mar, tal soy llevado
al último suspiro de mi vida.

De la pasada edad que me ha quedado ?
o que tengo yo a dicha en la que espero
sino alguna noticia de mi hado ?

O, si acabase viendo como muero
de aprender a morir, antes que llegue
aquel forzoso término postrero,

antes que aquesta mies inutil siegue
de la severa muerte dura mano
y a la comun materia se la entregue !

164

ANÓNIMO

Pasáronse las flores del verano,
el otoño pasó con sus racimos,
pasó el invierno con su nieves cano ;

las hojas que en las altas selvas vimos
cayeron, y nosotros, a porfia,
en nuestro engaño inmóviles vivimos.

Temamos al Señor, que nos envia
las espigas del año, y la hartura,
y la temprana lluvia y la tardia.

No imitemos la tierra siempre dura
a las aguas del cielo y al arado,
ni la vid cuyo fruto no madura.

Piensas acaso tu que fue criado
el varon para el rayo de la guerra,
para sulcar el piélago salado,

para medir el orbe de la tierra
y el cerco por do el sol siempre camina ?
O, quien así lo piensa, cuanto yerra !

Esta nuestra porcion alta y divina,
a mayores acciones es llamada
y en mas nobles objetos se termina.

Así aquella, que al hombre solo es dada,
sacra razon y pura me despierta,
de esplendor y de rayos coronada ;

y en la fria region dura y desierta
de aqueste pecho, enciende nueva llama,
y la luz vuelve a arder que estaba muerta.

Quiero, Fabio, seguir a quien me llama,
y callado pasar entre la gente,
que no afecto los nombres ni la fama.

ANÓNIMO

El soberbio tirano del Oriente
que maciza las torres de cien codos
de cándido metal, puro y luciente,

apenas puede ya comprar los modos
del pecar ; la virtud es mas barata,
ella consigo misma ruega a todos.

Mísero aquel que corre y se dilata
por cuantos son los climas y los mares,
perseguidor del oro y de la plata !

Un ángulo me basta entre mis lares,
un libro y un amigo, un sueño breve
que no perturben deudas ni pesares :

esto tan solamente es cuanto debe
naturaleza al parco y al discreto,
y algun manjar comun, honesto y leve.

No, porque así te escribo, hagas conceto
que pongo la virtud en exercicio,
que aun esto fue dificil a Epiteto ;

basta al que empieza aborrecer el vicio
y el ánimo enseñar a ser modesto :
despues le será el cielo mas propicio.

Despreciar el deleite no es supuesto
de sólida virtud, que aun el vicioso
en si proprio le nota de molesto ;

mas no podrás negarme cuan forzoso
este camino sea al alto asiento,
morada de la paz y del reposo.

No sazona la fruta en un momento
aquella inteligencia, que mensura
la duracion de todo a su talento :

flor la vimos ayer, hermosa y pura,
luego materia acerba y desabrida,
y sabrosa despues, dulce y madura.

Tal la humana natura es bien que mida
y compase y dispense las acciones
que han de ser compañeras de la vida.

No quiera Dios que siga los varones
que moran nuestras plazas, macilentos,
de la virtud infames histriones,

esos inmundos trágicos, atentos
al aplauso comun, cuyas entrañas
son oscuros e infaustos monumentos.

Cuan callada que pasa las montañas
el aura respirando mansamente !
qué gárrula y sonora por las cañas !

qué muda la virtud por el prudente !
qué redundante y llena de ruido
por el vano ambicioso y aparente !

Quiero imitar al pueblo en el vestido,
en las costumbres solo a los mejores,
sin presumir de roto y mal ceñido :

no resplandezca el oro y las colores
en nuestro traje, ni tampoco sea
igual al de los dóricos cantores.

Una mediana vida yo posea,
un estilo comun y moderado,
que no le note nadie que le vea.

En el plebeyo barro mal tostado
hubo ya quien bebió, tan ambicioso
como en el vaso múrino preciado ;

y alguno tan ilustre y generoso
que usó, como si fuese vil gabeta,
del cristal transparente y luminoso.

Sin la templanza viste tu perfeta
alguna cosa ?   O muerte ! ven callada,
como sueles venir en la saeta,

no en la tonante máquina preñada
de fuego y de rumor, que no es mi puerta
de doblados metales fabricada.

Así, Fabio, me enseña descubierta
su esencia la virtud, y mi albedrio
con ella se compone y se concierta.

No te burles de ver cuanto confio
ni al arte de decir vana y pomposa
el ardor atribuyas deste brio.

Es por ventura menos poderosa
que el vicio, la virtud, o menos fuerte ?
No la arguyas de flaca y temerosa.

La codicia en las manos de la suerte
se arroja al mar, la ira a las espadas,
y la ambicion se rie de la muerte :

y no serán siquiera tan osadas
las opuestas acciones, si las miro
de mas nobles objetos ayudadas ?

Ya, dulce amigo, huyo y me retiro
de cuanto simple amé ; rompí los lazos ;
ven y sabrás al grande fin que aspiro,
antes que el tiempo muera en nuestros brazos.

†1609 (?)

108.   *Cancion a Cristo crucificado*

INOCENTE Cordero,
  en tu sangre bañado,
con que del mundo los pecados quitas,
del robusto madero
por los brazos colgado,
abiertos, que abrazarte a mi me incitas;
ya que humilde marchitas
el color y hermosura
dese rostro divino
a la muerte vecino
antes que el alma soberana y pura
parta para salvarme,
vuelve los mansos ojos a mirarme.

   Ya que el amor inmenso,
con último regalo,
rompe de tu grandeza las cortinas,
y con dolor intenso,
arrimado a ese palo,
la cabeza clavada con espinas
hacia la Madre inclinas;
ya que la voz despides,
bien de entrañas reales,
y las culpas y males
a la grandeza de tu Padre pides
que sean perdonados,
acuérdate, Señor, de mis pecados.

   Aquí, donde das muestras
de maniroto y largo,
con las manos abiertas con los clavos,
y que las culpas nuestras
has tomado a tu cargo;

aquí, donde redimes los esclavos,
donde por todos cabos
misericordia brotas,
y el generoso pecho
no queda satisfecho
hasta que el cuerpo de la sangre agotas ;
aquí, Redentor, quiero
llegar a tu juicio yo el primero.

 Aquí quiero que mires
a un pecador metido
en la ciega prision de sus errores ;
que no temo te aíres
en mirarte ofendido,
pues abogando estás por pecadores,
y las culpas mayores
son las que mas declaran
tu noble pecho santo,
de que te precias tanto ;
pues cuando las mas graves se reparan,
en mas tu sangre empleas
y mas con tu clemencia te recreas.

 Por mas que el peso grave
de mi culpa presente
cargue sobre mi flaco y corvo cuello,
que tu yugo suave
sacude inobediente,
quedando en dura sujecion por ello
y aunque la tierra huello
con pasos tan cansados,
alcanzarte confio ;
que, pues por el bien mio
tienes los soberanos pies clavados
en un madero firme,
seguro voy que no podras huirme.

Seguro voy, Dios mio,
que, pues yo lo deseo,
he de llegar de tu clemencia al puerto;
que tu corazon frio,
a quien ya claro veo
por las ventanas dese cuerpo abierto,
está tan descubierto,
que un ladron maniatado,
que lo ha contigo a solas,
con dos palabras solas
te lo tiene, piadoso Dios, robado;
y si aguardamos, luego,
porque te acierta, das la vida a un ciego.

A buen tiempo he llegado,
pues es cuando tus bienes
repartes en el Nuevo Testamento;
si a todos has mandado
cuantos presentes tienes,
tambien yo ante tus ojos me presento;
aquí, en solo un momento,
a la Madre hijo mandas,
al discípulo Madre,
el espíritu al Padre,
gloria al ladron. Pues entre tantas mandas
ser mi desgracia puede
tanta, que solo yo vacío quede?

Mirame, que soy hijo,
aunque mi inobediencia
justamente podrá desheredarme;
pues tu palabra dijo
que hallara clemencia
siempre que a Ti viniese a presentarme.

MIGUEL SANCHEZ

Aquí quiero abrazarme
a los pies desta cama,
donde morir te veo ;
que si, como deseo,
oyes la voz piadosa que te llama,
en tu clemencia espero
que, siendo hijo, quedaré heredero.

Por testimonio pido
a cuantos te estan viendo
como a este punto bajas la cabeza :
señal que has concedido
lo que te estoy pidiendo,
como siempre esperé de tu grandeza.
Oh inefable largueza !
caridad verdadera !
pues como sea cierto
que, el testador no muerto,
no tiene el testamento fuerza entera,
tan magnánimo eres,
que porque todo se confirme mueres.

Cancion, de aquí no paso ;
las lágrimas sucedan
en vez de las palabras que me quedan
cual lo requiere el lastimoso caso ;
no canta mas agora
pues que la tierra, mar y cielo llora.

1559-1613

109.   *Soneto*

LLEVÓ tras si los pámpanos otubre,
    y con las grandes lluvias insolente,
no sufre Ibero márgenes ni puente,
mas antes los vecinos campos cubre.

    Moncayo, como suele, ya descubre
coronada de nieve la alta frente;
y el sol apenas vemos en oriente,
cuando la opaca tierra nos lo encubre.

    Sienten el mar y selvas ya la saña
del aquilon, y encierra su bramido
gente en el puerto y gente en la cabaña.

    Y Fabio, en el umbral de Tays tendido,
con vergonzosas lágrimas lo baña,
debiéndolas al tiempo que ha perdido.

110.   *La Fe de Filis*

DENTRO quiero vivir de mi fortuna
    y huir los grandes nombres que derrama
con estátuas y títulos la Fama
por el cóncavo cerco de la luna.

    Si con ellos no tengo cosa alguna
comun de las que el vulgo sirve y ama,
bástame por comun la postrer cama
del modo que lo fue la primer cuna.

    Y entre estos dos umbrales de la vida,
distantes un espacio tan estrecho,
que en la entrada comienza la salida,

    que mas aplauso quiero y mas provecho
que ver mi fe de Filis admitida,
y estar yo de la suya satisfecho?

173

111.   *Letra al Santísimo Sacramento*

AUNQUE *mas te disfraces,*
    galan divino,
en lo mucho que has dado
te han conocido.

Rey enamorado,
que, de amor herido,
vestiste en la sierra
el blanco pellico ;
las sienes coronas
de espinas de trigo,
entre ellas mezclados
olorosos lirios.
Aunque mas disfrazado
galan divino,
en lo mucho que has dado
te han conocido.

Sacaste un gaban
en Belen al frio
de perlas y estrellas
todo guarnecido ;
montera de campo,
de cabellos rizos,
con mil corazones
entre ellos asidos.
Aunque mas disfrazado,
galan divino,
en lo mucho que has dado
te han conocido.

174

Quieres en tu mesa
los amantes limpios,
sal de tu palabra,
de dolor cuchillos.
Es tu carne el pan,
es tu sangre el vino,
y en cada bocado
se come infinito.
Aunque mas disfrazado,
galan divino,
en lo mucho que has dado
te han conocido.

112.   *Seguidilla*

LIBRE ser solia,
      vendido muero;
nadie fie, Madre,
de ingratos pechos
Con fingido trato,
Madre, un falso amigo,
que cenó conmigo
en mi mismo plato
me vendió el ingrato
como un cordero;
nadie fie, Madre,
de ingratos pechos.
Dábale mi lado,
el plato le hacia,
con él repartia
el mejor bocado;
mas en buen mercado
vendió al Hijo vuestro;

nadie fie, Madre,
de ingratos pechos.
Sus plantas desnudas
lavé con mi llanto,
con ser Jueves Santo,
fue conmigo un Judas ;
con entrañas crudas
me dió traidor beso ;
nadie fie, Madre,
de ingratos pechos.

ANÓNIMO

113.   *La Muerte del rey don Pedro*

A LOS pies de don Enrique
    yace muerto el rey don Pedro,
mas que por su valentia,
por voluntad de los cielos.
Al envainar el puñal
el pie le puso en el cuello,
que aun allí no está seguro
de aquel invencible cuerpo.
Riñeron los dos hermanos,
y de tal suerte riñeron,
que fuera Cain el vivo
a no haberlo sido el muerto.
Los ejércitos movidos
a compasion y contento,
mezclados unos con otros
corren a ver el suceso ;
y los de Enrique
cantan, repican y gritan :

« viva Enrique ! » y los de Pedro
clamorean, doblan, lloran
su rey muerto.
Unos dicen que fue justo,
otros dicen que mal hecho,
que el rey no es cruel si nace
en tiempo que importa serlo,
y que no es razon que el vulgo
con el rey entre a consejo,
a ver si casos tan graves
han sido bien o mal hechos ;
y que los yerros de amor
son tan dorados y bellos,
cuanto la hermosa Padilla
ha quedado por ejemplo ;
que nadie verá sus ojos
que no tenga al rey por cuerdo,
mientras como otro Rodrigo
no puso fuego a su reino.
Y los de Enrique
cantan, repican y gritan :
« viva Enrique ! » y los de Pedro
clamorean, doblan, lloran
su rey muerto.
Los que con ánimos viles,
o por lisonja o por miedo,
siendo del bando vencido
al vencedor siguen luego,
valiente llaman a Enrique,
y a Pedro tirano y ciego,
porque amistad y justicia
siempre mueren con el muerto.
La tragedia del Maestre,
la muerte del hijo tierno,

la prision de Doña Blanca,
sirven de infame proceso.
Algunos pocos leales
dan voces, pidiendo al cielo
justicia, pidiendo al rey,
y mientras que dicen esto,
los de Enrique
cantan, repican y gritan :
«viva Enrique ! » y los de Pedro
clamorean, doblan, lloran
su rey muerto.
Llora la hermosa Padilla
el desdichado suceso
como esclava del rey vivo,
y como viuda del muerto.
«Ay, Pedro, que muerte infame
te han dado malos consejos,
confianzas engañosas,
y atrevidos pensamientos ! »
Salió corriendo a la tienda,
y vió con triste silencio
llevar cubierto a su esposo
de sangre y de paños negros ;
y que en otra parte a Enrique
le dan con aplauso el cetro.
Campanas tocan los unos,
y los otros, instrumentos ;
y los de Enrique
cantan, repican y gritan :
«viva Enrique ! » y los de Pedro
clamorean, doblan, lloran
su rey muerto.
Como acrecienta el dolor
la envidia del bien ajeno,

y el ver a los enemigos
con favorable suceso ;
así la triste señora
llora y se deshace, viendo
cubierto a Pedro de sangre,
y a Enrique de oro cubierto.
Echó al cabello la mano,
sin tener culpa el cabello,
y mezclando perlas y oro,
de oro y perlas cubrió el cuello :
quiso decir, « Pedro », a voces,
« villanos, vive en mi pecho ! »,
mas poco le aprovechó ;
y mientras lo está diciendo,
los de Enrique
cantan, repican y gritan :
« viva Enrique ! » y los de Pedro
clamorean, doblan, lloran
su rey muerto.
Rasgó las tocas mostrando
el blanco pecho encubierto,
como si fuera cristal
por donde se viera Pedro.
No la vieron los contrarios,
y vióla invidioso el cielo,
de ver en tan poca nieve
un elemento de fuego ;
desmayóse, ya vencida
del poderoso tormento,
cubriendo los bellos ojos
muerte, amor, silencio y sueño.
Entre tanto el campo todo
aquí y allí van corriendo,
vencedores y vencidos,

soldados y caballeros ;
y los de Enrique
cantan, repican, y gritan :
« viva Enrique ! » y los de Pedro
clamorean, doblan, lloran
su rey muerto.

ANÓNIMO

114. *Romance*

ASÍ Riselo cantaba
en su rabel de tres cuerdas,
aquel de la capa blanca
y de las costillas negras ;
  el que tiene por remate
una burlada sirena,
divisa contra engañosas
que cantan y desesperan.
  Como hizo aquella fácil,
de cuya voz no se acuerda ;
porque Amor, que es ave y niño,
si no le regalan vuela.
  Digo pues que así cantaba
con su tiple de corneja,
oyéndole cuatro esquinas,
dos calles y una taberna :
  « Vamos horros en los gustos,
aldeana, que revientas
por mostrarme que en tu lumbre
mil corazones se queman.
  « A lo simple nos queramos,
sea nuestra fe de cera,

cada cual siga su antojo,
pues que la gracia no es deuda.

    « Franca de celos te hago,
porque los llamó mi abuela
brujas que a las almas niñas
les chupan la sangre nueva.

    « Y yo, que soy bachiller
por Alcázar de Consuegra,
los comparo a los erizos,
que a quien los toma penetran.

    « No quiero que a nuestras vidas
que son dos palomas duendas,
las tienten esos pecados
que la voluntad infiernan.

    « Si te vas por la mañana,
yo te aguardaré a la siesta,
    sia la noche faltares,
dormiré aunque no parezcas

    « Si quieres tener visitas
sin miedo puedes tenerlas ;
que aunque yo esté solo un año,
ve galana a la merienda,

    « y si a mi me convidaren
déjame ser Peroentrellas.
Ya no quiero que me digas
que un señor de cruz bermeja

    « te promete montes de oro
por galopear tu vega,
ni tampoco que te tañan
con cajas ni con trompetas

    « a que seas capitana
de faldellin por bandera ;
porque pienso que lo dices
aplicando la conseja,

«para que ligeras anden
mis pesadas faltriqueras.
Bien se me trasluce a mi
que el arco de Amor se flecha

«por las poderosas manos
de su consejo de hacienda.
Venus, la diosa de Chipre,
ya es matrona ginovesa,

«guarismo sabe su niño,
multiplica, suma y resta.
Ya el rapaz anda vestido,
las alas aforra en tela,

«y el que esperanzas comia,
pavas come y tortas cena.
A la discrecion le ha dicho
que compre y no diga perlas,

«y a la gentileza pobre
a pintura le condena.
Con la flota está casado,
muger tosca y marinera,

«que se acuesta con bizcocho
y de millones se empreña.
Su secretario es el dar,
un mozo que allana sierras,

«robador de voluntades
y cumplidor de promesas.
Por esto, aldeana mia,
quiero yo seguir la seta

«de aquellos cuyas entrañas
parecen carne y son piedras.
Si no merezco tus glorias,
no me revistan tus penas,
y si por dicha te agrado,
mas verdad y menos tretas.»

1561-1627

115.   *Romance*

LAS flores del romero,
       niña Isabel,
hoy son flores azules,
mañana serán miel.

Celosa estás, la niña,
celosa estás de aquel
dichoso, pues lo buscas,
ciego, pues no te ve.

Ingrato, pues te enoja,
y confiado, pues
no se disculpa hoy
de lo que hizo ayer.

Enjuguen esperanzas
lo que lloras por él,
que celos entre aquellos
que se han querido bien,
hoy son flores azules,
mañana serán miel.

Aurora de ti misma
que cuando amanecer
a tu placer empiezas,
te eclipsa tu placer.

Serénense tus ojos,
y mas perlas no des,
porque al sol le está mal
lo que al aurora bien.

Desata como nieblas
todo lo que no ves,
que sospechas de amantes
y querellas despues,
hoy son flores azules,
mañana serán miel.

116.

Romance

SERVIA en Oran al Rey
  un español con dos lanzas
y con el alma y la vida
a una gallarda africana,
    tan noble como hermosa,
tan amante como amada,
con quien estaba una noche
cuando tocaron al arma.

    Trescientos Zenetes eran
deste rebato la causa;
que los rayos de la luna
descubrieron las adargas;
    las adargas avisaron
a las mudas atalayas,
las atalayas los fuegos,
los fuegos a las campanas,
    y ellas al enamorado,
que en los brazos de su dama
oyó el militar estruendo
de las trompas y las cajas.

    Espuelas de honor le pican,
y freno de amor le para;
no salir es cobardia,
ingratitud es dejalla.

    Del cuello pendiente ella,
viéndole tomar la espada,
con lágrimas y suspiros
le dice aquestas palabras:

    « Salid al campo, señor,
bañen mis ojos la cama
que ella me será tambien,
sin vos, campo de batalla.

« Vestios y salid apriesa,
que el general os aguarda ;
yo os hago a vos mucha sobra,
y vos a él mucha falta.

« Bien podeis salir desnudo,
pues mi llanto no os ablanda ;
que teneis de acero el pecho
y no habeis menester armas.»

Viendo el español brioso
cuanto le detiene y habla,
le dice así : « Mi señora,
tan dulce como enojada,

« porque con honra y amor
yo me quede, cumpla y vaya,
vaya a los moros el cuerpo,
y quede con vos el alma.

« Concededme, dueño mio,
licencia para que salga
al rebato en vuestro nombre,
y en vuestro nombre combata.»

117.   *Romance*

L A mas bella niña
de nuestro lugar,
hoy viuda y sola
y ayer por casar,
    viendo que sus ojos
a la guerra van,
a su madre dice
que escucha su mal.
Dejadme llorar
orillas del mar.

185

LUIS DE GÓNGORA

Pues me distes, madre,
en tan tierna edad,
tan corto el placer,
tan largo el pesar,
   y me cautivastes
de quien hoy se va
y lleva las llaves
de mi libertad,
dejadme llorar
orillas del mar.

En llorar conviertan
mis ojos de hoy mas
el sabroso oficio
del dulce mirar,
   pues que no se pueden
mejor ocupar,
yéndose a la guerra
quien era mi paz:
dejadme llorar
orillas del mar.

No me pongais freno
ni querais culpar,
que lo uno es justo,
lo otro por demás ;
   si me quereis bien
no me hagais mal,
harto peor fuera
morir y callar,
dejadme llorar
orillas del mar.

Dulce madre mia,
quien no llorará,
aunque tenga el pecho
como un pedernal,

y no dará voces
viendo marchitar,
los mas verdes años
de mi mocedad?
dejadme llorar
orillas del mar.

Váyanse las noches,
pues ido se han
los ojos que hacian
los mios velar.
Váyanse, y no vean
tanta soledad,
despues que en mi lecho
sobra la mitad :
dejadme llorar
orillas del mar.

118. *Romance: A Angélica y Medoro*

EN un pastoral albergue,
que la guerra entre unos robles
lo dejó por escondido,
o lo perdonó por pobre,
do la paz viste pellico
y conduce entre pastores
ovejas del monte al llano
y cabras del llano al monte,
mal herido y bien curado,
se alberga un dichoso joven,
que sin clavarle Amor flecha
le coronó de favores.

Las venas con poca sangre,
los ojos con mucha noche

lo halló en el campo aquella
vida y muerte de los hombres.

Del palafren se derriba,
no porque al moro conoce,
sino por ver que la yerba
tanta sangre paga en flores ;

límpiale el rostro, y la mano
siente al Amor que se esconde
tras las rosas, que la muerte
va violando sus colores.

Escondióse tras las rosas,
porque labren sus arpones,
el diamante del Catay
con aquella sangre noble.

Ya le regala los ojos,
ya le entra, sin ver por donde,
una piedad mal nacida
entre dulces escorpiones.

Ya es herido el pedernal,
ya despide el primer golpe
centellas de agua : oh piedad,
hija de padres traidores !

Yerbas le aplica a sus llagas,
que si no sanan entonces,
en virtud de tales manos
lisonjean los dolores.

Amor le ofrece su venda,
mas ella sus velos rompe
para ligar sus heridas :
los rayos del sol perdonen.

Los últimos nudos daba
cuando el cielo la socorre
de un villano en una yegua
que iba penetrando el bosque.

LUIS DE GÓNGORA

Enfrénanle de la bella
las tristes piadosas voces,
que los firmes troncos mueven
y las sordas piedras oyen.

Y la que mejor se halla
en las selvas que en la corte,
simple bondad, al pio ruego
cortesmente corresponde.

Humilde se apea el villano,
y sobre la yegua pone
un cuerpo con poca sangre,
pero con dos corazones.

A su cabaña los guia,
que el sol deja su horizonte
y el humo de su cabaña
les va sirviendo de norte.

Llegaron temprano a ella,
do una labradora acoge
un mal vivo con dos almas,
una ciega con dos soles.

Blando heno en vez de pluma
para lecho les compone,
que será tálamo luego
do el garzon sus dichas logre.

Las manos, pues, cuyos dedos
desta vida fueron dioses,
restituyen a Medoro
salud nueva, fuerzas dobles,

y le entregan, cuando menos,
su beldad y un reino en dote,
segunda envidia de Marte,
primera dicha de Adonis.

Corona un lascivo enjambre
de Cupidillos menores

la choza, bien como abejas
hueco tronco de alcornoque.

Qué de nudos le está dando
a un áspid la envidia torpe,
contando de las palomas
los arrullos gemidores !

Qué bien la destierra Amor,
haciendo la cuerda azote,
porque el caso no se infame
y el lugar no se inficione !

Todo es gala el africano,
su vestido espira olores,
el lunado arco suspende
y el corvo alfange depone.

Tórtolas enamoradas,
son sus roncos atambores,
y los volantes de Venus
sus bien seguidos pendones.

Desnuda el pecho anda ella,
vuela el cabello sin orden ;
si lo abrocha, es con claveles,
con jazmines si lo coge.

El pie calza en lazos de oro,
porque la nieve se goce,
y no se vaya por pies
la hermosura del Orbe.

Todo sirve a los amantes,
plumas les baten veloces,
airecillos lisonjeros,
si no son murmuradores.

Los campos les dan alfombras,
los árboles pabellones,
la apacible fuente sueño,
música los ruiseñores.

Los troncos les dan cortezas,
en que se guarden sus nombres
mejor que en tablas de mármol
o que en láminas de bronce.

No hay verde fresno sin letra,
ni blanco chopo sin mote ;
si un valle « Angélica ! » suena,
otro « Angélica ! » responde.

Cuevas do el silencio apenas
deja que sombras las moren,
profanan con sus abrazos
a pesar de sus horrores.

Choza pues, tálamo y lecho,
contestes destos amores,
el cielo os guarde, si puede,
de las locuras del Conde.

119.   *Romance*

LORABA la niña,
   y tenia razon,
la prolija ausencia
de su ingrato amor.

Dejóla tan niña,
que apenas creyó
que tenia los años
que ha que la dejó.

Llorando la ausencia
del galan traidor
la halla la luna
y la deja el sol ;

añadiendo siempre
pasion a pasion,

memoria a memoria,
dolor a dolor.

Llorad, corazon,
que teneis razon !

Dícele su madre :
« Hija, por mi amor,
que se acabe el llanto,
o me acabe yo.»

Ella le responde :
« No podrá ser, no,
las causas son muchas,
los ojos son dos.

« Satisfagan, madre,
tanta sinrazon,
y lágrimas lloren
en esta ocasion

« tantas como dellos
un tiempo tiró
flechas amorosas
el arquero dios.

« Ya no canto, madre,
y si canto yo,
muy tristes endechas
mis canciones son,

« porque el que se fue,
con lo que llevó,
me dejó el silencio,
se llevó la voz.

« *Llorad, corazon,*
que teneis razon ! »

120 *Letrilla*

*D*INEROS son calidad;
        verdad.
Mas ama quien mas suspira;
        mentira.

   Cruzados hacen cruzados,
escudos pintan escudos,
y tahures muy desnudos
con dados ganan condados;
ducados dejan ducados,
y coronas Magestad;
        verdad.

   Pensar que uno solo es dueño
de puerta de muchas llaves,
y afirmar que penas graves
las pague un mirar risueño,
y entender que no son sueño
las promesas de Marfira;
        mentira.

   Todo se vende este dia,
todo el dinero lo iguala;
la corte vende su gala,
la guerra su valentia;
hasta la sabiduria
vende la universidad;
        verdad.

LUIS DE GÓNGORA

No hay persona que hablar deje
al necesitado en plaza ;
todo el mundo le es mordaza,
aunque él por señas se queje ;
que tiene cara de hereje
sin fe la necesidad ;
       verdad.

Siendo como un algodon,
nos jura que es como un hueso,
y quiere probarnos eso
con que es su cuello almidon,
goma su copete, y son
su bigotes alquitira;
       mentira.

Cualquiera que pleitos trata,
aunque sean sin razon,
deje el rio Marañon,
y éntrese en el de la Plata ;
que hallará corriente grata
y puerto de claridad ;
       verdad.

Siembra en una artesa berros
la madre, y sus hijas todas
son perros de muchas bodas,
y bodas de muchos perros ;
y sus yernos rompen hierros
en la toma de Algecira ;
       mentira.

121.

Letrilla

ANDE yo caliente,
    y ríase la gente.

Traten otros del gobierno
del mundo y sus monarquías,
mientras gobiernan mis dias
mantequillas y pan tierno,
y las mañanas de invierno
naranjada y aguardiente,
y ríase la gente.

Coma en dorada bajilla
el príncipe mil cuidados,
como píldoras dorados;
que yo en mi pobre mesilla
quiero mas una morcilla
que en el asador reviente,
y ríase la gente.

Cuando cubra las montañas
de plata y nieve el enero,
tenga yo lleno el brasero
de bellotas y castañas,
y quien las dulces patrañas
del rey que rabió me cuente,
y ríase la gente.

Busque muy en hora buena
el mercader nuevos soles,
yo conchas y caracoles
entre la menuda arena,
escuchando a Filomena,
sobre el chopo de la fuente,
y ríase la gente.

Pase a media noche el mar,
y arda en amorosa llama
Leandro por ver su dama ;
que yo mas quiero pasar
de Yepes a Madrigar
la regalada corriente,
y ríase la gente.

Pues Amor es tan cruel,
que de Píramo y su amada
hace tálamo una espada,
do se junten ella y él,
sea mi Tisbe un pastel,
y la espada sea mi diente,
y ríase la gente.

122.   *Letrilla*

DA bienes fortuna
    que no están escritos :
cuando pitos flautas,
cuando flautas pitos.

Cuan diversas sendas
suele seguir
en el repartir
honras y haciendas !
A unos da encomiendas,
a otros sambenitos :
cuando pitos flautas,
cuando flautas pitos.

A veces despoja
de choza y apero
al mayor cabrero,
y a quien se le antoja
la cabra mas coja
parió dos cabritos :
cuando pitos flautas,
cuando flautas pitos.

Porque en una aldea
un pobre mancebo
hurtó solo un huevo,
al sol bambolea,
y otro se pasea
con cien mil delitos.
Cuando pitos flautas,
cuando flautas pitos.

LOPE DE VEGA CARPIO

1562-1635

123. *Cantarcillo de la Virgen*

PUES andais en las palmas,
    ángeles santos,
que se duerme mi Niño,
tened los ramos !

Palmas de Belen
que mueven airados
los furiosos vientos
que suenan tanto,
no le hagais ruido,
corred mas paso :
que se duerme mi Niño,
tened los ramos !

El Niño divino
que está cansado
de llorar en la tierra,
por su descanso
sosegar quiere un poco
del tierno llanto :
que se duerme mi Niño,
tened los ramos !

Rigurosos hielos
le están cercando,
ya veis que no tengo
con que guardarlo :
Ángeles divinos,
que vais volando,
que se duerme mi Niño,
tened los ramos !

124.   *Romance*

A MIS soledades voy,
de mis soledades vengo,
porque para andar conmigo
me bastan mis pensamientos.
    No sé que tiene la aldea
donde vivo y donde muero,
que con venir de mí mismo
no puedo venir mas lejos !
    Ni estoy bien ni mal conmigo,
mas dice mi entendimiento
que un hombre que todo es alma
está cautivo en su cuerpo.

Entiendo lo que me basta,
y solamente no entiendo
cómo se sufre a sí mismo
un ignorante soberbio.

De cuantas cosas me cansan,
fácilmente me defiendo,
pero no puedo guardarme
de los peligros de un necio.

El dirá que yo lo soy,
pero con falso argumento;
que humildad y necedad
no caben en un sugeto.

La diferencia conozco,
porque en él y en mi contemplo,
su locura en su arrogancia,
mi humildad en su desprecio.

O sabe naturaleza
mas que supo en otro tiempo,
o tantos que nacen sabios
es porque lo dicen ellos.

Sólo sé que no sé nada,
dijo un filósofo, haciendo
la cuenta con su humildad,
adonde lo mas es menos.

No me precio de entendido,
de desdichado me precio;
que los que no son dichosos,
cómo pueden ser discretos?

No puede durar el mundo,
porque dicen, y lo creo,
que suena a vidrio quebrado
y que ha de romperse presto.

Señales son del juicio
ver que todos le perdemos,

unos por carta de mas,
otros por carta de menos.

Dijeron que antiguamente
se fue la verdad al cielo :
tal la pusieron los hombres
que desde entonces no ha vuelto.

En dos edades vivimos
los propios y los ajenos,
la de plata los extraños,
y la de cobre los nuestros.

A quién no dará cuidado,
si es español verdadero,
ver los hombres a lo antiguo
y el valor a lo moderno ?

Dijo Dios que comeria
su pan el hombre primero
con el sudor de su cara,
por quebrar su mandamiento;

y algunos inobedientes
a la vergüenza y al miedo
con las prendas de su honor
han trocado los efectos.

Virtud y filosofia
peregrinan como ciegos ;
el uno se lleva al otro,
llorando van y pidiendo.

Dos polos tiene la tierra,
universal movimiento,
la mejor vida el favor,
la mejor sangre el dinero.

Oigo tañer las campanas,
y no me espanto, aunque puedo,
que en lugar de tantas cruces
haya tantos hombres muertos.

Mirando estoy los sepulcros,
cuyos mármoles eternos
están diciendo sin lengua
que no lo fueron sus dueños

Oh bien haya quien los hizo,
porque solamente en ellos
de los poderosos grandes
se vengaron los pequeños !

Fea pintan a la envidia ;
yo confieso que la tengo
de unos hombres que no saben
quien vive pared en medio.

Sin libros y sin papeles,
sin tratos, cuentas ni cuentos,
cuando quieren escribir
piden prestado el tintero.

Sin ser pobres ni ser ricos,
tienen chimenea y huerto ;
no los despiertan cuidados,
ni pretensiones, ni pleitos.

Ni murmuraron del grande,
ni ofendieron al pequeño ;
nunca, como yo, firmaron
parabien, ni Pascuas dieron.

Con esta envidia que digo,
y lo que paso en silencio,
a mis soledades voy,
de mis soledades vengo.

125.

Romancillo

POBRE barquilla mia,
   entre peñascos rota,
sin velas desvelada,
y entre las olas sola !

   Adonde vas, perdida ?
Adonde, di, te engolfas ?
que no hay deseos cuerdos
con esperanzas locas.

   Como las altas naves,
te apartas animosa
de la vecina tierra,
y al fiero mar te arrojas.

   Igual en las fortunas,
mayor en las congojas,
pequeña en las defensas,
incitas a las ondas.

   Advierte que te llevan
a dar entre las rocas
de la soberbia envidia,
naufragio de las honras.

   Cuando por las riberas
andabas costa a costa,
nunca del mar temiste
las iras procelosas.

   Segura navegabas,
que por la tierra propia
nunca el peligro es mucho
adonde el agua es poca.

   Verdad es que en la patria
no es la virtud dichosa,
ni se estima la perla
hasta dejar la concha.

Dirás que muchas barcas,
con el favor en popa,
saliendo desdichadas,
volvieron venturosas.

No mires los ejemplos
de las que van y tornan,
que a muchas ha perdido
la dicha de las otras.

Para los altos mares
no lleves cautelosa,
ni velas de mentiras,
ni remos de lisonjas.

Quién te engañó, barquilla ?
vuelve, vuelve la proa ;
que presumir de nave
fortunas ocasiona.

Qué jarcias te entretejen ?
qué ricas banderolas
azote son del viento
y de las aguas sombra ?

En qué gavia descubres
del árbol alta copa,
la tierra en perspectiva,
del mar incultas orlas ?

En qué celajes fundas
que es bien echar la sonda,
cuando, perdido el rumbo,
erraste la derrota ?

Si te sepulta arena,
qué sirve fama heroica ?
que nunca desdichados
sus pensamientos logran.

Qué importa que te ciñan
ramas verdes o rojas,

que en selvas de corales
salado césped brota?

Laureles de la orilla
solamente coronan
navíos de alto bordo
que jarcias de oro adornan.

No quieras que yo sea,
por tu soberbia pompa,
Faetonte de barqueros
que los laureles lloran.

Pasaron ya los tiempos
cuando, lamiendo rosas,
el céfiro bullia
y suspiraba aromas.

Ya fieros huracanes
tan arrogantes soplan
que, salpicando estrellas,
del sol la frente mojan.

Ya los valientes rayos
de la vulcana forja,
en vez de torres altas
abrasan pobres chozas.

Contenta con tus redes,
a la playa arenosa,
mojado me sacabas;
pero vivo, qué importa?

Cuando de rojo nácar
se afeitaba la aurora,
mas peces te llenaban
que ella lloraba aljófar.

Al bello sol que adoro,
enjuta ya la ropa,
nos daba una cabaña
la cama de sus hojas.

Esposo me llamaba,
yo la llamaba esposa,
parándose de envidia
la celestial antorcha.

Sin pleito, sin disgusto,
la muerte nos divorcia :
ay de la pobre barca
que en lágrimas se ahoga !

Quedad sobre la arena,
inútiles escotas ;
que no ha menester velas
quien a su bien no torna.

Si con eternas plantas
las fijas luces doras,
oh dueño de mi barca !
y en dulce paz reposas,

merezca que le pidas
al bien que eterno gozas,
que adonde estás, me lleve,
mas pura y mas hermosa.

Mi honesto amor te obligue ;
que no es digna victoria
para quejas humanas
ser las deidades sordas.

Mas, ay que no me escuchas !
pero la vida es corta :
viviendo, todo falta ;
muriendo, todo sobra

126. *Lucinda y el pájaro*

DABA sustento a un pajarillo un dia
    Lucinda, y por los hierros del portillo
fuésele de la jaula el pajarillo
al libre viento, en que vivir solia.

    Con un suspiro a la ocasion tardía
tendió la mano, y no pudiendo asillo,
dijo (y de la mejillas amarillo
volvió el clavel, que entre su nieve ardia):

    «Adonde vas, por despreciar el nido,
al peligro de ligas y de balas,
y el dueño huyes, que tu pico adora?»

    Oyóla el pajarillo enternecido,
y a la antigua prision volvió las alas;
que tanto puede una mujer que llora.

127. *Judit*

CUELGA sangriento de la cama al suelo
    el hombro diestro del feroz tirano,
que opuesto al muro de Betulia en vano,
despidió contra sí rayos al cielo.

    Revuelto con el ansia el rojo velo
del pabellon a la siniestra mano,
descubre el espectáculo inhumano
del tronco horrible, convertido en hielo.

    Vertido Baco, el fuerte arnés afea
los vasos y la mesa derribada,
duermen las guardas, que tan mal emplea;

    y sobre la muralla, coronada
del pueblo de Israel, la casta hebrea
con la cabeza resplandece armada.

128.   *El Pastor Divino*

PASTOR, que con tus silbos amorosos
    me despertaste del profundo sueño;
tú, que hiciste cayado dese leño
en que tiendes los brazos poderosos;

    vuelve los ojos a mi fe piadosos,
pues te confieso por mi amor y dueño,
y la palabra de seguirte empeño
tus dulces silbos y tus pies hermosos.

    Oye, Pastor, que por amores mueres,
no te espante el rigor de mis pecados,
pues tan amigo de rendidos eres;

    espera, pues, y escucha mis cuidados;
pero, cómo te digo que me esperes,
si estás para esperar los pies clavados?

129.   *Soneto de repente*

UN soneto me manda hacer Violante,
    que en mi vida me he visto en tal aprieto;
catorce versos dicen que es soneto,
burla burlando van los tres delante.
    Yo pensé que no hallara consonante,
y estoy a la mitad de otro cuarteto,
mas si me veo en el primer terceto
no hay cosa en los cuartetos que me espante.
    Por el primer terceto voy entrando,
y aun parece que entré con pie derecho,
pues fin con este verso le voy dando.
    Ya estoy en el segundo, y aun sospecho,
que estoy los trece versos acabando:
contad si son catorce, y está hecho.

JUAN DE ARGUIJO

1567 (?)–1623

La tempestad y la calma

YO vi del rojo sol la luz serena
turbarse, y que en un punto desparece
su alegre faz, y en torno se oscurece
el cielo con tiniebla de horror llena.

El austro proceloso airado suena,
crece su furia, y la tormenta crece,
y en los hombros de Atlante se estremece
el alto Olimpo y con espanto truena ;

mas luego vi romperse el negro velo
deshecho en agua, y a su luz primera
restituirse alegre el claro dia,

y de nuevo esplendor ornado el cielo
miré, y dije : quien sabe si le espera
igual mudanza a la fortuna mia ?

131.   La recaida

OTRAS dos veces del furioso Note
probé las iras en el mar turbado,
y no volver jamás a tal estado,
arrepentido, prometí y devoto.

De la deshecha jarcia y leño roto
di los despojos al altar sagrado,
y apenas pisé el puerto deseado,
cuando olvidé el peligro y rompí el voto ;

y ahora, que continua y fiera lucha,
mar y vientos se esfuerzan en mi daño,
y sus enojos aplacar porfío,

mis sordas voces sin piedad escucha
el justo cielo. Oh inútil desengaño,
cuán tarde llegas al remedio mio.

208

JUAN DE ARGUIJO

132.   *A Curcio*

LA horrible sima con espanto mira
en la gran plaza Roma, y el dudoso
portento al grave pueblo vitorioso,
no enseñado a temer, suspenso admira.

En tanta confusion turbado aspira
a buscar el remedio, y presuroso
consulta si de Jove poderoso
se pudiese aplacar la justa ira.

Asegura el oráculo invocado
al pueblo de temor, si a la gran cueva
lo más ilustre ofrece de su gloria.

Curcio, de acero y de valor armado,
se arroja dentro, y deja con tal prueba
libre su patria, eterna su memoria.

RODRIGO CARO

1573-1647

133.   *A las ruinas de Itálica*

ESTOS, Fabio, ¡ ay dolor ! que ves ahora
campos de soledad, mustio collado,
fueron un tiempo Itálica famosa ;
aquí de Cipion la vencedora
colonia fué ; por tierra derribado
yace el temido honor de la espantosa
muralla, y lastimosa
reliquia es solamente
de su invencible gente.
Sólo quedan memorias funerales
donde erraron ya sombras de alto ejemplo ;
este llano fué plaza, allí fué templo ;
de todo apenas quedan las señales ;
del gimnasio y las termas regaladas

leves vuelan cenizas desdichadas :
las torres que desprecio al aire fueron
a su gran pesadumbre se rindieron.

Este despedazado anfiteatro,
impio honor de los dioses, cuya afrenta
publica el amarillo jaramago,
ya reducido a trágico teatro,
¡ oh fábula del tiempo ! representa
cuánta fué su grandeza, y es su estrago.
¿ Cómo en el cerco vago
de su desierta arena
el gran pueblo no suena ?
Donde, pues fieras hay, está el desnudo
luchador ?   Dónde está el atleta fuerte ?
Todo despareció, cambió la suerte
voces alegres en silencio mudo ;
mas aun el tiempo da en estos despojos
espectáculos fieros a los ojos,
y miran tan confuso lo presente
que voces de dolor el alma siente.

Aquí nació aquel rayo de la guerra,
gran padre de la patria, honor de España,
pio, felice, triunfador Trajano,
ante quien muda se postró la tierra
que ve del sol la cuna, y la que baña
el mar, tambien vencido, gaditano.
Aquí de Elio Adriano,
de Teodosio divino,
de Silio peregrino
rodaron de marfil y oro las cunas.
Aquí ya de laurel, ya de jazmines
coronados los vieron los jardines,
que ahora son zarzales y lagunas.
La casa para el César fabricada,

¡ ay ! yace de lagartos vil morada ;
casas, jardines, Césares murieron,
y aun las piedras que de ellos se escribieron.
    Fabio, si tú no lloras, pon atenta
la vista en luengas calles destruidas,
mira mármoles y arcos destrozados,
mira estátuas soberbias que violenta
Némesis derribó, yacer tendidas,
y ya en alto silencio sepultados
sus dueños celebrados.
Así a Troya figuro,
así a su antiguo muro,
y a ti, Roma, a quien queda el nombre apenas,
¡ oh patria de los dioses y los reyes !
Y a ti, a quien no valieron justas leyes,
fábrica de Minerva, sabia Atenas,
emulacion ayer de las edades,
hoy cenizas, hoy vastas soledades ;
que no os respetó el hado, no la muerte,
¡ ay ! ni por sabia a ti, ni a ti por fuerte.
    Mas ¿ para qué la mente se derrama
en buscar al dolor nuevo argumento ?
Basta ejemplo menor, basta el presente ;
que aun se ve el humo aquí, se ve la llama,
aun se oyen llantos hoy, hoy ronco acento ;
tal genio o religion fuerza la mente
de la vecina gente,
que refiere admirada
que en la noche callada
una voz triste se oye, que llorando
« ¡ cayó Itálica !,» dice : y lastimosa
Eco reclama « ¡ Itálica ! » en la hojosa
selva, que se le opone resonando
« ¡ Itálica ! » y el claro nombre oido

de « ¡ Itálica ! » renuevan el gemido
mil sombras nobles de su gran ruina :
¡ tanto aun la plebe a sentimiento inclina !
   Esta corta piedad que agradecido
huésped a tus sagrados Manes debo,
les dó y consagro, Itálica famosa.
Tú (si lloroso don han admitido
las ingratas cenizas de que llevo
dulce noticia asaz, si lastimosa),
permíteme, piadosa
usura a tierno llanto,
que vea el cuerpo santo
de Geroncio, tu mártir y prelado ;
muestra de su sepulcro algunas señas,
y cavaré con lágrimas las peñas
que ocultan su sarcófago sagrado :
pero mal pido el único consuelo
de todo el bien que airado quitó el cielo.
Goza en las tuyas sus reliquias bellas
para envidia del mundo y las estrellas

CRISTOBALINA FERNANDEZ DE ALARCON

1576 (?)-1646

134.   *A Santa Teresa de Jesús, en su beatificacion*

ENGASTADA en rizos de oro
   la bella nevada frente,
descubriendo más tesoro
que cuando sale de Oriente
Febo con mayor decoro ;
   en su rostro celestial
mezclando el carmin de Tiro
con alabastro y cristal,

en sus ojos el zafiro
y en sus labios el coral;
    el cuerpo de nieve pura,
que excede toda blancura,
vestido del sol los rayos,
vertiendo abriles y mayos
de la blanca vestidura;
    en la diestra refulgente,
que mil aromas derrama,
un dardo resplandeciente,
que lo remata la llama
de un globo de fuego ardiente;
    batiendo en ligero vuelo
la pluma que al oro afrenta,
bajó un serafin del cielo
y a los ojos se presenta
del serafin del Carmelo.
    Y puesto ante la doncella,
mirando el extremo della,
dudara cualquier sentido
si él la excede en lo encendido
o ella le excede en ser bella.
    Mas viendo tanta excelencia
como en ella puso Dios,
pudiera dar por sentencia
que en el amor de los dos
es poca la diferencia.
    Y por dar más perfeccion
a tan angélico intento,
el que bajó de Sion,
con el ardiente instrumento
la atravesó el corazon
    Dejóla el dolor profundo
de aquel fuego sin segundo

con que el corazon le inflama,
y la fuerza de su llama,
viva a Dios y muerta al mundo.

Que para mostrar mejor
cuánto esta prenda le agrada,
el universal Señor
la quiere tener sellada
con el sello de su amor.

Y es que a Francisco igual
de tan gran favor se arguya,
pues el Pastor celestial,
para que entiendan que es suya,
la marca con su señal.

Y así, desde allí adelante
al serafin semejante
quedó de Teresa el pecho,
y unido con lazo estrecho
al de Dios, si amada ante.

LUIS MARTIN DE LA PLAZA

1577-1625 (?)

135.   *Madrigal*

IBA cogiendo flores
y guardando en la falda,
mi ninfa, para hacer una guirnalda;
mas primero las toca
a los rosados labios de su boca,
y les da de su aliento los olores;
y estaba, por su bien, entre una rosa
un abeja escondida,
su dulce humor hurtando,
y como en la hermosa
flor de los labios se halló, atrevida
la picó, sacó miel, fuése volando.

214

1578 (?)-1644

136.   *Cancion real a una mudanza*

UFANO, alegre, altivo, enamorado,
      cortando el aire el suelto jilguerillo,
sentóse en el pimpollo de una haya,
y con el pico de marfil nevado,
entre el pechuelo verde y amarillo
las plumas concertó pajiza y baya;
y celoso se ensaya
a discantar en alto contrapunto
sus celos y amor junto;
y al ramillo y al prado y a las flores,
libre y gozoso, cuenta sus amores.
Mas ¡ ay ! que en este estado
el cazador cruel, de astucia armado,
escondido le acecha,
y al tierno corazon aguda flecha
tira con mano esquiva,
y envuelto en sangre viva le derriba.
¡ Oh vida malograda,
imagen de mi suerte desdichada !
   De la custodia del amor materno
el corderillo jugeton se aleja,
enamorado de la yerba y flores,
y por la libertad y pasto tierno
el cándido licor olvida y deja,
por quien hizo a su madre mil amores;
sin conocer temores,
de la florida primavera bella
el vario manto huella
con brincos licenciosos
y pace tallos tiernos y sabrosos.
Mas ¡ ay ! que en un otero
dió en la boca del lobo carnicero,

que en partes diferentes
le dividió con sus voraces dientes,
y a convertirse vino
en purpúreo el dorado vellocino.
¡ Oh inocencia ofendida !
¡ Breve bien, caro pasto, corta vida !
   Rica con sus penachos y copetes,
ufana y loca, con altivo vuelo
se remonta la garza a las estrellas,
y aliñando sus blancos martinetes,
procura parecer allá en el cielo
la reina sola de las aves bellas ;
y por ser ella de ellas
la que más altanera se remonta,
ya se encubre y trasmonta
a los ojos del lince más atentos,
y se contempla reina de los vientos.
Mas ¡ ay ! que en la alta nube
el águila la ve y al cielo sube,
donde con pico y garra
el pecho candidísimo desgarra
del bello airon, que quiso
volar tan alto con tan corto aviso.
¡ Ay pájaro altanero,
de mi suerte retrato verdadero !
   Al son de las belígeras trompetas
y al rimbombar del sonoroso parche
formó escuadron el general gallardo ;
con relinchos, bufidos y corvetas
pide el caballo que la gente marche,
trocando en paso presuroso el tardo ;
tocó el clarin bastardo
la esperada señal de arremetida,
y en batalla rompida,

teniendo cierta del vencer la gloria,
oyó su gente, que gritó victoria.
Mas ¡ ay ! que el desconcierto
del capitan bisoño y poco experto,
por no guardar el orden,
causó en su gente general desorden
y, la ocasion perdida,
el vencedor perdió victoria y vida
¡ Ay fortuna contraria,
en mis prósperos fines siempre varia !

Al cristalino y mudo lisonjero
la altiva dama en su beldad se goza,
contemplándose Venus en la tierra ;
el mas soberbio corazon de acero
con su vista enternece y alboroza,
y es de las libertades dulce guerra ;
el desamor destierra
de donde pone sus divinos ojos,
y de ellos son despojos
los castos de Diana,
y en su belleza se contempla ufana.
Mas ¡ ay ! que un accidente
apenas puso el pulso intercadente,
cuando cubrió de manchas,
cárdenas ronchas y viruelas anchas
el bello rostro hermoso
trocándole en horrible y espantoso.
¡ Ay beldad malograda,
muerta luz, turbio sol y flor pisada !

Sobre frágiles leños, y con alas
de lienzo débil, que del mar son carros,
el mercader surcó las claras olas ;
llegó a la India, y rico de bengalas,
aromas, perlas, nácares bizarros,

dió vuelta a las riberas españolas ;
tremoló banderolas,
flámulas, estandartes, gallardetes ;
dió premio a los grumetes
por haber descubierto
de la querida patria el dulce puerto.
Mas ¡ ay ! que estaba ignoto
a la experiencia y ciencia del piloto
en la barra un peñasco,
donde chocando de la nave el casco,
dió a fondo, hechos mil piezas,
mercader, esperanzas y riquezas.
¡ Pobre bajel, figura
del que anegó mi próspera ventura !

    Mi pensamiento con ligero vuelo,
ufano, alegre, altivo, enamorado,
sin conocer temores la memoria,
se remontó, señora, hasta tu cielo
y contrastando tu desden helado,
venció mi fe, gritó el amor victoria ;
y en la sublime gloria
de tu beldad se retrataba el alma ;
el mar de amor en calma
mi navecilla con su viento en popa,
llevaba navegando a toda ropa.
Mas ¡ ay ! que mi contento
fué el pajarillo y corderillo exento,
fué la garza altanera,
fué el capitan que la victoria espera,
fué la Venus del mundo,
fué la nave del piélago profundo ;
que por diversos modos
todas las muertes padecí de todos.

    Cancion, ve a la coluna

que sustentó mi próspera fortuna,
y verás que si entonces
te pareció de mármoles y bronces,
hoy es mujer ; y en suma
breve bien, fácil viento, leve espuma.

PEDRO ESPINOSA

1578-1650

137.   *Madrigal*

EN una red prendiste tu cabello
por salteador de triunfos y despojos ;
y siendo él delincuente,
lo sueltas, y me haces dél cadena.
No fíes dél, ¡ oh lumbre de mis ojos !,
que es lazo, y mucho se te llega al cuello ;
llégalo al mío, y pagaré la pena,
porque diga el Amor, siendo testigo,
que mi premio nació de su castigo.

FRANCISCO DE QUEVEDO Y VILLEGAS

1580-1645

138.   *Letrilla*

PODEROSO *caballero*
    es don Dinero.
  Madre, yo al oro me humillo ;
él es mi amante y mi amado,
pues de puro enamorado
anda contino amarillo ;
que pues, doblon o sencillo,
hace todo cuanto quiero,
poderoso caballero
es don Dinero.

Nace en las Indias honrado,
donde el mundo le acompaña ;
viene a morir en España,
y es en Génova enterrado ;
y pues quien le trae al lado
es hermoso, aunque sea fiero,
poderoso caballero
es don Dinero.

Es galan y es como un oro ;
tiene quebrado el color,
persona de gran valor,
tan cristiano como moro ;
pues que da y quita el decoro
y quebranta cualquier fuero,
poderoso caballero
es don Dinero.

Son sus padres principales,
y es de nobles descendiente,
porque en las venas de Oriente
todas las sangres son reales ;
y pues es quien hace iguales
al duque y al ganadero,
poderoso caballero
es don Dinero.

Mas ¿ a quién no maravilla
ver en su gloria sin tasa
que es lo menos de su casa
doña Blanca de Castilla ?
pero pues da al bajo silla
y al cobarde hace guerrero,
poderoso caballero
es don Dinero

Sus escudos de armas nobles
son siempre tan principales,

que sin sus escudos reales
no hay escudos de armas dobles ;
y pues a los mismos robles
da codicia su minero,
poderoso caballero
es don Dinero.

Por importar en los tratos
y dar tan buenos consejos,
en las casas de los viejos
gatos le guardan de gatos,
y pues él rompe recatos
y ablanda al juez más severo ;
poderoso caballero
es don Dinero.

Y es tanta su majestad
(aunque son sus duelos hartos),
que, con haberle hecho cuartos,
no pierde su autoridad ;
pero, pues da calidad
al noble y al pordiosero,
poderoso caballero
es don Dinero.

Nunca vi damas ingratas
a su gusto y aficion ;
que a las caras de un doblon
hacen sus caras baratas ;
y pues las hace bravatas
desde una bolsa de cuero,
poderoso caballero
es don Dinero

Más valen en cualquier tierra
(mirad si es harto sagaz)
sus escudos en la paz
que rodelas en la guerra ;

y pues al pobre le entierra
y hace propio al forastero.
poderoso caballero
es don Dinero.

139.   *Epístola satírica y censoria escrita*
al Conde-Duque de Olivares

NO he de callar, por más que con el dedo,
    ya tocando la boca, o ya la frente,
silencio avises, o amenaces miedo.

¿No ha de haber un espíritu valiente?
¿siempre se ha de sentir lo que se dice?
¿nunca se ha de decir lo que se siente?

Hoy, sin miedo que libre escandalice,
puede hablar el ingenio, asegurado
de que mayor poder le atemorice.

En otros siglos pudo ser pecado
severo estudio, y la verdad desnuda,
y romper el silencio el bien hablado.

Pues sepa quien lo niega, y quien lo duda,
que es lengua la verdad de Dios severo,
y la lengua de Dios nunca fué muda.

Son la verdad y Dios, Dios verdadero:
ni eternidad divina los separa,
ni de los dos alguno fué primero.

Si Dios a la verdad se adelantara,
siendo verdad, implicacion hubiera
en ser, y en que verdad de ser dejara.

La justicia de Dios es verdadera,
y la misericordia, y todo cuanto
es Dios todo ha de ser verdad entera.

Señor Excelentísimo, mi llanto

ya no consiente márgenes ni orillas :
inundacion será la de mi canto.

Ya sumergirse miro mis mejillas,
la vista por dos urnas derramada
sobre las aras de las dos Castillas.

Yace aquella virtud desaliñada,
que fué, si rica menos, más temida,
en vanidad y en sueño sepultada.

Y aquella libertad esclarecida,
que en donde supo hallar honrada muerte
nunca quiso tener más larga vida.

Y, pródiga del alma, nacion fuerte
contaba por afrenta de los años
envejecer en brazos de la suerte.

Del tiempo el ocio torpe, y los engaños
del paso de las horas y del día,
reputaban los nuestros por extraños.

Nadie contaba cuánta edad vivía,
sino de qué manera ; ni aun un hora
lograba sin afan su valentía.

La robusta edad era señora,
y sola dominaba al pueblo rudo :
edad, si mal hablada, vencedora

El temor de la mano daba escudo
al corazon, que, en ella confiado,
todas las armas despreció desnudo.

Multiplicó en escuadras un soldado
su honor precioso, su ánimo valiente,
de sola honesta obligacion armado.

Y, de bajo del cielo, aquella gente,
si no a más descansado, a más honroso
sueño entregó los ojos, no la mente.

Hilaba la mujer para su esposo
la mortaja primero que el vestido ;

menos le vió galan que peligroso
Acompañaba el lado del marido
más veces en la hueste que en la cama;
sano le aventuró, vengóle herido.

Todas matronas, y ninguna dama,
que nombres del halago cortesano
no admitió lo severo de su fama.

Derramado y sonoro el Oceano,
era divorcio de las rubias minas
que usurparon la paz del pecho humano.

Ni los trujo costumbres peregrinas
el áspero dinero, ni el Oriente
compró la honestidad con piedras finas.

Joya fué la virtud pura y ardiente;
gala el merecimiento y alabanza;
sólo se codiciaba lo decente.

No de la pluma dependió la lanza,
ni el cántabro con cajas y tinteros
hizo el campo heredad, sino matanza.

Y España, con legítimos dineros,
no mendigando el crédito a Liguria,
más quiso los turbantes que los ceros.

Menos fuera la pérdida y la injuria
si se volvieran Muzas los asientos;
que esta usura es peor que aquella furia.

Caducaban las aves en los vientos
y espiraba decrépito el venado:
grande vejez duró en los elementos.

Que el vientre, entonces bien disciplinado,
buscó satisfaccion, y no hartura,
y estaba la garganta sin pecado.

Del mayor infanzon de aquella pura
república de grandes hombres era
una vaca sustento y armadura.

No había venido, al gusto lisonjera,
la pimienta arrugada, ni del clavo
la adulacion fragante forastera.

Carnero y vaca fué principio y cabo,
y, con rojos pimientos y ajos duros,
tambien como el señor comió el esclavo.

Bebió la sed los arroyuelos puros;
después mostraron del carquesio a Baco
el camino los brindis mal seguros.

El rostro macilento, el cuerpo flaco,
eran recuerdo del trabajo honroso,
y honra y provecho andaban en un saco.

Pudo sin miedo un español velloso
llamar a los tudescos bacanales,
y al holandés hereje y alevoso.

Pudo acusar los celos desiguales
a la Italia, pero hoy de muchos modos
somos copias, si son originales.

Las descendencias gastan muchos godos;
todos blasonan, nadie los imita,
y no son sucesores, sino apodos.

Vino el betun precioso que vomita
la ballena, o la espuma de las olas,
que el vicio, no el olor, nos acredita,

y quedaron las huestes españolas
bien perfumadas, pero mal regidas,
y alhajas las que fueron pieles solas.

Estaban las hazañas mal vestidas,
y aun no se hartaba de buriel y lana
la vanidad de fembras presumidas.

A la seda pomposa siciliana
que manchó ardiente múrice, el romano
y el oro hicieron áspera y tirana.

Nunca al duro español supo el gusano

persuadir que vistiese su mortaja,
intercediendo el Can por el verano.

    Hoy desprecia el honor al que trabaja,
y entonces fué el trabajo ejecutoria,
y el vicio graduó la gente baja.

    Pretende el alentado joven gloria
por dejar la vacada sin marido,
y de Ceres ofende la memoria

    Un animal a la labor nacido
y símbolo celoso a los mortales,
que a Jove fué disfraz y fué vestido;

    que un tiempo endureció manos reales,
y detrás de él los consules gimieron,
y rumia luz en campos celestiales,

    ¿ por cuál enemistad se persuadieron
a que su apocamiento fuese hazaña,
y a las mieses tan grande ofensa hicieron ?

    ¡ Qué cosa es ver un infanzon de España
abreviado en la silla a la gineta,
y gastar un caballo en una caña !

    Que la niñez al gallo le acometa
con semejante municion apruebo;
mas no la edad madura y la perfeta.

    Ejercite sus fuerzas el mancebo
en frentes de escuadrones; no en la frente
del útil bruto la asta del acebo.

    El trompeta le llama diligente,
dando fuerza de ley el viento vano,
y al son esté el ejército obediente.

    ¡ Con cuánta majestad llena la mano
la pica, y el mosquete carga el hombro,
del que se atreve a ser buen castellano !

    Con asco entre las otras gentes nombro
al que de su persona, sin decoro,

más quiere nota dar que dar asombro.

Gineta y cañas son contagio moro ;
restitúyanse justas y torneos,
y hagan paces las capas con el toro.

Pasadnos vos de juegos a trofeos ;
que sólo grande rey y buen privado
pueden ejecutar estos deseos.

Vos, que haceis repetir siglo pasado
con desembarazarnos las personas
y sacar a los miembros de cuidado.

Vos distes libertad con las valonas
para que sean corteses las cabezas,
desnudando el enfado a las coronas.

Y, pues vos emendastes las cortezas,
dad a la mejor parte medicina :
vuélvanse los tablados fortalezas.

Que la cortés estrella que os inclina
a privar, sin intento y sin venganza,
milagro que a la invidia desatina,

tiene por sola bienaventuranza
el reconocimiento temeroso :
no presumida y ciega confianza.

Y si os dió el ascendiente generoso
escudos, de armas y blasones llenos,
y por timbre el martirio glorioso,

mejores sean por vos los que eran buenos
Guzmanes, y la cumbre desdeñosa
os muestre a su pesar campos serenos.

Lograd, señor, edad tan venturosa ;
y cuando nuestras fuerzas examina
persecucion unida y belicosa,

la militar valiente disciplina
tenga más platicantes que la plaza ;
descansen tela falsa y tela fina.

Suceda a la marlota la coraza,
y si el Corpus con danzas no los pide,
velillos y oropel no hagan baza

El que en treinta lacayos los divide
hace suerte en el toro, y con un dedo
la hace en él la vara que los mide.

Mandadlo así ; que aseguraros puedo
que habeis de restaurar más que Pelayo,
pues valdrá por ejércitos el miedo,
y os verá el Cielo administrar su rayo.

140.   *Que la vida es siempre breve y fugitiva*

TODO tras sí lo lleva el año breve
   de la vida mortal, burlando el brío
al acero valiente, al mármol frío
que contra el tiempo su dureza atreve.

Antes que sepa andar el pie, se mueve
camino de la muerte, donde envío,
mi vida oscura : pobre y turbio río,
que negro mar con altas ondas bebe.

Todo corto momento es paso largo
que doy, a mi pesar, en tal jornada,
pues, parado y durmiendo, siempre aguijo.

Breve suspiro, y último, y amargo,
es la muerte, forzosa y heredada ;
mas si es ley y no pena, ¿ qué me aflijo ?

141.   *Avisos de la Muerte*

MIRÉ los muros de la patria mía,
si un tiempo fuertes, ya desmoronados,
de la carrera de la edad cansados
por quien caduca ya su valentía.

Salíme al campo; vi que el sol bebía
los arroyos del hielo desatados,
y del monte quejosos los ganados
que con sombras hurtó su luz al dia.

Entré en mi casa; vi que, amancillada,
de anciana habitacion era despojos;
mi báculo, más corvo y menos fuerte.

Vencida de la edad sentí mi espada,
y no hallé cosa en que poner los ojos
que no fuese recuerdo de la muerte.

EL CONDE DE VILLAMEDIANA

1582-1622

142.   *Al retiro de las ambiciones de la Corte*

SI para mal contentos hay sagrado,
dulce quietud del ánimo lo sea
en esta soledad donde granjea
aviso y no fatigas el cuidado.

El metal en la lluvia desatado
sobre ambiciosa mano lograr vea
quien aun con los engaños lisonjea
de sus áulicas pompas adulado.

Sirenas sean lisonja de su oído
que adulterando a la razon las llaves,
cierren la puerta del mejor sentido.

Yo entre estas mansas ondas, a las aves
en canto, ni adulado ni aprendido,
deberé el desmentir fatigas graves.

143.

Redondillas

TRAIGO conmigo un cuidado
(entre desdicha y ventura)
que para dicho es locura
y muerte para callado.

Ni es satisfaccion ni queja
ansia tan en favor mío,
que ni con el desvarío
soltar la lengua me deja.

Por lo menos mi pasion
es de tan gloriosa pena,
que al hierro de mi cadena
solo acertó su eleccion.

Si busco la soledad
en tan dudosa porfía,
es por hacer compañía
con sola mi voluntad.

Esta nació de un instante
que a causa tan superior
produce efecto de Amor,
que en naciendo fué gigante.

Y aunque tan avara suerte
me tiene amor prometida,
que por un punto de vida
me da mil siglos de muerte,

como queda mi tormento
ya con su causa premiado,
no puede ser desdichado
quien tiene mi pensamiento.

Del breve espacio de gloria
del instante que os miré,
tuvo materia la fe,
y ejercicio la memoria.

Porque en aquel punto mismo
que el sol derribé sin velo,
llegó mi pasion al cielo,
y mi humildad al abismo.

Tal, que la misma fatiga
en que ya no espero medio,
obliga como remedio,
y como daño castiga.

Breve fué de amor el lazo
donde ufanamente peno,
que tan eficaz veneno
da la muerte a corto plazo.

Veneno, mas tan suave,
que se bebe por los ojos
la gloria de los enojos
que en el cielo de Amor cabe.

Estando para morir
he llegado a conocer,
que ni sabré merecer,
ni me podré arrepentir.

144. *Epigramas*

i

A Don Rodrigo Calderon, estando preso

EN jaula está el ruiseñor
con pihuelas que le hieren,
y sus amigos le quieren
antes mudo que cantor.

ii

A Pedro Vergel, entrando en la plaza de toros

¡ QUÉ galan que entró Vergel
con cintillo de diamantes!
diamantes que fueron antes
de amantes de su mujer.

iii

Al marqués de Malpica

CUANDO el marqués de Malpica,
caballero de la llave,
con su silencio replica,
dice todo cuanto sabe.

FRANCISCO DE RIOJA

1583 (?)-1659

Al clavel

145.

A TÍ, clavel ardiente,
envidia de la llama y de la aurora,
miró al nacer más blandamente Flora :
color te dió excelente,
y del año las oras más suaves.
Cuando a la excelsa cumbre de Moncayo
rompe luciente sol las canas nieves
con más caliente rayo,
tiendes igual las hojas abrasadas.
Mas, ¿ quién sabe si a Flora el color debes
cuando debes las horas más templadas ?
Amor, Amor sin duda dulcemente
te bañó de su llama refulgente
y te dió el puro aliento soberano :
que eres, flor encendida,
pública admiracion de la belleza,
lustre y ornato a pura y blanca mano,

232

y ornato, lustre y vida
al más hermoso pelo
que corona nevada y tersa frente ;
sola merced de Amor, no de suprema
otra deidad alguna,
¡ oh flor de alta fortuna !
cuantas veces te miro
entre los admirables lazos de oro,
por quien lloro y suspiro,
por quien suspiro y lloro,
en envidia y amor junto me enciendo.
Si forman por la pura nieve y rosa,
(diré mejor) por el luciente cielo
las dulces hebras amoroso vuelo,
quedas, clavel, en carcel amorosa
con gloria peregrina aprisionado.
Si al dulce labio llegas, que provoca
a suave deleite al más helado,
luego que tu encendido seno toca
a su color sangriento,
vuelves ¡ ay, oh dolor ! más abrasado.
¿ Dióte naturaleza sentimiento ?
¡ Oh yo, dichoso, a habérseme negado !
Hable más de tu olor y de tu fuego
aquel a quien envidias de favores
no alteran el sosiego.

146.   *A la rosa*

PURA, encendida rosa,
     émula de la llama
que sale con el día,
¿ cómo naces tan llena de alegría
si sabes que la edad que te da el cielo
es apenas un breve y veloz vuelo ?

Y no valdrán las puntas de tu rama
ni tu púrpura hermosa
a detener un punto
la ejecucion del hado presurosa.
El mismo cerco alado,
que estoy viendo riente,
ya temo amortiguado,
presto despojo de la llama ardiente.
Para las hojas de tu crespo seno
te dió Amor de sus alas blandas plumas,
y oro de su cabello dió a tu frente.
¡ Oh fiel imagen suya peregrina !
Bañóte en su color sangre divina
de la deidad que dieron las espumas.
Y esto, purpúrea flor, y esto ¿ no pudo
hacer menos violento el rayo agudo ?
Róbate en una hora,
róbate licencioso su ardimiento
el color y el aliento ;
tiendes aún no las alas abrasadas
y ya vuelan al suelo desmayadas :
tan cerca, tan unida
está al morir tu vida,
que dudo si en sus lágrimas la aurora
mustia, tu nacimiento o muerte llora.

ESTEBAN MANUEL DE VILLEGAS
1589-1669

147. *Cantilena : De un pajarillo*

YO vi sobre un tomillo
quejarse un pajarillo
viendo su nido amado,
de quien era caudillo,
de un labrador robado.

Vile **tan** congojado
por tal atrevimiento
dar mil quejas al viento,
para que al cielo santo,
lleve su tierno llanto,
lleve **su** triste acento.
Ya con triste armonía,
esforzando el intento,
mil quejas repetía :
ya cansado callaba,
y al nuevo sentimiento
ya sonoro volvía :
ya circular volaba,
ya rastrero corría,
ya pues de rama en rama
al rústico seguía,
y saltando en la grama,
parece que decía :
«dame, rústico fiero,
mi dulce compañía ; »
y a mi que respondía
el rústico : « no quiero.»

148.   *Oda sáfica.*

DULCE vecino de la verde selva,
   huésped eterno del abril florido,
vital aliento de la madre Venus,
     céfiro blando ;

si de mis ansias el amor supiste,
tú, que las quejas de mi voz llevaste,
oye, no temas, y a mi ninfa dile,
     dile que muero.

235

ESTEBAN MANUEL DE VILLEGAS

Filis un tiempo mi dolor sabía;
Filis un tiempo mi dolor lloraba;
quísome un tiempo; mas agora temo,
      temo sus iras.

Así los dioses con amor paterno,
así los cielos con amor benigno,
nieguen al tiempo que feliz volares
      nieve a la tierra.

Jamás el peso de la nube parda
cuando amanece en la elevada cumbre,
toque tus hombros ni su mal granizo
      hiera tus alas.

PEDRO CALDERON DE LA BARCA

1600–1681

Soneto

149.

ESTAS que fueron pompa y alegría
  despertando al albor de la mañana,
a la tarde serán lástima vana
durmiendo en brazos de la noche fría.
    Este matiz que al cielo desafía,
iris listado de oro, nieve y grana,
será escarmiento de la vida humana :
¡ tanto se emprende en término de un día !
    A florecer las rosas madrugaron.
y para envejecerse florecieron :
cuna y sepulcro en un boton hallaron.
    Tales los hombres sus fortunas vieron :
en un día nacieron y espiraron ;
que pasados los siglos, horas fueron.

1601-1693

150.

Cancion

EN lo breve de un portal
vi, pastores, un zagal
cuyos ojos soberanos,
teniendo forma de humanos,
parecen soles divinos.
Mirad si son amorosos,
pues con rayos luminosos,
toda el alma me abrasaron,
y de suerte me miraron,
que perdí la vista en ellos.
Mas ¡ ay ! que en ojos tan bellos
ganada quedó mi vida,
ora por amor perdida,
ora por amor ganada ;
pues el alma enamorada,
vivir quiere en estos ojos,
de que son breves despojos
los cuidados más amantes,
los amores más constantes,
las finezas más notorias.
¡ Ay, qué penas ! ay, qué glorias
tan suaves, tan sentidas
me causaron las heridas
que en el corazon me dieron !
Estos soles, que vinieron
a dar al mundo alegría,
ya vuelven la noche en día
con sus bellos resplandores.
Vengan todos los pastores
a ver el Sol entre pajas,
y tocando las sonajas,
alegres por varios modos,
bailen todos, canten todos.

1651-1691

151.   *A su retrato*

ESTE que ves, engaño colorido,
    que del arte ostentando los primores,
con falsos silogismos de colores
es cauteloso engaño del sentido;
    este, en quien la lisonja ha pretendido
excusar de los años los horrores,
y venciendo del tiempo los rigores
triunfar de la vejez y del olvido;
    es un vano artificio del cuidado,
es una flor al viento delicada,
es un resguardo inútil para el Hado,
    es una necia diligencia errada,
es un afan caduco y bien mirado,
es cadáver, es polvo, es sombra, es nada.

152.   *Redondillas*

HOMBRES necios, que acusais
    a la mujer sin razon,
sin ver que sois la ocasion
de lo mismo que culpais.
    Si con ansia sin igual
solicitais su desden,
¿ por qué quereis que obren bien
si las incitais al mal ?
    Combatís su resistencia,
y luego con gravedad,
decís que fué liviandad
lo que hizo la diligencia.
    Parecer quiere el denuedo
de vuestro parecer loco,

al niño que pone el coco,
y luego le tiene miedo.

Quereis con presuncion necia
hallar a la que buscais,
para pretendida, Thais,
y en la posesion, Lucrecia.

¿Qué humor puede haber más raro
que el que, falto de consejo,
él mismo empaña el espejo
y siente que no esté claro?

Con el favor y el desden
teneis condicion igual,
quejándoos, si os tratan mal,
burlándoos, si os quieren bien.

Opinion ninguna gana,
pues la que más se recata,
si no os admite, es ingrata,
y si os admite, es liviana.

Siempre tan necios andais
que con desigual nivel,
a una culpais por cruel,
y a otra por fácil culpais.

Pues ¿cómo ha de estar templada
la que vuestro amor pretende,
si la que es ingrata ofende
y la que es fácil enfada?

Mas entre el enfado y pena
que vuestro gusto refiere,
bien haya la que no os quiere,
y quejaos enhorabuena.

Dan las amantes penas
a sus libertades alas,
y después de hacerlas malas
la quereis hallar muy buenas.

¿Cuál mayor culpa ha tenido
en una pasion errada,
la que cae de rogada,
o el que ruega de caído?

¿O cual es más de culpar
aunque cualquiera mal haga,
la que peca por la paga
o el que paga por pecar?

Pues ¿para qué os espantais
de la culpa que teneis?
Queredlas cual las haceis
o hacedlas cual las buscais.

Dejad de solicitar,
y después, con más razon,
acusareis la aficion
de la que os fuere a rogar.

Bien con muchas armas fundo
que lidia vuestra arrogancia,
pues en promesa e instancia
juntais diablo, carne y mundo.

DIEGO TADEO GONZALEZ

1733-1794

153.   *El murciélago alevoso*

ESTABA Mirta bella
cierta noche formando en su aposento,
con gracioso talento,
una tierna cancion, y porque en ella
satisfacer a Delio meditaba,
que de su fe dudaba,
con vehemente expresion le encarecía
el fuego que en su casto pecho ardía.

Y estando divertida,
un murciélago fiero, ¡ suerte insana !
entró por la ventana !
Mirta dejó la pluma, sorprendida,
temió, gimió, dió voces, vino gente ;
y al querer diligente
ocultar la cancion, los versos bellos
de borrones llenó, por recogellos.

Y Delio, noticioso
del caso que en su daño había pasado,
justamente enojado
con el fiero murciélago alevoso,
que había la cancion interrumpido,
y a su Mirta afligido,
en cólera y furor se consumía,
y así a la ave funesta maldecía.

« Oh monstruo de ave y bruto,
que cifras lo peor de bruto y ave,
vision nocturna grave,
nuevo horror de las sombras, nuevo luto,
de la luz enemigo declarado,
nuncio desventurado
de la tiniebla y de la noche fría
¿ qué tienes tú que hacer donde está el día ?

« Tus obras y figura
maldigan de comun las otras aves,
que cánticos suaves
tributan cada día a la alba pura ;
y porque mi ventura interrumpiste,
y a su autor afligiste,
todo el mal y desastre te suceda
que a un murciélago vil suceder pueda.

« La lluvia repetida,
que viene de lo alto arrebatada,

tan sólo reservada
a las noches, se oponga a tu salida;
o el relámpago pronto reluciente
te ciegue y amedrente;
o soplando del Norte recio el viento
no permita un mosquito a tu alimento.

    « La dueña melindrosa,
tras el tapiz do tienes tu manida,
te juzgue, inadvertida
por telaraña sucia y asquerosa,
y con la escoba al suelo te derribe;
y al ver que bulle y vive
tan fiera y tan ridícula figura
suelte la escoba y huya con presura.

    « Y luego sobrevenga
el jugueton gatillo bullicioso,
y primero medroso
al verte, se retire y se contenga,
y bufe, y se espeluce horrorizado,
y alce el rabo esponjado,
y el espinazo en arco suba al cielo,
y con los pies apenas toque al suelo.

    « Mas luego recobrado,
y del primer horror convalecido,
el pecho al suelo unido,
traiga el rabo del uno al otro lado,
y cosido en la tierra, observe atento;
y cada movimiento
que en ti llegue a notar su perspicacia
le provoque al asalto y le dé audacia.

    « En fin, sobre ti venga,
te acometa y ultraje sin recelo,
te arrastre por el suelo,
y a costa de tu daño se entretenga;

y por caso las uñas afiladas
en tus alas clavadas,
por echarte de sí con sobresalto,
te arroje muchas veces a lo alto.

   « Y acuda a tus chillidos
el muchacho, y convoque a sus iguales
que con los animales
suelen ser comunmente desabridos ;
que a todos nos dotó naturaleza
de entrañas de fiereza,
hasta que ya la edad o la cultura
nos dan humanidad y más cordura.

   « Entre con algazara
la pueril tropa, al daño prevenida,
y lazada oprimida
te echen al cuello con fiereza rara ;
y al oirte chillar alcen el grito
y te llamen maldito ;
y creyéndote al fin del diablo imagen
te abominen, te escupan y te ultrajen

   « Luego por las telillas
de tus alas te claven al postigo,
y se burlen contigo,
y al hocico te apliquen candelillas,
y se rian con duros corazones
de tus gestos y acciones,
y a tus tristes querellas ponderadas
correspondan con fiesta y carcajadas.

   « Y todos bien armados
de piedras, de navajas, de aguijones,
de clavos, de punzones,
de palos por los cabos afilados
(de diversion y fiesta ya rendidos),
te embistan atrevidos,

y te quiten la vida con presteza,
consumando en el modo su fiereza.

« Te puncen y te sajen,
te tundan, te golpeen, te martillen,
te piquen, te acribillen,
te dividan, te corten y te rajen,
te desmiembren, te partan, te degüellen,
te hiendan, te desuellen,
te estrujen, te aporreen, te magullen,
te deshagan, confundan y aturrullen.

« Y las supersticiones
de las viejas creyendo realidades,
por ver curiosidades,
en tu sangre humedezcan algodones,
para encenderlos en la noche oscura,
creyendo sin cordura
que verán en el aire culebrinas
y otras tristes visiones peregrinas.

« Muerto ya, te dispongan
el entierro, te lleven arrastrando,
gori, gori, cantando,
y en dos filas delante se compongan ;
y otros, fingiendo voces lastimeras,
sigan de plañideras,
y dirijan entierro tan gracioso
al muladar más sucio y asqueroso ;

« y en aquella basura
un hoyo hondo y capaz te faciliten,
y en él te depositen,
y allí te den debida sepultura ;
y para hacer eterna tu memoria,
compendiada tu historia
pongan en una losa duradera,
cuya letra dirá de esta manera :

DIEGO TADEO GONZALEZ

« Aquí yace el murciélago alevoso
que el sol horrorizó y ahuyentó el día,
de pueril saña triunfo lastimoso,
con cruel muerte pagó su alevosía ;
no sigas, caminante, presuroso,
hasta decir sobre esta losa fría :
Acontezca tal fin y tal estrella
a aquel que mal hiciere a Mirta bella.»

NICOLÁS FERNÁNDEZ DE MORATÍN

1737-1780

154.   *Fiesta de toros en Madrid*

MADRID, castillo famoso
que al rey moro alivia el miedo,
arde en fiestas en su coso
por ser el natal dichoso
de Alimenón de Toledo.

Su bravo alcaide Aliatar,
de la hermosa Zaida amante,
las ordena celebrar
por si la puede ablandar
el corazón de diamante

Pasó, vencida a sus ruegos,
desde Aravaca a Madrid ;
hubo pandorgas y fuegos,
con otros nocturnos juegos
que dispuso el adalid.

245

Y en adargas y colores,
en las cifras y libreas,
mostraron los amadores,
y en pendones y preseas,
la dicha de sus amores.

Vinieron las moras bellas
de toda la cercanía,
y de lejos muchas de ellas:
las más apuestas doncellas
que España entonces tenía.

Ajá de Jetafe vino,
y Zahara la de Alcorcón,
en cuyo obsequio muy fino
corrió de un vuelo el camino
el moraicel de Alcabón.

Jarifa de Almonacid,
que de la Alcarria en que habita
llevó a asombrar a Madrid
su amante Audalla, adalid
del castillo de Zorita.

De Adamuz y la famosa
Meco llegaron allí
dos, cada cual más hermosa,
y Fátima la preciosa,
hija de Alí el alcadí.

El ancho circo se llena
de multitud clamorosa,
que atiende a ver en la arena
la sangrienta lid dudosa,
y todo en torno resuena.

La bella Zaida ocupó
sus dorados miradores
que el arte afiligranó,
y con espejos y flores
y damascos adornó.

Añafiles y atabales,
con militar armonía,
hicieron salva, y señales
de mostrar su valentía
los moros más principales.

No en las vegas de Jarama
pacieron la verde grama
nunca animales tan fieros,
junto al puente que se llama,
por sus peces, de Viveros,

como los que el vulgo vió
ser lidiados aquel día ;
y en la fiesta que gozó,
la popular alegría
muchas heridas costó.

Salió un toro del toril
y a Tarfe tiró por tierra,
y luego a Benalguacil ;
después con Hamete cierra
el temerón de Conil.

Traía un ancho listón
con uno y otro matiz
hecho un lazo por airón,
sobre la inhiesta cerviz
clavado con un arpón.

Todo galán pretendía
ofrecerle vencedor
a la dama que servía :
por eso perdió Almanzor
el potro que más quería.

El alcaide muy zambrero
de Guadalajara, huyó,
mal herido al golpe fiero,
y desde un caballo overo
el moro de Horche cayó.

Todos miran a Aliatar,
que, aunque tres toros ha muerto,
no se quiere aventurar,
porque en lance tan incierto
el caudillo no ha de entrar.

Mas viendo se culparía,
va a ponérsele delante :
la fiera le acometía,
y sin que el rejón la plante
le mató una yegua pía.

Otra monta acelerado :
le embiste el toro de un vuelo
cogiéndole entablerado ;
rodó el bonete encarnado
con las plumas por el suelo.

Dió vuelta hiriendo y matando
a los de a pie que encontrara,
el circo desocupando,
y emplazándose, se para,
con la vista amenazando

Nadie se atreve a salir :
la plebe grita indignada,
las damas se quieren ir,
porque la fiesta empezada
no puede ya proseguir.

Ninguno al riesgo se entrega
y está en medio el toro fijo,
cuando un portero que llega
de la puerta de la Vega,
hincó la rodilla, y dijo :

Sobre un caballo alazano,
cubierto de galas y oro,
demanda licencia urbano
para alancear a un toro
un caballero cristiano.

Mucho le pesa a Aliatar ;
pero Zaida dió respuesta
diciendo que puede entrar,
porque en tan solemne fiesta
nada se debe negar.

Suspenso el concurso entero
entre dudas se embaraza,
cuando en un potro ligero
vieron entrar en la plaza
un bizarro caballero.

Sonrosado, albo color,
belfo labio, juveniles
alientos, inquieto ardor,
en el florido verdor
de sus lozanos abriles.

Cuelga la rubia guedeja
por donde el almete sube,
cual mirarse tal vez deja
del sol la ardiente madeja
entre cenicienta nube.

Gorguera de anchos follajes,
de una cristiana primores ;
en el yelmo los plumajes
por los visos y celajes
verjel de diversas flores.

En la cuja gruesa lanza,
con recamado pendón,
y una cifra a ver se alcanza,
que es de desesperación,
o a lo menos de venganza.

En el arzón de la silla
ancho escudo reverbera
con blasones de Castilla,
y el mote dice a la orilla :
Nunca mi espada venciera.

Era el caballo galán,
el bruto más generoso,
de más gallardo ademán:
cabos negros, y brioso,
muy tostado, y alazán.

Larga cola recogida
en las piernas descarnadas,
cabeza pequeña, erguida,
las narices dilatadas,
vista feroz y encendida.

NICOLÁS FERNÁNDEZ DE MORATÍN

Nunca en el ancho rodeo
que da Betis con tal fruto
pudo fingir el deseo
más bella estampa de bruto,
ni más hermoso paseo.

Dió la vuelta al rededor;
los ojos que le veían
lleva prendados de amor:
«¡Alah te salve!» decían,
«¡Déte el Profeta favor!»

Causaba lástima y grima
su tierna edad floreciente:
todos quieren que se exima
del riesgo, y él solamente
ni recela ni se estima.

Las doncellas, al pasar,
hacen de ámbar y alcanfor
pebeteros exhalar,
vertiendo pomos de olor,
de jazmines y azahar.

Mas cuando en medio se para,
y de más cerca le mira
la cristiana esclava Aldara,
con su señora se encara,
y así la dice, y suspira:

«Señora, sueños no son;
así los cielos, vencidos
de mi ruego y aflicción,
acerquen a mis oidos
las campanas de León,

« como ese doncel, que ufano
tanto asombro viene a dar
a todo el pueblo africano,
es Rodrigo de Vivar,
el soberbio castellano.»

Sin descubrirle quien es,
la Zaida desde una almena
le habló una noche cortés,
por donde se abrió después
el cubo de la Almudena.

Y supo que, fugitivo
de la corte de Fernando,
el cristiano, apenas vivo,
está a Jimena adorando
y en su memoria cautivo.

Tal vez a Madrid se acerca
con frecuentes correrías
y todo en torno la cerca ;
observa sus saetías,
arroyadas y ancha alberca.

Por eso le ha conocido:
que en medio de aclamaciones,
el caballo ha detenido
delante de sus balcones,
y la saluda rendido.

La mora se puso en pie
y sus doncellas detrás :
el alcaide que lo ve,
enfurecido además,
muestra cuán celoso esté.

NICOLÁS FERNÁNDEZ DE MORATÍN

Suena un rumor placentero
entre el vulgo de Madrid :
no habrá mejor caballero,
dicen, en el mundo entero,
y algunos le llaman Cid.

Crece la algazara, y él,
torciendo las riendas de oro,
marcha al combate cruel :
alza el galope, y al toro
busca en sonoro tropel.

El bruto se le ha encarado
desde que le vió llegar,
de tanta gala asombrado,
y al rededor le ha observado
sin moverse de un lugar.

Cual flecha se disparó
despedida de la cuerda,
de tal suerte le embistió ;
detrás de la oreja izquierda
la aguda lanza le hirió.

Brama la fiera burlada ;
segunda vez acomete,
de espuma y sudor bañada,
y segunda vez la mete
sutil la punta accrada.

Pero ya Rodrigo espera
con heroico atrevimiento,
el pueblo mudo y atento :
se engalla el toro y altera,
y finje acometimiento.

La arena escarba ofendido,
sobre la espalda la arroja
con el hueso retorcido;
el suelo huele y le moja
en ardiente resoplido.

La cola inquieto menea,
la diestra oreja mosquea,
vase retirando atrás,
para que la fuerza sea
mayor, y el ímpetu más.

El que en esta ocasión viera
de Zaida el rostro alterado,
claramente conociera
cuanto le cuesta cuidado
el que tanto riesgo espera.

Mas ¡ ay, que le embiste horrendo
el animal espantoso !
jamás peñasco tremendo
del Cáucaso cavernoso
se desgaja estrago haciendo,

ni llama así fulminante
cruza en negra oscuridad
con relámpagos delante,
al estrépito tronante
de sonora tempestad,

como el bruto se abalanza
con terrible ligereza;
mas rota con gran pujanza
la alta nuca, la fiereza
y el último aliento lanza.

La confusa vocería
que en tal instante se oyó
fué tanta, que parecía
que honda mina reventó,
o el monte y valle se hundía.

A caballo como estaba
Rodrigo, el lazo alcanzó
con que el toro se adornaba :
en su lanza le clavó
y á los balcones llegaba.

Y alzándose en los estribos,
le alarga a Zaida, diciendo :
« Sultana, aunque bien entiendo
ser favores excesivos,
mi corto don admitiendo,

« si no os dignáredes ser
con él benigna, advertid
que a mí me basta saber
que no le debo ofrecer
a otra persona en Madrid.»

Ella, el rostro placentero,
dijo, y turbada : « Señor,
yo le admito y le venero,
por conservar el favor
de tan gentil caballero.»

Y besando el rico don,
para agradar al doncel,
le prende con afición
al lado del corazón
por brinquiño y por joyel.

Pero Aliatar el caudillo
de envidia ardiendo se ve,
y, trémulo y amarillo,
sobre un tremecén rosillo
lozaneándose fué.

Y en ronca voz, « castellano,»
le dice, « con más decoros
suelo yo dar de mi mano,
si no penachos de toros,
las cabezas del cristiano ;

« y si vinieras de guerra
cual vienes de fiesta y gala,
vieras que en toda la tierra,
al valor que dentro encierra
Madrid, ninguno se iguala.»

« Así,» dijo el de Vivar,
« respondo », y la lanza al ristre
pone, y espera a Aliatar ;
mas sin que nadie administre
orden, tocaron a armar.

Ya fiero bando con gritos
su muerte o prisión pedía,
cuando se oyó en los distritos
del monte de Leganitos
del Cid la trompetería.

Entre la Monclova y Soto
tercio escogido emboscó,
que, viendo como tardó,
se acerca, oyó el alboroto,
y al muro se abalanzó.

Y si no vieran salir
por la puerta a su señor,
y Zaida a le despedir,
iban la fuerza a embestir :
tal era ya su furor.

El alcaide, recelando
que en Madrid tenga partido,
se templó disimulando,
y por el parque florido
salió con él razonando.

Y es fama que, a la bajada,
juró por la cruz el Cid
de su vencedora espada
de no quitar la celada
hasta que gane a Madrid.

GASPAR MELCHOR DE JOVELLANOS

1744-1811

155.   *Epístola de Fabio a Anfriso*

Descripción del Paular

Credibile est illi numen inesse loco.
OVIDIUS.

DESDE el oculto y venerable asilo,
do la virtud austera y penitente
vive ignorada, y del liviano mundo
huida, en santa soledad se esconde,
el triste Fabio al venturoso Anfriso
salud en versos flébiles envía.
Salud le envía a Anfriso, al que inspirado
de las mantuanas musas, tal vez suele
al grave son de su celeste canto
precipitar del viejo Manzanares

el curso perezoso ; tal suave
suele ablandar con amorosa lira
la altiva condición de sus zagalas.
¡ Pluguiera a Dios, oh Anfriso, que el cuitado
a quien no dió la suerte tal ventura
pudiese huir del mundo y sus peligros !
¡ Pluguiera a Dios, pues ya con su barquilla
logró arribar a puerto tan seguro,
que esconderla supiera en este abrigo,
a tanta luz y ejemplos enseñado !
Huyera así la furia tempestuosa
de los contrarios vientos, los escollos,
y las fieras borrascas tantas veces
entre sustos y lágrimas corridas.
Así también del mundanal tumulto
lejos, y en estos montes guarecido,
alguna vez gozara del reposo,
que hoy desterrado de su pecho vive.

    Mas ¡ ay de aquel que hasta en el santo asilo
de la virtud arrastra la cadena,
la pesada cadena con que el mundo
oprime a sus esclavos ! ¡ Ay del triste
en cuyo oído suena con espanto,
por esta oculta soledad rompiendo,
de su señor el imperioso grito !

    Busco en estas moradas silenciosas
el reposo y la paz que aquí se esconden,
y sólo encuentro la inquietud funesta
que mis sentidos y razón conturba.

    Busco paz y reposo, pero en vano
los busco ¡ oh caro Anfriso ! que estos dones,
herencia santa que al partir del mundo
dejó Bruno en sus hijos vinculada,
nunca en profano corazón entraron

ni a los parciales del placer se dieron.

    Conozco bien que, fuera de este asilo,
sólo me guarda el mundo sinrazones,
vanos deseos, duros desengaños,
susto y dolor ; empero todavía
a entrar en él no puedo resolverme.
No puedo resolverme, y despechado
sigo el impulso del fatal destino
que a muy más dura esclavitud me guía.
Sigo su fiero impulso, y llevo siempre
por todas partes los pesados grillos
que de la ansiada libertad me privan.

    De afán y angustia el pecho traspasado,
pido a la muda soledad consuelo
y con dolientes quejas la importuno.
Salgo al ameno valle, subo al monte,
sigo del claro río las corrientes,
busco la fresca y deleitosa sombra,
corro por todas partes, y no encuentro
en parte alguna la quietud perdida.

    ¡ Ay, Anfriso, ¡ qué escenas a mis ojos,
cansados de llorar, presenta el cielo !
Rodeado de frondosos y altos montes
se extiende un valle, que de mil delicias
con sabia mano ornó naturaleza.
Pártele en dos mitades, despeñado
de las vecinas rocas, el Lozoya,
por su pesca famoso y dulces aguas.
Del claro río sobre el verde margen
crecen frondosos álamos, que al cielo
ya erguidos alzan las plateadas copas,
o ya, sobre las aguas encorvados,
en mil figuras miran con asombro
su forma en los cristales retratada.

De la siniestra orilla un bosque umbrío
hasta la falda del vecino monte
se extiende : tan ameno y delicioso
que le hubiera juzgado el gentilismo
morada de algun dios, o a los misterios
de las silvanas Dríadas guardado.
   Aquí encamino mis inciertos pasos,
y en su recinto umbrío y silencioso,
mansión la más conforme para un triste,
entro a pensar en mi cruel destino.
La grata soledad, la dulce sombra,
el aire blando y el silencio mudo,
mi desventura y mi dolor adulan.
No alcanza aquí del padre de las luces
el rayo acechador, ni su reflejo
viene a cubrir de confusión el rostro
de un infeliz en su dolor sumido.
El canto de las aves no interrumpe
aquí tampoco la quietud de un triste,
pues sólo de la viuda tortolilla
se oye tal vez el lastimero arrullo,
tal vez el melancólico trinado
de la angustiada y dulce Filomena
Con blando impulso el céfiro suave,
las copas de los árboles moviendo,
recrea el alma con el manso ruido,
mientras al dulce soplo desprendidas
las agostadas hojas, revolando,
bajan en lentos círculos al suelo,
cúbrenle en torno, y la frondosa pompa
que al árbol adornara en primavera,
yace marchita y muestra los rigores
del abrasado estío y seco otoño.
   ¡ Así también de juventud lozana

pasan, oh Anfriso, las livianas dichas !
Un soplo de inconstancia, de fastidio,
o de capricho femenil las tala
y lleva por el aire, cual las hojas
de los frondosos árboles caídas.
Ciegos empero, y tras su vana sombra
de contino exhalados, en pos de ellas
corremos hasta hallar el precipicio
do nuestro error y su ilusión nos guían.
Volamos en pos de ellas como suele
volar a la dulzura del reclamo
incauto el pajarillo ; entre las hojas
el preparado visco le detiene :
lucha cautivo por huir, y en vano,
porque un traidor, que en asechanza atisba,
con mano infiel la libertad le roba
y a muerte le condena o cárcel dura.

　　¡ Ah, dichoso el mortal de cuyos ojos
un pronto desengaño corrió el velo
de la ciega ilusión ! ¡ Una y mil veces
dichoso el solitario penitente
que, triunfando del mundo y de sí mismo,
vive en la soledad libre y contento !
Unido a Dios por medio de la santa
contemplación, le goza ya en la tierra,
y retirado en su tranquilo albergue
observa reflexivo los milagros
de la naturaleza, sin que nunca
turben el susto ni el dolor su pecho.

　　Regálanle las aves con su canto,
mientras la aurora sale refulgente
a cubrir de alegría y luz el mundo.
Nácele siempre el sol claro y brillante,
y nunca a él levanta conturbados

sus ojos, ora en el oriente raye,
ora, del cielo a la mitad subiendo,
en pompa guíe el reluciente carro,
ora con tibia luz, más perezoso,
su faz esconda en los vecinos montes.
Cuando en las claras noches cuidadoso
vuelve desde los santos ejercicios,
la plateada luna en lo más alto
del cielo mueve la luciente rueda
con augusto silencio, y recreando
con blando resplandor su humilde vista,
eleva su razón, y la dispone
a contemplar la alteza y la inefable
gloria del Padre y Criador del mundo.
Libre de los cuidados enojosos
que en los palacios y dorados techos
nos turban de contino, y entregado
a la inefable y justa Providencia,
si al breve sueño alguna pausa pide
de sus santas tareas, obediente
viene a cerrar sus párpados el sueño
con mano amiga, y de su lado ahuyenta
el susto y las fantasmas de la noche.
    ¡ Oh suerte venturosa, a los amigos
de la virtud guardada ! ¡ Oh dicha, nunca
de los tristes mundanos conocida !
¡ Oh monte impenetrable ! ¡ Oh bosque umbrío !
¡ Oh valle deleitoso ! ¡ Oh solitaria,
taciturna mansión ! ¡ Oh, quién, del alto
y proceloso mar del mundo huyendo
a vuestra santa calma, aquí seguro
vivir pudiera siempre, y escondido !
    Tales cosas revuelvo en mi memoria
en esta triste soledad sumido.

Llega en tanto la noche, y con su manto
cobija el ancho mundo.   Vuelvo entonces
a los medrosos claustros.   De una escasa
luz el distante y pálido reflejo
guía por ellos mis inciertos pasos;
y en medio del horror y del silencio,
¡ oh fuerza del ejemplo portentosa !
mi corazón palpita, en mi cabeza
se erizan los cabellos, se estremecen
mis carnes, y discurre por mis nervios
un súbito rigor que los embarga.
Sale una voz tremenda que, rompiendo
el eterno silencio, así me dice :
« Huye de aquí, profano ; tú, que llevas
de ideas mundanales lleno el pecho,
huye de esta morada, do se albergan
con la virtud humilde y silenciosa
sus escogidos : huye, y no profanes
con tu planta sacrílega este asilo.»
De aviso tal al golpe confundido,
con paso vacilante voy cruzando
los pavorosos tránsitos, y llego
por fin a mi morada, donde ni hallo
el ansiado reposo, ni recobran
la suspirada calma mis sentidos.
Lleno de congojosos pensamientos
paso la triste y perezosa noche
en molesta vigilia, sin que llegue
a mis ojos el sueño, ni interrumpan
sus regalados bálsamos mi pena.
Vuelve por fin con la rosada aurora
la luz aborrecida, y en pos de ella
el claro día a publicar mi llanto
y dar nueva materia al dolor mío.

156.   *La presencia de Dios*

DOQUIERA que los ojos
inquieto torno en cuidadoso anhelo
allí ¡ gran Dios ! presente
atónito mi espíritu te siente.
    Allí estás, y llenando
la inmensa creación, so el alto empíreo,
velado en luz, te asientas
y tu gloria inefable a un tiempo ostentas.
    La humilde hierbecilla
que huello, el monte que de eterna nieve
cubierto se levanta,
y esconde en el abismo su honda planta ;
    el aura que en las hojas
con leve pluma susurrante juega,
y el sol que en la alta cima,
del cielo ardiendo el universo anima,
    me claman que en la llama
brillas del sol, que sobre el raudo viento
con ala voladora
cruzas del Occidente hasta la aurora,
    y que el monte encumbrado
te ofrece un trono en su elevada cima :
la hierbecilla crece
por tu soplo vivífico, y florece.
    Tu inmensidad lo llena
todo, Señor, y más ; del invisible
insecto al elefante,
del átomo al cometa rutilante.
    Tú a la tiniebla oscura
das su pardo capuz, y el sutil velo
a la alegre mañana,
sus huellas matizando de oro y grana ;

y cuando primavera
desciende al ancho mundo, afable ríes
entre sus gayas flores,
y te aspiro en sus plácidos olores.
    Y cuando el inflamado
Sirio más arde en congojosos fuegos,
tú las llenas espigas
volando mueves, y su ardor mitigas.
    Si entonce al bosque umbrío
corro, en su sombra estás, y allí atesoras
el frescor regalado,
blando alivio a mi espíritu cansado.
    Un religioso miedo
mi pecho turba, y una voz me grita:
« En este misterioso
silencio mora: adórale humildoso.»
    Pero a par en las ondas
te hallo del hondo mar, los vientos llamas,
y a su saña lo entregas,
o, si te place, su furor sosiegas.
    Por doquiera infinito
te encuentro, y siento en el florido prado,
y en el luciente velo
con que tu umbrosa noche entolda el cielo;
    que del átomo eres
el Dios, y el Dios del sol, del gusanillo
que en el vil lodo mora,
y el ángel puro que tu lumbre adora.
    Igual sus himnos oyes,
y oyes mi humilde voz, de la cordera
el plácido balido,
y del león el hórrido rugido;
    y a todos dadivoso
acorres, Dios inmenso, en todas partes

y por siempre presente ;
¡Ay ! oye a un hijo en su rogar ferviente.
   Óyele blando, y mira
mi deleznable ser : dignos mis pasos
de tu presencia sean,
y doquier tu deidad mis ojos vean.
   Hinche el corazón mío
de un ardor celestial, que a cuanto existe
como tú se derrame,
y ¡ oh Dios de amor ! en tu universo te ame.
   Todos tus hijos somos ;
el tártaro, el lapón, el indio rudo,
el tostado africano
es un hombre, es tu imagen y es mi hermano.

157.
Oda

CUANDO la vez primera
  di a Nise un dulce beso,
florido amomo y casia
respiraba su aliento,
y de su dulce boca
mis labios recogieron
tan dulce miel cual nunca
la dió el collado hibleo ;
así por apurarla
con hidrópico anhelo,
mil, y mil, y mil veces
cada día la beso,
y el número acabado,
torno a darla de nuevo
más besos que a su Adonis
dar pudo la alma Venus.

1772-1857

158. *Al armamento de las provincias españolas contra los franceses*

ETERNA ley del mundo aquesta sea :
    En pueblos o cobardes o estragados
Que ruede a su placer la tiranía ;
Mas si su atroz porfía
Osa insultar a pechos generosos
Donde esfuerzo y virtud tienen asiento,
Estréllese al instante,
Y de su ruina brote el escarmiento.»
Dijo así Dios : con letras de diamante
Su dedo augusto lo escribió en el cielo,
Y en torrentes de sangre a la venganza
Mandó después que lo anunciase al suelo.

    Hoy lo vuelve a anunciar. En justa pena
De tu vicioso y mísero abandono
En tí su horrible trono
Sentó el numen del mal, Francia culpable ;
Y sacudiendo el cetro abominable,
Cuanto sus ojos ven, tanto aniquila.
El genio atroz del insensato Atila,
Las furias que el mortífero estandarte
Llevaban de Timur, mandan al lado
De tu feroz sultán ; ellos le inspiran
Y ya en su orgullo a esclavizar se atreve
Cuanto hay del mar de Italia a los desiertos,
Faltos siempre de vida y siempre yertos,
Do reina el polo engendrador de nieve.

    Llega, España, tu vez ; al cautiverio
Con nefario artificio
Tus príncipes arrastra, y en su mano

Las riendas de tu imperio
Logró tener, y se ostentó tirano.
Ya manda, ya devasta ; sus soldados
Obedeciendo en torpe vasallaje
Al planeta de muerte que los guía,
Trocaron en horror el hospedaje,
Y la amistad en servidumbre impía.
¿ Adónde pues huyeron,
Pregunta el orbe estremecido, adonde
La santa paz, la noble confianza,
La no violada fe ? Vanas deidades,
Que sólo ya los débiles imploran.
Europa sabe, de escarmiento llena,
Que la fuerza es la ley, el Dios que adoran
Esos atroces vándalos del Sena.
    Pues bien, la fuerza mande, ella decida
Nadie incline a esta gente fementida
Por temor pusilánime la frente ;
Que nunca el alevoso fué valiente.
Alto y feroz rugido
La sed de guerra y la sangriente saña
Anuncia del león ; con bronco acento
Ensordeciendo el eco en la montaña,
A devorar su presa
Las águilas se arrojan por el viento.
Sola la sierpe vil, la sierpe ingrata
Al descuidado seno que la abriga
Callada llega y ponzoñosa mata.
Las víboras de Alcides
Son las que asaltan la adorada cuna
De tu felicidad. Despierta, España,
Despierta, ¡ ay Dios ! Y tus robustos brazos
Haciéndolas pedazos
Y esparciendo sus miembros por la tierra,

MANUEL JOSÉ QUINTANA

Ostenten el esfuerzo incontrastable
Que en tu naciente libertad se encierra.
    Ya se acerca zumbando
El eco grande de clamor guerrero,
Hijo de indignación y de osadía.
Asturias fué quien le arrojó primero ;
¡ Honor al pueblo astur ! Allí debía
Primero resonar.   Con igual furia
Se alza, y se extiende adonde en fértil **riego**
Del Ebro caudaloso y dulce Turia
Las claras ondas abundancia **brotan** ;
Y como en selvas estallante fuego
Cuando las alas de Aquilón le azotan,
Que de pronto a calmar ni vuelto en lluvia
Júpiter basta, ni los anchos ríos
Que oponen su creciente a sus furores ;
Los ecos libradores
Vuelan, cruzan, encienden
Los campos olivíferos del Betis,
Y de la playa Cántabra hasta Cádiz
El seno azul de la agitada Tetis.
    Álzase España, en fin ; con faz airada
Hace a Marte señal, y el Dios horrendo
Despeña en ella su crujiente carro ;
Al espantoso estruendo,
Al revolver de su terrible espada,
Lejos de estremecerse, arde y se agita,
Y vuela en pos el español bizarro.
« ¡ Fuera tiranos ! » grita
La muchedumbre inmensa. ¡ Oh voz sublime,
Eco de vida, manantial de gloria !
Esos ministros de ambición ajena
No te escucharon, no, cuando triunfaban
Tan fácilmente en Austerlitz y en Jena ;

Aquí te oirán y alcanzarás victoria
Aquí te oirán saliendo
De pechos esforzados, varoniles ;
Y la distancia medirán, gimiendo,
Que de hombres hay a mercenarios viles.
    Fuego noble y sublime, ¿a quién no alcanzas ?
Lágrimas de dolor vierte el anciano
Porque su débil mano
El acero a blandir ya no es bastante ;
Lágrimas vierte el ternezuelo infante ;
Y vosotras tambien, madres, esposas,
Tiernas amantes, ¿qué furor os lleva
En medio de esas huestes sanguinosas ?
Otra lucha, otro afán, otros enojos
Guardó el destino a vuestros miembros bellos,
Deben arder en vuestros negros ojos.
« ¿Quereis, responden, darnos por despojos
A esos verdugos ? No : con pecho fuerte
Lidiando a vuestro lado,
También sabremos arrostrar la muerte.
Nosotras vuestra sangre atajaremos ;
Nosotras dulce galardón seremos
Cuando, de lauro y de floridos lazos
La vencedora frente coronada,
Reposo halléis en nuestros tiernos brazos.»
    ¿Y tú callas, Madrid ? Tú, la señora
De cien provincias, que cual ley suprema
Adoraban tu voz, ¿callas ahora ?
¿ Adónde están el cetro, la diadema,
La augusta majestad que te adornaba ?—
« No hay majestad para quien vive esclava ;
Ya la espada homicida
En mí sus filos ensayó primero.
Allí cayó mi juventud sin vida :

Yo, atada al yugo bárbaro de acero,
Exánime suspiro
Y aire de muerte y de opresión respiro.»
  ¡ Ah ! respira más bien aura de gloria,
¡ Oh corona de Iberia ! Alza la frente,
Tiende la vista ; en iris de bonanza
Se torna al fin la tempestad sombría.
¿ No oyes por el oriente y mediodía
De guerra y de matanza
Resonar el clamor ? Arde la lucha,
Retumba el bronce, los valientes caen,
Y el campo, de humor rojo hecho ya un lago,
Descubre al mundo el espantoso estrago.
Así sus llanos fértiles Valencia
Ostenta, así Bailén, así Moncayo ;
Y es fama que las víctimas de Mayo
Lívidas por el aire aparecían ;
Que a su alarido horrendo
Las francesas falanjes se aterraban ;
Y ellas, su sangre con placer bebiendo,
El ansia de venganza al fin saciaban.
  Genios que acompañáis a la victoria,
Volad, y apercibid en vuestras manos
Lauros de Salamina y de Platea,
Que crecen cuando lloran los tiranos.
De ellos ceñido el vencedor se vea
Al acercarse al capitolio ibero :
Ya llega, ¿ no le véis ? Astro parece
En su carro triunfal, mucho más claro
Que tras tormenta el sol. Barred las calles
De ese terror que las yermaba un día ;
Que el júbilo las pueble y la alegría ;
Los altos coronad, henchid los valles,
Y en vuestra boca el apacible acento,

Y en vuestras manos tremolando el lino,
« Salve, exclamad, libertador divino,
Salve, » y en ecos mil lo diga el viento
Y suba resonando al firmamento.
    Suba, y España mande a sus leones
Volar rugiendo al alto Pirineo,
Y allí alzar el espléndido trofeo,
Que diga : « Libertad a las naciones.»
Tal es, ¡ oh pueblo grande ! oh pueblo fuerte !
El premio que la suerte
A tu valor magnánimo destina.
Así resiste la robusta encina
Al temporal : arrójanse silbando
Los fieros huracanes,
En su espantoso vértigo llevando
Desolación y ruina ; ella resiste.
Crece el furor, redoblan su pujanza,
Braman, y tiembla en rededor la esfera ;
¿ Qué importa que a la verde cabellera
Este ramo y aquel falte, arrancado
Del ímpetu del viento, y luego muera?
Ella resiste ; la soberbia cima
Más hermosa al Olimpo al fin levanta,
Y entre tanto meciéndose en sus hojas,
Céfiro alegre la victoria canta.

1777-1853

159.   *El Dos de Mayo*

Animus meminisse horret, luctuque refugit.
VIRG. *En.*

NOCHE, lóbrega noche, eterno asilo
   Del miserable que, esquivando el sueño,
En tu silencio pavoroso gime :
No desdeñes mi voz ; letal beleño
Presta a mis sienes, y en tu horror sublime
Empapada la ardiente fantasía,
Da a mi pincel fatídicos colores
Con que el tremendo día
Trace al furor de vengadora tea,
Y el odio irrite de la patria mía,
Y escándalo y terror al orbe sea.
   ¡ Día de execración ! La destructora
Mano del tiempo le arrojó al averno ;
Mas ¿ quién el sempiterno
Clamor con que los ecos importuna
La madre España en enlutado arreo
Podrá atajar ? Junto al sepulcro frío,
Al pálido lucir de opaca luna,
Entre cipreses fúnebres la veo :
Trémula, yerta, desceñido el manto,
Los ojos moribundos
Al cielo vuelve, que le oculta el llanto ;
Roto y sin brillo el cetro de dos mundos
Yace entre el polvo, y el león guerrero
Lanza a sus pies rugido lastimero.
   ¡ Ay, que cual débil planta
Que agota en su furor hórrido viento,
De víctimas sin cuento
Lloró la destrucción Mantua afligida !
Yo vi, yo vi su juventud florida

273

Correr inerme al huésped ominoso.
Mas ¿ qué su generoso
Esfuerzo pudo ? El pérfido caudillo
En quien su honor y su defensa fía,
La condenó al cuchillo.
¿Quién ¡ay! la alevosía,
La horrible asolación habrá que cuente,
Que, hollando de amistad los santos fueros,
Hizo furioso en la indefensa gente
Ese tropel de tigres carniceros?
   Por las henchidas calles
Gritando se despeña
La infame turba que abrigó en su seno,
Rueda allá rechinando la cureña,
Acá retumba el espantoso trueno,
Allí ei joven lozano,
El mendigo infeliz, el venerable
Sacerdote pacífico, el anciano
Que con su arada faz respeto imprime,
Juntos amarra su dogal tirano.
En balde, en balde gime,
De los duros satélites en torno,
La triste madre, la afligida esposa
Con doliente clamor ; la pavorosa
Fatal descarga suena,
Que a luto y llanto eterno la condena.
   ¡ Cuánta escena de muerte ! ¡cuánto estrago !
¡ Cuántos ayes doquier ! Despavorido
Mirad ese infelice
Quejarse al adalid empedernido
De otra cuadrilla atroz : « ¡ Ah ! ¿qué te hice?»
Exclama el triste en lágrimas deshecho :
« Mi pan y mi mansión partí contigo,
Te abrí mis brazos, te cedí mi lecho,

Templé tu sed, y me llamé tu amigo;
Y ¿hora pagar podrás nuestro hospedaje
Sincero, franco, sin doblez ni engaño,
Con dura muerte y con indigno ultraje?»
¡Perdido suplicar! ¡inútil ruego!
El monstruo infame a sus ministros mira,
Y con tremenda voz gritando: «¡fuego!»
Tinto en su sangre el desgraciado espira.
   Y en tanto ¿dó se esconden?
¿Dó están ¡oh cara patria! tus soldados,
Que a tu clamor de muerte no responden?
Presos, encarcelados,
Por jefes sin honor, que, haciendo alarde
De su perfidia y dolo,
A merced de los vándalos te dejan,
Como entre hierros el león, forcejan
Con inútil afán. Vosotros sólo,
Fuerte Daoiz, intrépido Velarde,
Que osando resistir al gran torrente
Dar supisteis en flor la dulce vida
Con firme pecho y con serena frente;
Si de mi libre musa
Jamás el eco adormeció a tiranos,
Ni vil lisonja emponzoñó su aliento,
Allá del alto asiento
A que la acción magnánima os eleva,
El himno oid que a vuestro nombre entona.
Mientras la fama alígera le lleva
Del mar de hielo a la abrasada zona.
   Mas ¡ay! que en tanto sus funestas alas
Por la opresa metrópoli tendiendo
La yerma asolación sus plazas cubre,
Y al áspero silbar de ardientes balas,
Y al ronco són de los preñados bronces,

Nuevo fragor y estrépito sucede.
¿Ois cómo rompiendo
De moradores tímidos las puertas,
Caen estallando de los fuertes gonces ?
¡ Con qué espantoso estruendo
Los dueños buscan, que medrosos huyen !
Cuanto encuentran destruyen,
Bramando, los atroces forajidos,
Que el robo infame y la matanza ciegan.
¿No véis cuál se despliegan,
Penetrando en los hondos aposentos,
De sangre y oro y lágrimas sedientos ?
    Rompen, talan, destrozan
Cuanto se ofrece a su sangrienta espada.
Aquí, matando al dueño, se alborozan,
Hieren allí su esposa acongojada ;
La familia asolada
Yace espirando, y con feroz sonrisa
Sorben voraces el fatal tesoro.
Suelta, a otro lado, la madeja de oro,
Mustio el dulce carmín de su mejilla,
Y en su frente marchita la azucena,
Con voz turbada y anhelante lloro,
De su verdugo ante los pies se humilla
Tímida virgen, de amargura llena ;
Mas con furor de hiena,
Alzando el corvo alfanje damasquino,
Hiende su cuello el bárbaro asesino.
    ! Horrible atrocidad ! . . . Treguas ¡ oh musa !
Que ya la voz rehusa
Embargada en suspiros mi garganta.
Y en ignominia tanta,
¿ Será que rinda el español bizarro
La indómita cerviz a la cadena ?

No, que ya en torno suena
De Palas fiera el sanguinoso carro,
Y el látigo estallante
Los caballos flamígeros hostiga.
Ya el duro peto y el arnés brillante
Visten los fuertes hijos de Pelayo.
Fuego arrojó su ruginoso acero :
« ¡ Venganza y guerra ! » resonó en su tumba
« ¡ Venganza y guerra ! » repitió Moncayo ;
Y al grito heroico que en los aires zumba,
« ¡ Venganza y guerra ! » claman Turia y Duero.
Guadalquivir guerrero
Alza al bélico son la regia frente,
Y del Patrón valiente
Blandiendo altivo la nudosa lanza,
Corre gritando al mar : « ¡ Guerra y venganza ! »
  ! Oh sombras infelices
De los que aleve y bárbara cuchilla
Robó a los dulces lares !
¡ Sombras inultas que en fugaz gemido
Cruzáis los anchos campos de Castilla !
La heroica España, en tanto que al bandido
Que a fuego y sangre, de insolencia ciego,
Brindó felicidad, a sangre y fuego
Le retribuye el don, sabrá piadosa
Daros solemne y noble monumento.
Allí en padrón cruento
De oprobio y mengua, que perpetuo dure,
La vil traición del déspota se lea,
Y altar eterno sea
Donde todo Español al monstruo jure
Rencor de muerte que en sus venas cunda,
Y a cien generaciones se difunda.

1791-1865

160.   *El Sol poniente*

A LOS remotos mares de Occidente
Llevas con majestad el paso lento,
¡ Oh sol resplandeciente,
Alma del orbe, de su vida aliento !

Otro hemisferio con tu luz el día
Espera ansioso, y reverente adora
Ya un rayo de alegría
Con que te anuncia la risueña aurora.

Sobre ricas alfombras de oro y grana
Que ante tus plantas el ocaso extiende,
Tu mole soberana
Lentamente agrandándose desciende.

La tierra que abandonas te saluda,
El mar tus rayos últimos refleja,
Y la atmósfera muda
Ve que contigo su esplandor se aleja.

Del lozano Posílipo la cumbre
Ya oculta tu magnífica corona ;
Pero tu sacra lumbre
Aun deja en pos una encendida zona.

Y aun dora del Vesubio la agria frente,
Y aun brilla en el espléndido plumaje
De humo y ceniza ardiente,
Que sube hasta perderse en el celaje.

Y aun esmalta con vivos resplandores,
Y perfila con oro y con topacio
Los nítidos colores
De las nubes que cruzan el espacio.

EL DUQUE DE RIVAS

Pero a medida que de aquí te alejas,
Tu regia pompa tras de ti camina,
Y tan sólo nos dejas
Tibia luz pasajera y blanquecina.

Y queda sin color la tierra helada,
Sin vislumbres la mar y sin reflejos.
Y con niebla borrada
Capri se pierde entre confusos lejos :

Mas también el crepúsculo volando
Va en pos de ti, y al mar y tierra y cielo
La noche amortajando
Con su impalpable y pavoroso velo.

Y ¿ no te siguen del mortal los ojos
Anhelantes, confusos, arrasados ;
Y al ver tus rayos rojos
Desparecer, no quedan consternados ?

¿ No tiembla el hombre, y puede en su demencia
Al sueño y al placer y a los amores
Darse, sin que la ausencia
Le aterre de tus puros resplandores ? . . .

. . . ¿ Quién la seguridad le da patente
(Ni aun el orgullo de su ciencia vana)
De que al plácido Oriente
A darle vida y luz vendrás mañana ?

¡ Ay ! . . . ¡ Si el Criador del universo, airado
De ver tan sólo en la rebelde tierra
El triunfo del malvado
Y la inicua ambición, y la impía guerra,

EL DUQUE DE RIVAS

La inmensa hoguera en que ardes apagara
De un soplo, o de la ardiente
Melena te llevara
A otro espacio su mano omnipotente ! . . .

Mas no, fúlgido sol : vendrás mañana,
Que no trastorna, no, su ley eterna
La mente soberana
Que formó el universo y lo gobierna.

Mil veces y otras mil vendrás, en tanto
El plazo designado se consuma
Que el Dios tres veces Santo
Dió a la creación en su sapiencia suma.

Sí, volverás y durarás ; que tienes,
Criatura predilecta, el don de vida,
Y hermoso te mantienes,
Burlando de los siglos la corrida.

No así nosotros, míseros humanos,
Polvo que arrastra el hálito del viento,
Efímeros gusanos
Cuya vida es un rápido momento.

Nuestro afán debe ser sólo al mirarte
Transmontar y dejarnos noche umbría,
Si aun vivos admirarte
Nos será concedido al otro día.

¡Ah ! . . . ¿Quién sabe ? . . . Tal vez, sol refulgente
Que has hoy mi pensamiento arrebatado,
Mañana desde Oriente
Darás tu luz a mi sepulcro helado.

JOSÉ MARÍA HEREDIA

1803-1839

161.   *Niágara*

DADME mi lira, dádmela : que siento
En mi alma estremecida y agitada
Arder la inspiración. ¡ Oh ! ¡ cuánto tiempo
En tinieblas pasó, sin que mi frente
Brillase con su luz !... Niágara undoso,
Sola tu faz sublime ya podría
Tornarme el don divino, que ensañada
Me robó del dolor la mano impía.

Torrente prodigioso, calma, acalla
Tu trueno aterrador : disipa un tanto
Las tinieblas que en torno te circundan,
Y déjame mirar tu faz serena,
Y de entusiasmo ardiente mi alma llena.
Yo digno soy de contemplarte : siempre,
Lo común y mezquino desdeñando,
Ansié por lo terrífico y sublime.
Al despeñarse el huracán furioso,
Al retumbar sobre mi frente el rayo,
Palpitando gocé : vi al Oceano
Azotado del austro proceloso
Combatir mi bajel, y ante mis plantas
Sus abismos abrir, y amé el peligro,
Y sus iras amé : mas su fiereza
En mi alma no dejara
La profunda impresión que tu grandeza.

Corres sereno y majestuoso, y luego
En ásperos peñascos quebrantado,
Te abalanzas violento, arrebatado,
Como el destino irresistible y ciego.
¿ Qué voz humana describir podría

De la sirte rugiente
La aterradora faz ? El alma mía
En vagos pensamientos se confunde,
Al contemplar la férvida corriente,
Que en vano quiere la turbada vista
En su vuelo seguir al borde oscuro
Del precipicio altísimo : mil olas,
Cual pensamiento rápidas pasando,
Chocan y se enfurecen,
Y otras mil y otras mil ya las alcanzan,
Y entre espuma y fragor desaparecen.
Mas llegan...saltan...el abismo horrendo
Devora los torrentes despeñados ;
Crúzanse en él mil iris, y asordados
Vuelven los bosques el fragor tremendo.
Al golpe violentísimo en las peñas
Rómpese el agua, y salta, y una nube
De revueltos vapores
Cubre el abismo en remolinos, sube,
Gira en torno, y al cielo
Cual pirámide inmensa se levanta,
Y por sobre los bosques que le cercan
Al solitario cazador espanta.

Mas ¿ qué en ti busca mi anhelante vista
Con inútil afán ? ¿ Por qué no miro
Alrededor de tu caverna inmensa
Las palmas ¡ ay ! las palmas deliciosas,
Que en las llanuras de mi ardiente patria
Nacen del sol a la sonrisa, y crecen,
Y al soplo de la brisa del Océano
Bajo un cielo purísimo se mecen ?

Este recuerdo a mi pesar me viene...
Nada ¡ oh Niágara ! falta a tu destino,
Ni otra corona que el agreste pino

A tu terrible majestad conviene.
La palma y mirto, y delicada rosa,
Muelle placer inspiren y ocio blando
En frívolo jardín : a ti la suerte
Guarda más digno objeto y más sublime.
El alma libre, generosa y fuerte,
Viene, te ve, se asombra,
El mezquino deleite menosprecia
Y aun se siente elevar cuando te nombra.
   ¡ Dios, Dios de la verdad ! en otros climas
Vi monstruos execrables
Blasfemando tu nombre sacrosanto,
Sembrar error y fanatismo impío,
Los campos inundar con sangre y llanto,
De hermanos atizar la infanda guerra
Y desolar frenéticos la tierra.
Vilos, y el pecho se inflamó a su vista
En grave indignación. Por otra parte
Vi mentidos filósofos que osaban
Escrutar tus misterios, ultrajarte,
Y de impiedad al lamentable abismo
A los míseros hombres arrastraban :
Por eso siempre te buscó mi mente
En la sublime soledad : ahora
Entera se abre a ti ; tu mano siente
En esta inmensidad que me circunda,
Y tu profunda voz baja a mi seno
De este raudal en el eterno trueno.
   ¡ Asombroso torrente !
¡ Cómo tu vista mi ánimo enajena
Y de terror y admiración me llena !
¿ Dó tu origen esta ? ¿ Quién fertiliza
Por tantos siglos tu inexhausta fuente ?
¿ Qué poderosa mano

Hace que al recibirte
No rebose en la tierra el Oceano?

  Abrió el Señor su mano omnipotente,
Cubrió tu faz de nubes agitadas,
Dió su voz a tus aguas despeñadas
Y ornó con su arco tu terrible frente.

  Miro tus aguas que incansables corren,
Como el largo torrente de los siglos
Rueda en la eternidad : así del hombre
Pasan volando los floridos días
Y despierta el dolor... ¡Ay! ya agotada
Siento mi juventud, mi faz marchita,
Y la profunda pena que me agita
Ruga mi frente de dolor nublada.

  Nunca tanto sentí como este día
Mi mísero aislamiento, mi abandono,
Mi lamentable desamor... ¿Podría
Una alma apasionada y borrascosa
Sin amor ser feliz ?... ¡Oh! ¡Si una hermosa
Digna de mí me amase
Y de este abismo al borde turbulento
Mi vago pensamiento
Y mi andar solitario acompañase!
¡Cuál gozara al mirar su faz cubrirse
De leve palidez, y ser más bella
En su dulce terror, y sonreírse
Al sostenerla en mis amantes brazos!...
¡Delirios de virtud!... ¡Ay! desterrado,
Sin patria, sin amores,
Sólo miro ante mí llanto y dolores.

  ¡Niágara poderoso!
Oye mi última voz : en pocos años
Ya devorado habrá la tumba fría
A tu débil cantor. ¡Duren mis versos

Cual tu gloria inmortal ! Pueda piadoso,
Al contemplar tu faz algún viajero,
Dar un suspiro a la memoria mía.
Y yo al hundirse el sol en Occidente,
Vuele gozoso do el Criador me llama,
Y al escuchar los ecos de mi fama
Alce en las nubes la radiosa frente.

JOSÉ DE ESPRONCEDA

1808-1842

162. *Al Sol: Himno*

PÁRA y óyeme, ¡ oh Sol ! yo te saludo
      Y extático ante ti me atrevo a hablarte :
Ardiente como tú mi fantasía,
Arrebatada en ansia de admirarte,
Intrépidas a ti sus alas guía.
¡ Ojalá que mi acento poderoso,
Sublime resonando,
Del trueno pavoroso
La temerosa voz sobrepujando,
¡ Oh Sol ! a ti llegara
Y en medio de tu curso te parara !
¡ Ah ! si la llama que mi mente alumbra,
Diera también su ardor a mis sentidos,
Al rayo vencedor que los deslumbra,
Los anhelantes ojos alzaría,
Y en tu semblante fúlgido atrevidos
Mirando sin cesar los fijaría.
¡ Cuánto siempre te amé, Sol refulgente !
¡ Con qué sencillo anhelo,
Siendo niño inocente,
Seguirte ansiaba en el tendido cielo,

Y extático te vía
Y en contemplar tu luz me embebecía !
  De los dorados límites de Oriente,
Que ciñe el rico en perlas Oceano,
Al término sombroso de Occidente
Las orlas de tu ardiente vestidura
Tiendes en pompa, augusto soberano,
Y el mundo bañas en tu lumbre pura.
Vívido lanzas de tu frente el día,
Y, alma y vida del mundo,
Tu disco en paz majestuoso envía
Plácido ardor fecundo,
Y te elevas triunfante,
Corona de los orbes centellante.
  Tranquilo subes del Cenit dorado
Al regio trono en la mitad del cielo,
De vivas llamas y esplendor ornado,
Y reprimes tu vuelo :
Y desde allí tu fúlgida carrera
Rápido precipitas,
Y tu rica, encendida cabellera
En el seno del mar trémula agitas,
Y tu esplendor se oculta,
Y el ya pasado día
Con otros mil la eternidad sepulta.
  ¡ Cuántos siglos sin fin, cuántos has visto
En su abismo insondable desplomarse !
¡ Cuánta pompa, grandeza y poderío
De imperios populosos disiparse !
¿ Qué fueron ante ti ? Del bosque umbrío
Secas y leves hojas desprendidas,
Que en círculos se mecen,
Y al furor de Aquilón desaparecen.
  Libre tú de la cólera divina,

JOSÉ DE ESPRONCEDA

Viste anegarse el universo entero
Cuando las aguas por Jehová lanzadas,
Impelidas del brazo justiciero,
Y a mares por los vientos despeñadas,
Bramó la tempestad : retumbó en torno
El ronco trueno y con temblor crujieron
Los ejes de diamante de la tierra :
Montes y campos fueron
Alborotado mar, tumba del hombre.
Se estremeció el profundo ;
Y entonces tú como Señor del mundo
Sobre la tempestad tu trono alzabas,
Vestido de tinieblas,
Y tu faz engreías
Y a otros mundos en paz resplandecías.
   Y otra vez nuevos siglos
Viste llegar, huir, desvanecerse
En remolino eterno, cual las olas
Llegan, se agolpan y huyen de Oceano,
Y tornan otra vez a sucederse ;
Mientra inmutable tú, solo y radiante
¡ Oh Sol ! siempre te elevas,
Y edades mil y mil huellas triunfante.
   ¿Y habrás de ser eterno, inextinguible,
Sin que nunca jamás tu inmensa hoguera
Pierda su resplandor, siempre incansable,
Audaz siguiendo tu inmortal carrera,
Hundirse las edades contemplando,
Y solo, eterno, perenal, sublime,
Monarca poderoso dominando ?
No ; que también la muerte
Si de lejos te sigue,
No menos anhelante te persigue.
¿ Quién sabe si tal vez pobre destello

Eres tú de otro sol que otro universo
Mayor que el nuestro un día
Con doble resplandor esclarecía.

　Goza tu juventud y tu hermosura
¡ Oh Sol ! que cuando el pavoroso día
Llegue que el orbe estalle y se desprenda
De la potente mano
Del Padre Soberano,
Y allá a la eternidad también descienda,
Deshecho en mil pedazos, destrozado
Y en piélagos de fuego
Envuelto para siempre y sepultado :
De cien tormentas al horrible estruendo,
En tinieblas sin fin tu llama pura
Entonces morirá : noche sombría
Cubrirá eterna la celeste cumbre :
Ni aun quedará reliquia de tu lumbre !

163.　　　　　*Canción del Pirata*

　CON diez cañones por banda,
　　Viento en popa a toda vela,
No corta el mar, sino vuela
Un velero bergantín :
　Bajel pirata que llaman,
Por su bravura, el *Temido*,
En todo mar conocido
Del uno al otro confín.
　La luna en el mar riela,
En la lona gime el viento,
Y alza en blando movimiento
Olas de plata y azul ;
　Y ve el capitán pirata,

JOSÉ DE ESPRONCEDA

Cantando alegre en la popa,
Asia a un lado, al otro Europa,
allá a su frente Stambul:
    « Navega, velero mío,
        Sin temor ;
Que ni enemigo navío,
Ni tormenta, ni bonanza
Tu rumbo a torcer alcanza,
Ni a sujetar tu valor.
      « Veinte presas
      Hemos hecho
      A despecho
      Del inglés,
      Y han rendido
      Sus pendones
      Cien naciones
      A mis pics.»
   Que es mi barco mi tesoro,
   Que es mi Dios la libertad,
   Mi ley la fuerza y el viento,
   Mi única patria la mar.

   « Allá muevan feroz guerra
      Ciegos reyes
Por un palmo más de tierra :
Que yo tengo aquí por mío
Cuanto abarca el mar bravío,
A quien nadie impuso leyes.
     « Y no hay playa,
     Sea cualquiera,
     Ni bandera
     De esplendor,
     Que no sienta
     Mi derecho,

Y dé pecho
A mi valor.»
Que es mi barco mi tesoro...

«A la voz de «¡ barco viene ! »
Es de ver
Cómo vira y se previene
A todo trapo a escapar ;
Que yo soy el rey del mar,
Y mi furia es de temer.
«En las presas
Yo divido
Lo cogido
Por igual :
Sólo quiero
Por riqueza
La belleza
Sin rival.»
Que es mi barco mi tesoro...

«¡ Sentenciado estoy a muerte !
Yo me río :
No me abandone la suerte
Y al mismo que me condena,
Colgaré de alguna entena,
Quizá en su propio navío.
«Y si caigo,
¿ Qué es la vida ?
Por perdida
Ya la di,
Cuando el yugo
Del esclavo,
Como un bravo,
Sacudí.»
Que es mi barco mi tesoro...

« Son mi música mejor
    Aquilones :
El estrépito y temblor
De los cables sacudidos,
Del negro mar los bramidos
Y el rugir de mis cañones.
    « Y del trueno
    Al són violento
    Y del viento
    Al rebramar,
    Yo me duermo
    Sosegado,
    Arrullado
    Por el mar.
Que es mi barco mi tesoro,
Que es mi Dios la libertad,
Mi ley la fuerza y el viento,
Mi única patria la mar. »

164. *El Mendigo*

MÍO es el mundo : como el aire libre,
    Otros trabajan porque coma yo ;
Todos se ablandan si doliente pido
Una limosna por amor de Dios.

El palacio, la cabaña
    Son mi asilo,
Si del ábrego el furor
Troncha el roble en la montaña,
O que inunda la campaña
El torrente asolador.

JOSÉ DE ESPRONCEDA

Y a la hoguera
Me hacen lado
Los pastores
Con amor,
Y sin pena
Y descuidado
De su cena
Ceno yo.
O en la rica
Chimenea,
Que recrea
Con su olor,
Me regalo
Codicioso
Del banquete
Suntuoso
Con las sobras
De un señor.

Y me digo : el viento brama,
Caiga furioso turbión ;
Que al son que cruje de la seca leña,
Libre me duermo sin rencor ni amor.
    Mío es el mundo : como el aire libre . . .

Todos son mis bienhechores,
    Y por todos
A Dios ruego con fervor ;
De villanos y señores
Yo recibo los favores
Sin estima y sin amor,

JOSÉ DE ESPRONCEDA

Ni pregunto
Quienes sean,
Ni me obligo
A agradecer;
Que mis rezos
Si desean,
Dar limosna
Es un deber.
Y es pecado
La riqueza,
La pobreza
Santidad:
Dios a veces
Es mendigo,
Y al avaro
Da castigo,
Que le niegue
Caridad.

Yo soy pobre y se lastiman
Todos al verme plañir,
Sin ver son mías sus riquezas todas,
Que mina inagotable es el pedir.
Mío es el mundo: como el aire libre ...

Mal revuelto y andrajoso,
    Entre harapos
Del lujo sátira soy,
Y con mi aspecto asqueroso
Me vengo del poderoso
Y a donde va tras él voy.

    Y a la hermosa
    Que respira

Cien perfumes,
Gala, amor,
La persigo
Hasta que mira,
Y me gozo
Cuando aspira
Mi punzante
Mal olor.
Y las fiestas
Y el contento
Con mi acento
Turbo yo,
Y en la bulla
Y la alegría
Interrumpen
La armonía
Mis harapos
Y mi voz.

Mostrando cuan cerca habitan
El gozo y el padecer,
Que no hay placer sin lágrimas, ni pena
Que no transpire en medio del placer.
   Mío es el mundo : como el aire libre . . .

Y para mí no hay *mañana*,
    Ni hay *ayer* ;
Olvido el bien como el mal,
Nada me aflige ni afana ;
Me es igual para mañana
Un palacio, un hospital.

JOSÉ DE ESPRONCEDA

Vivo ajeno
De memorias,
De cuidados
Libre estoy;
Busquen otros
Oro y glorias,
Yo no pienso
Sino en hoy.
Y doquiera
Vayan leyes,
Quiten reyes,
Reyes den;
Yo soy pobre
Y al mendigo
Por el miedo
Del castigo
Todos hacen
Siempre bien.

Y un asilo donde quiera,
Y un lecho en el hospital
Siempre hallaré, y un hoyo donde caiga
Mi cuerpo miserable al espirar.

Mío es el mundo: como el aire libre,
Otros trabajan porque coma yo;
Todos se ablandan, si doliente pido
Una limosna por amor de Dios.

165.   *Rosas y esperanzas*

FRESCA, lozana, pura y olorosa,
    Gala y adorno del pensil florido,
Gallarda puesta sobre el ramo erguido,
Fragancia esparce la naciente rosa.

    Mas si el ardiente sol lumbre enojosa
Vibra del can en llamas encendido,
El dulce aroma y el color perdido,
Sus hojas lleva el aura presurosa.

    Así brilló un momento mi ventura
En alas del amor, y hermosa nube
Fingí tal vez de gloria y de alegría :

    Mas ¡ ay ! que el bien trocóse en amargura,
Y deshojada por los aire sube
La dulce flor de la esperanza mía.

166.   *A Jarifa en una orgía*

TRAE, Jarifa, trae tu mano,
    Ven y pósala en mi frente,
Que en un mar de lava hirviente
Mi cabeza siento arder.

    Ven y junta con mis labios
Esos labios que me irritan,
Donde aun los besos palpitan
De tus amantes de ayer.

    ¿ Qué la virtud, la pureza ?
    ¿ Qué la verdad y el cariño ?
Mentida ilusión de niño
Que halagó mi juventud.

JOSÉ DE ESPRONCEDA

Dadme vino : en él se ahoguen
Mis recuerdos : aturdida
Sin sentir huya la vida :
Paz me traiga el ataúd.

El sudor mi rostro quema,
Y en ardiente sangre rojos
Brillan inciertos mis ojos,
Se me salta el corazón.
Huye, mujer ; te detesto,
Siento tu mano en la mía,
Y tu mano siento fría,
Y tus besos hielo son.

¡ Siempre igual ! necias mujeres,
Inventad otras caricias,
Otro mundo, otras delicias,
¡ Oh maldito sea el placer !
Vuestros besos son mentira,
Mentira vuestra ternura,
Es fealdad vuestra hermosura,
Vuestro gozo es padecer.

Yo quiero amor, quiero gloria,
Quiero un deleite divino,
Como en mi mente imagino,
Como en el mundo no hay.
Y es la luz de aquel lucero
Que engañó mi fantasía,
Fuego fatuo, falso guía
Que errante y ciego me tray.

¿ Por qué murió para el placer **mi alma**
Y vive aún para el dolor impío ?
¿ Por qué si yazgo en indolente calma,
Siento en lugar de paz, árido hastío ?

¿ Por qué este inquieto, abrasador deseo ?
¿ Por qué este sentimiento extraño y vago,
Que yo mismo conozco un devaneo,
Y busco aún su seductor halago ?

¿ Por qué aun fingirme amores y placeres
Que cierto estoy de que serán mentira ?
¿ Por qué en pos de fantásticas mujeres
Necio tal vez mi corazón delira,

Si luego, en vez de prados y de flores,
Halla desiertos áridos y abrojos,
Y en sus sandios o lúbricos amores
Fastidio sólo encontrará y enojos ?

Yo me arrojé cual rápido cometa,
En alas de mi ardiente fantasía ;
Doquier mi arrebatada mente inquieta
Dichas y triunfos encontrar creía.

Yo me lancé con atrevido vuelo
Fuera del mundo en la región etérea,
Y hallé la duda, y el radiante cielo
Vi convertirse en ilusión aérea.

Luego en la tierra la virtud, la gloria
Busqué con ansia y delirante amor,
Y hediondo polvo y deleznable escoria
Mi fatigado espíritu encontró.

Mujeres vi de virginal limpieza
Entre albas nubes de celeste lumbre;
Yo las toqué, y en humo su pureza
Trocarse vi, y en lodo y podredumbre.

Y encontré mi ilusión desvanecida
Y eterno e insaciable mi deseo ;
Palpé la realidad y odié la vida :
Sólo en la paz de los sepulcros creo.

Y busco aún y busco codicioso,
Y aun deleites el alma finge y quiere :
Pregunto y un acento pavoroso
« Ay ! me responde, desespera y muere.

« Muere, infeliz : la vida es un tormento
Un engaño el placer : no hay en la tierra
Paz para ti, ni dicha, ni contento,
Sino eterna ambición y eterna guerra.

Que así castiga Dios el alma osada,
Que aspira loca, en su delirio insano,
De la verdad para el mortal velada,
A descubrir el insondable arcano.»

¡ Oh ! cesa ; no, yo no quiero
Ver más, ni saber ya nada ;
Harta mi alma y postrada,
Sólo anhela descansar.
    En mí muera el sentimiento,
Pues ya murió mi ventura,
Ni el placer ni la tristura
Vuelvan mi pecho a turbar.

Pasad, pasad en óptica ilusoria,
Y otras jóvenes almas engañad ;
Nacaradas imágenes de gloria,
Coronas de oro y de laurel, pasad.

Pasad, pasad, mujeres voluptuosas,
Con danza y algazara en confusión ;
Pasad como visiones vaporosas
Sin conmover ni herir mi corazón.

Y aturdan mi revuelta fantasía
Los brindis y el estruendo del festín,
Y huya la noche y me sorprenda el día
En un letargo estúpido y sin fin.

Ven, Jarifa ; tú has sufrido
Como yo ; tú nunca lloras ;
Mas ¡ ay triste ! que no ignoras
Cuán amarga es mi aflicción.
    Una misma es nuestra pena,
En vano el llanto contienes . . .
Tú también, como yo, tienes
Desgarrado el corazón.

167.   *Canto a Teresa*

Descansa en Paz

Bueno es el mundo, ¡bueno! ¡bueno! ¡bueno!
Como de Dios al fin obra maestra,
Por todas partes de delicias lleno,
De que Dios ama al hombre hermosa muestra.
Salga la voz alegre de mi seno
A celebrar esta vivienda nuestra;
¡Paz a los hombres! ¡gloria en las alturas!
¡Cantad en vuestra jaula, criaturas!

María, por Don Miguel de los Santos Álvarez.

POR qué volvéis a la memoria mía,
    Tristes recuerdos del placer perdido,
A aumentar la ansiedad y la agonía
De este desierto corazón herido?
¡Ay! que de aquellas horas de alegría
Le quedó al corazón sólo un gemido,
Y el llanto que al dolor los ojos niegan
Lágrimas son de hiel que el alma anegan!

    ¿Dónde volaron ¡ay! aquellas horas
De juventud, de amor y de ventura,
Regaladas de músicas sonoras,
Adornadas de luz y de hermosura?
Imágenes de oro bullidoras.
Sus alas de carmín y nieve pura,
Al sol de mi esperanza desplegando,
Pasaban ¡ay! a mi alredor cantando.

    Gorjeaban los dulces ruiseñores,
El sol iluminaba mi alegría,
El aura susurraba entre las flores,
El bosque mansamente respondía,

Las fuentes murmuraban sus amores. . . .
¡ Ilusiones que llora el alma mía !
¡ Oh ! ¡ cuán suave resonó en mi oído
El bullicio del mundo y su ruído !

Mi vida entonces, cual guerrera nave
Que el puerto deja por la vez primera,
Y al soplo de los céfiros suave,
Orgullosa desplega su bandera,
Y al mar dejando que a sus pies alabe
Su triunfo en roncos cantos, va velera,
Una ola tras otra bramadora
Hollando y dividiendo vencedora,

¡ Ay ! en el mar del mundo, en ansia ardiente
De amor volaba ; el sol de la mañana
Llevaba yo sobre mi tersa frente,
Y el alma pura de su dicha ufana :
Dentro de ella el amor, cual rica fuente
Que entre frescuras y arboledas mana,
Brotaba entonces abundante río
De ilusiones y dulce desvarío.

Yo amaba todo : un noble sentimiento
Exaltaba mi ánimo, y sentía
En mi pecho un secreto movimiento,
De grandes hechos generoso guía :
La libertad con su inmortal aliento,
Santa diosa, mi espíritu encendía,
Contino imaginando en mi fe pura
Sueños de gloria al mundo y de ventura.

JOSÉ DE ESPRONCEDA

El puñal de Catón, la adusta frente
Del noble Bruto, la constancia fiera
Y el arrojo de Scévola valiente,
La doctrina de Sócrates severa,
La voz atronadora y elocuente
Del orador de Atenas, la bandera
Contra el tirano Macedonio alzando,
Y al espantado pueblo arrebatando :

El valor y la fe del caballero,
Del trovador el arpa y los cantares,
Del gótico castillo el altanero
Antiguo torreón, do sus pesares
Cantó tal vez con eco lastimero,
¡ Ay ! arrancada de sus patrios lares,
Joven cautiva, al rayo de la luna,
Lamentando su ausencia y su fortuna :

El dulce anhelo del amor que aguarda,
Tal vez inquieto y con mortal recelo ;
La forma bella que cruzó gallarda,
Allá en la noche, entre medroso velo ;
La ansiada cita que en llegar se tarda
Al impaciente y amoroso anhelo,
La mujer y la voz de su dulzura,
Que inspira al alma celestial ternura :

A un tiempo mismo en rápida tormenta
Mi alma alborotaban de contino,
Cual las olas que azota con violenta
Cólera, impetuoso torbellino :
Soñaba al héroe ya, la plebe atenta
En mi voz escuchaba su destino ;
Ya al caballero, al trovador soñaba,
Y de gloria y de amores suspiraba.

Hay una voz secreta, un dulce canto,
Que el alma sólo recogida entiende,
Un sentimiento misterioso y santo,
Que del barro al espíritu desprende :
Agreste, vago y solitario encanto
Que en inefable amor el alma enciende,
Volando tras la imagen peregrina
El corazón de su ilusión divina.

Yo, desterrado en extranjera playa,
Con los ojos extático seguía
La nave audaz que en argentada raya
Volaba al puerto de la patria mía :
Yo, cuando en Occidente el sol desmaya,
Solo y perdido en la arboleda umbría,
Oir pensaba el armonioso acento
De una mujer, al suspirar del viento.

¡Una mujer ! En el templado rayo
De la mágica luna se colora,
Del sol poniente al lánguido desmayo
Lejos entre las nubes se evapora ;
Sobre las cumbres que florece Mayo
Brilla fugaz al despuntar la aurora,
Cruza tal vez por entre el bosque umbrío,
Juega en las aguas del sereno río.

¡Una mujer ! Deslízase en el cielo
Allá en la noche desprendida estrella.
Si aroma el aire recogió en el suelo,
Es el aroma que le presta ella.
Blanca es la nube que en callado vuelo
Cruza la esfera, y que su planta huella.
Y en la tarde la mar olas la ofrece
De plata y de zafir, donde se mece.

Mujer que amor en su ilusión figura,
Mujer que nada dice a los sentidos,
Ensueño de suavísima ternura,
Eco que regaló nuestros oídos ;
De amor la llama generosa y pura,
Los goces dulces del placer cumplidos,
Que engalana la rica fantasía,
Goces que avaro el corazón ansía :

¡ Ay ! aquella mujer, tan sólo aquella,
Tanto delirio a realizar alcanza,
Y esa mujer tan cándida y tan bella
Es mentida ilusión de la esperanza :
Es el alma que vívida destella
Su luz al mundo cuando en él se lanza,
Y el mundo con su magia y galanura
Es espejo no más de su hermosura :

Es el amor que al mismo amor adora,
El que creó las Sílfides y Ondinas,
La sacra ninfa que bordando mora
Debajo de las aguas cristalinas :
Es el amor que recordando llora
Las arboledas del Edén divinas :
Amor de allí arrancado, allí nacido,
Que busca en vano aquí su bien perdido.

¡ Oh llama santa ! ¡ celestial anhelo !
¡ Sentimiento purísimo ! ¡ memoria
Acaso triste de un perdido cielo,
Quizá esperanza de futura gloria !
¡ Huyes y dejas llanto y desconsuelo !
¡ Oh mujer ! qué imagen ilusoria
Tan pura, tan feliz, tan placentera,
Brindó el amor a mi ilusión primera ! . . .

¡Oh Teresa! ¡Oh dolor! Lágrimas mías,
¡Ah! ¿dónde estáis que no corréis a mares?
¿Por qué, por qué como en mejores días,
No consoláis vosotras mis pesares?
¡Oh! los que no sabéis las agonías
De un corazón que penas a millares
¡Ay! desgarraron, y que ya no llora,
¡Piedad tened de mi tormento ahora!

¡Oh dichosos mil veces, sí, dichosos
Los que podéis llorar! y ¡ay! sin ventura
De mí, que entre suspiros angustiosos
Ahogar me siento en infernal tortura!
¡Retuércese entre nudos dolorosos
Mi corazón, gimiendo de amargura!
Tambien tu corazón, hecho pavesa,
¡Ay! llegó a no llorar, ¡pobre Teresa!

¡Quién pensara jamás, Teresa mía,
Que fuera eterno manantial de llanto,
Tanto inocente amor, tanta alegría,
Tantas delicias y delirio tanto?
¿Quién pensara jamás llegase un día
En que perdido el celestial encanto
Y caída la venda de los ojos,
Cuanto diera placer causara enojos?

Aun parece, Teresa, que te veo
Aérea como dorada mariposa,
Ensueño delicioso del deseo,
Sobre tallo gentil temprana rosa,
Del amor venturoso devaneo,
Angélica, purísima y dichosa,
Y oigo tu voz dulcísima, y respiro
Tu aliento perfumado en tu suspiro.

Y aun miro aquellos ojos que robaron
A los cielos su azul, y las rosadas
Tintas sobre la nieve, que envidiaron
Las de Mayo serenas alboradas;
Y aquellas horas dulces que pasaron
Tan breves, ¡ay! como después lloradas,
Horas de confianza y de delicias,
De abandono, y de amor y de caricias.

Que así las horas rápidas pasaban,
Y pasaba a la par nuestra ventura;
Y nunca nuestras ansias las contaban,
Tú embriagada en mi amor, yo en tu hermosura:
Las horas ¡ay! huyendo nos miraban,
Llanto tal vez vertiendo de ternura;
Que nuestro amor y juventud veían,
Y temblaban las horas que vendrían.

Y llegaron en fin: ¡oh! ¿quién impío
¡Ay! agostó la flor de tu pureza?
Tú fuiste un tiempo cristalino río,
Manantial de purísima limpieza;
Después torrente de color sombrío,
Rompiendo entre peñascos y maleza,
Y estanque, en fin, de aguas corrompidas,
Entre fétido fango detenidas.

¿Cómo caíste despeñado al suelo,
Astro de la mañana luminoso?
Ángel de luz, ¿quién te arrojó del cielo
A este valle de lágrimas odioso?
Aun cercaba tu frente el blanco velo
Del serafín, y en ondas fulgoroso
Rayos al mundo tu esplendor vertía,
Y otro cielo el amor te prometía.

Mas ¡ ay ! que es la mujer ángel caído,
O mujer nada más y lodo inmundo,
Hermoso sér para llorar nacido,
O vivir como autómata en el mundo.
Sí, que el demonio en el Edén perdido,
Abrasara con fuego del profundo
La primera mujer, y ¡ ay ! aquel fuego
La herencia ha sido de sus hijos luego.

Brota en el cielo del amor la fuente,
Que a fecundar el universo mana,
Y en la tierra su límpida corriente
Sus márgenes con flores engalana ;
Mas, ¡ ay ! huíd : el corazón ardiente
Que el agua clara por beber se afana,
Lágrimas verterá de duelo eterno,
Que su raudal lo envenenó el infierno.

Huíd, si no queréis que llegue un día
En que enredado en retorcidos lazos
El corazón, con bárbara porfía
Luchéis por arrancároslo a pedazos :
En que al cielo en histérica agonía
Frenéticos alcéis entrambos brazos,
Para en vuestra impotencia maldecirle,
Y escupiros, tal vez, al escupirle.

Los años ¡ ay ! de la ilusión pasaron,
Las dulces esperanzas que trajeron
Con sus blancos ensueños se llevaron,
Y el porvenir de oscuridad vistieron :
Las rosas del amor se marchitaron,
Las flores en abrojos convirtieron,
Y de afán tanto y tan soñada gloria
Sólo quedó una tumba, una memoria.

¡ Pobre Teresa ! ¡ al recordarte siente
Un pesar tan intenso ! Embarga impío
Mi quebrantada voz mi sentimiento,
Y suspira tu nombre el labio mío :
Pára allí su carrera el pensamiento,
Hiela mi corazón punzante frío,
Ante mis ojos la funesta losa,
Donde vil polvo tu beldad reposa.

Y tú feliz, que hallaste en la muerte
Sombra a que descansar en tu camino,
Cuando llegabas, mísera, a perderte
Y era llorar tu único destino :
Cuando en tu frente la implacable suerte
Grababa de los réprobos el sino !
Feliz, la muerte te arrancó del suelo,
Y otra vez ángel, te volviste al cielo.

Roída de recuerdos de amargura,
Árido el corazón sin ilusiones,
La delicada flor de tu hermosura
Ajaron del dolor los Aquilones :
Sola, y envilecida, y sin ventura,
Tu corazón secaron las pasiones :
Tus hijos ¡ ay ! de ti se avergonzaran,
Y hasta el nombre de madre te negaran.

Los ojos escaldados de tu llanto,
Tu rostro cadavérico y hundido ;
Único desahogo en tu quebranto,
El histérico ¡ ay ! de tu gemido :
¿ Quién, quién pudiera en infortunio tanto
Envolver tu desdicha en el olvido,
Disipar tu dolor y recogerte
En su seno de paz ? ¡ Sólo la muerte !

¡Y tan joven, y ya tan desgraciada!
Espíritu indomable, alma violenta,
En ti, mezquina sociedad, lanzada
A romper tus barreras turbulenta.
Nave contra las rocas quebrantada,
Allá vaga, a merced de la tormenta,
En las olas tal vez náufraga tabla,
Que sólo ya de sus grandezas habla.

Un recuerdo de amor que nunca muere
Y está en mi corazón; un lastimero
Tierno quejido que en el alma hiere,
Eco suave de su amor primero:
¡Ay! de tu luz, en tanto yo viviere,
Quedará un rayo en mí, blanco lucero,
Que iluminaste con tu luz querida
La dorada mañana de mi vida.

Que yo, como una flor que en la mañana
Abre su cáliz al naciente día,
¡Ay! al amor abrí tu alma temprana,
Y exalté tu inocente fantasía;
Yo inocente también ¡oh! cuán ufana
Al porvenir mi mente sonreía,
Y en alas de mi amor, con cuánto anhelo
Pensé contigo remontarme al cielo!

Y alegre, audaz, ansioso, enamorado,
En tus brazos en lánguido abandono,
De glorias y deleites rodeado
Levantar para ti soñé yo un trono:
Y allí, tú venturosa y yo a tu lado,
Vencer del mundo el implacable encono,
Y en un tiempo, sin horas ni medida,
Ver como un sueño resbalar la vida.

¡ Pobre Teresa ! Cuando ya tus ojos
Áridos ni una lágrima brotaban ;
Cuando ya su color tus labios rojos
En cárdenos matices se cambiaban ;
Cuando de tu dolor tristes despojos
La vida y su ilusión te abandonaban,
Y consumía lenta calentura
Tu corazón al par de tu amargura ;

Si en tu penosa y última agonía
Volviste a lo pasado el pensamiento ;
Si comparaste a tu existencia un día
Tu triste soledad y tu aislamiento ;
Si arrojó a tu dolor tu fantasía
Tus hijos ¡ ay ! en tu postrer momento
A otra mujer tal vez acariciando,
Madre tal vez a otra mujer llamando ;

Si el cuadro de tus breves glorias viste
Pasar como fantástica quimera,
Y si la voz de tu conciencia oíste
Dentro de ti gritándote severa ;
Si, en fin, entonces tú llorar quisiste,
Y no brotó una lágrima siquiera
Tu seco corazón, y a Dios llamaste,
Y no te escuchó Dios, y blasfemaste ;

¡Oh! ¡cruel! ¡muy cruel! ¡martirio horrendo!
¡ Espantosa expiación de tu pecado !
Sobre un lecho de espinas, maldiciendo,
Morir, el corazón desesperado !
Tus mismas manos de dolor mordiendo,
Presente a tu conciencia lo pasado,
Buscando en vano, con los ojos fijos,
Y extendiendo tus brazos a tus hijos.

¡Oh! ¡cruel! ¡muy cruel!...¡Ay! yo entre tanto
Dentro del pecho mi dolor oculto,
Enjugo de mis párpados el llanto
Y doy al mundo el exigido culto :
Yo escondo con vergüenza mi quebranto,
Mi propia pena con mi risa insulto,
Y me divierto en arrancar del pecho
Mi mismo corazón pedazos hecho.

Gocemos, sí ; la cristalina esfera
Gira bañada en luz : ¡ bella es la vida !
¿ Quién a parar alcanza la carrera
Del mundo hermoso que al placer convida?
Brilla radiante el sol, la primavera
Los campos pinta en la estación florida :
Truéquese en risa mi dolor profundo . . .
Que haya un cadáver más ¿ qué importa al mundo ?

NICOMEDES PASTOR DÍAZ

1811–1863

168.   *La Mariposa negra*

BORRABA ya del pensamiento mío
    De la tristeza el importuno ceño :
Dulce era mi vivir, dulce mi sueño,
    Dulce mi despertar.
    Ya en mi pecho era lóbrego vacío
El que un tiempo rugió volcán ardiente ;
Ya no pasaban negras por mi frente
    Nubes que hacen llorar.

Era una noche azul, serena, clara,
Que embebecido en plácido desvelo,
Alcé los ojos en tributo al cielo,
    De tierna gratitud,
    Mas ¡ay! que apenas lánguido se alzara
Este mirar de eterna desventura,
Turbarse vi la lívida blancura
    De la nocturna luz.

    Incierta sombra que mi sien circunda,
Cruzar siento en zumbido revolante,
Y con nubloso vértigo incesante
    A mi vista girar.
    Cubrió la luz incierta, moribunda,
Con alas de vapor, informe objeto;
Cubrió mi corazón terror secreto
    Que no puedo calmar.

    No, como un tiempo, colosal quimera
Mi atónita atención amedrentaba;
Mis oídos profundo no aterraba
    Acento de pavor:
    Que fué la aparición vaga y ligera;
Leve la sombra aérea y nebulosa,
Que fué sólo una negra mariposa
    Volando en derredor.

    No, cual suele, fijó su giro errante
La antorcha que alumbraba mi desvelo;
De su siniestro misterioso vuelo
    La luz no era el imán.
    ¡Ay! que sólo el fulgor agonizante
En mis lánguidos ojos abatidos,
Ser creí de sus giros repetidos
    Secreto talismán.

Lo creo, sí . . . que a mi agitada suerte
Su extraña aparición no será en vano.
Desde la noche de ese infausto arcano
¡ Ay Dios ! . . . aun no dormí.
¿ Anunciaráme próxima la muerte ?
¿ O es más negro su vuelo repentino ? . . .
Ella trae un mensaje del Destino ! . . .
Yo . . . no le comprendí !

Ya no aparece sólo entre las sombras ;
Doquier me envuelve su funesto giro ;
A cada instante sobre mí la miro
Mil círculos trazar.
Del campo entre las plácidas alfombras,
Del bosque entre el ramaje la contemplo :
Y hasta bajo las bóvedas del templo . . .
Y ante el sagrado altar.

« Para calmar mi frenesí secreto
Cesa un instante, negra mariposa :
Tus leves alas en mi frente posa ;
Tal vez me aquietarás . . . »
Mas redoblando su girar inquieto
Huye, y parece que a mi voz se aleja,
Y revuelve, y me sigue, y no me deja . . .
Ni se pára jamás !

A veces creo que un sepulcro amado
Lanzó, bajo esta larva aterradora,
El espíritu errante, que aun adora
Mi yerto corazon.
Y una vez ¡ ay ! extático y helado,
La vi, la vi . . . creciendo de repente,
Mágica desplegar sobre mi frente
Nueva transformación.

Vi tenderse sus alas como un velo,
Sobre un cuerpo fantástico colgadas,
En rozagante túnica trocadas,
    So un manto funeral.
  Y el lúgubre zumbido de su vuelo
Trocóse en voz profunda melodiosa,
Y trocóse la negra mariposa
    En Genio celestial.

  Cual sobre estátua de ébano luciente
Un rostro se alza en ademán sublime,
Do en pálido marfil su sello imprime
    Sobrehumano dolor;
  Y de sus ojos el brillar ardiente,
Fósforo de visión, fuego del cielo,
Hiere en el alma ... como hiere el vuelo
    Del rayo vengador!

  «Un momento ¡gran Dios!» mis brazos yertos
Desesperado la tendí gritando:
« ¡Ven de una vez, la dije sollozando,
    Ven y me matarás!»—
  Mas ¡ay! que, cual las sombras de los muertos,
Sus formas vanas a mi voz retira,
Y de nuevo circula, y zumba y gira ...
    Y no pára jamás ...

  ¿Qué potencia infernal mi mente altera?
¿De dónde viene esta visión pasmosa?
Ese Genio ... esa negra mariposa,
    ¿Qué es? ... ¿Qué quiere de mí? ...
  En vano llamo á mi ilusión, quimera;
No hay más verdad que la ilusión del alma:
Verdad fué mi quietud, mi paz, mi calma ...
    Verdad ... que ya perdí!

NICOMEDES PASTOR DÍAZ

Por ocultos resortes agitado
Vuelvo al llanto otra vez hondo y doliente,
Y mi canto otra vez vuela y mi mente
    A esa extraña región,
  Do sobre el cráter de un abismo helado
Las nieves del volcán se derritieron . . .
Al fuego que ligeras encendieron
    Dos alas de crespón.

GERTRUDIS GÓMEZ DE AVELLANEDA

1814–1873

169.   *A Él*

NO existe lazo ya : todo está roto :
    Plúgole al cielo así : ¡ bendito sea !
Amar o cáliz con placer agoto :
Mi alma reposa al fin : nada desea.

    Te amé, no te amo ya : piénsolo al menos :
¡ Nunca, si fuere error, la verdad mire !
Que tantos años de amarguras llenos
Trague el olvido ; el corazón respire.

    Lo has destrozado sin piedad : mi orgullo
Una vez y otra vez pisaste insano . . .
Mas nunca el labio exhalará un murmullo
Para acusar tu proceder tirano.

    De graves faltas vengador terrible,
Dócil llenaste tu misión : ¿ lo ignoras ?
No era tuyo el poder que irresistible
Postró ante ti mis fuerzas vencedoras.

Quísolo Dios y fué : gloria a su nombre !
Todo se terminó : recobro aliento :
¡ Ángel de las venganzas ! ya eres hombre . . .
Ni amor ni miedo al contemplarte siento.

Cayó tu cetro, se embotó tu espada . . .
Mas ¡ ay ! cuán triste libertad respiro !
Hice un mundo de ti, que hoy se anonada,
Y en honda y vasta soledad me miro.

¡ Vive dichoso tú ! Si en algún día
Ves este adiós que te dirijo eterno,
Sabe que aun tienes en el alma mía
Generoso perdón, cariño tierno.

ENRIQUE GIL

1815-1846

170.　　*La violeta*

FLOR deliciosa en la memoria mía,
　Ven mi triste laúd a coronar,
Y volverán las trovas de alegría
En sus ecos tal vez a resonar.

Mezcla tu aroma a sus cansadas cuerdas ;
Yo sobre ti no inclinaré mi sien,
De miedo, pura flor, que entonces pierdas
Tu tesoro de olores y tu bien.

Yo, sin embargo, coroné mi frente
Con tu gala en las tardes del Abril,
Yo te buscaba orillas de la fuente,
Yo te adoraba tímida y gentil.

317

Porque eras melancólica y perdida,
Y era perdido y lúgubre mi amor;
Y en ti miré el emblema de mi vida
Y mi destino, solitaria flor.

Tú allí crecías olorosa y pura
Con tus moradas hojas de pesar;
Pasaba entre la yerba tu frescura,
De la fuente al confuso murmurar.

Y pasaba mi amor desconocido,
De un arpa oscura al apagado són,
Con frívolos cantares confundido
El himno de mi amante corazón.

Yo busqué la hermandad de la desdicha
En tu cáliz de aroma y soledad,
Y a tu ventura asemejé mi dicha,
Y a tu prisión mi antigua libertad.

¡ Cuántas meditaciones han pasado
Por mi frente mirando tu arrebol!
¡ Cuántas veces mis ojos te han dejado
Para volverse al moribundo sol!

¡ Qué de consuelos a mi pena diste
Con tu calma y tu dulce lobreguez,
Cuando la mente imaginaba triste
El negro porvenir de la vejez!

Yo me decía : « Buscaré en las flores
Seres que escuchen mi infeliz cantar,
Que mitiguen con bálsamo de olores
Las ocultas heridas del pesar.»

Y me apartaba, al alumbrar la luna,
De ti, bañada en moribunda luz,
Adormecida en tu vistosa cuna,
Velada en tu aromático capuz.

Y una esperanza el corazón llevaba
Pensando en tu sereno amanecer,
Y otra vez en tu cáliz divisaba
Perdidas ilusiones de placer.

Heme hoy aquí : ¡ cuán otros mis cantares !
¡ Cuán otro mi pensar, mi porvenir !
Ya no hay flores que escuchen mis pesares,
Ni soledad donde poder gemir.

Lo secó todo el soplo de mi aliento,
Y naufragué con mi doliente amor :
Lejos ya de la paz y del contento,
Mírame aquí en el valle del dolor.

Era dulce mi pena y mi tristeza ;
Tal vez moraba una ilusión detrás :
Mas la ilusión voló con su pureza,
Mis ojos ¡ay ! no la verán jamás.

Hoy vuelvo á ti, cual pobre viajero
Vuelve al hogar que niño le acogió ;
Pero mis glorias recobrar no espero,
Sólo a buscar la huesa vengo yo.

Vengo a buscar mi huesa solitaria
Para dormir tranquilo junto a ti,
Ya que escuchaste un día mi plegaria,
Y un sér hermano en tu corola vi.

ENRIQUE GIL

Ven mi tumba a adornar, triste viola,
Y embalsama mi oscura soledad ;
Sé de su pobre césped la aureola
Con tu vaga y poética beldad.

Quizá al pasar la virgen de los valles,
Enamorada y rica en juventud,
Por las umbrosas y desiertas calles
Do yacerá escondido mi ataúd,

Irá a cortar la humilde violeta
Y la pondrá en su seno con dolor,
Y llorando dirá : « ¡ Pobre poeta !
¡ Ya está callada el arpa del amor ! »

GABRIEL GARCÍA Y TASSARA

1817-1875

171.   *Meditación Religiosa*

YO te adoro, gran Dios ! El alma mía,
          Como exhalada nube,
En alas de mi ardiente fantasía
          Hasta el Empíreo sube.
Sube, y el trono del Querub mi asiento,
          Y el cielo es mi morada ;
Y contemplo a mis pies el firmamento,
          Los mundos y la nada.
Sube, y el rayo de la eterna lumbre,
          Cual un perfume aspira,
Reina en la creación y allá en la cumbre
          Como un planeta gira.

GABRIEL GARCÍA Y TASSARA

¿Quién dijo : «El mundo se engendró a sí mismo,
  Su Dios es el acaso? »
¿Quién que no halló bajo su pie el abismo
  Al avanzar su paso ? ...
Ay ! Es verdad : en mi razón la duda
  Se apacentó algún día,
Yo quise ver la realidad desnuda
  Del mundo en que vivía.
Y en mi estéril razón desencantados
  El mundo y su belleza,
A un confuso tropel de ciegos hados
  Di la naturaleza.
¿ Dónde ya la ilusión, si la esperanza
  Desparecido había,
Al fenecer en su feliz bonanza
  De la creencia el día?
Ciego embrión de seres abortados
  Por un fatal destino,
Por la muerte en la tumba despeñados,
  En medio a su camino ;
Transformación sin límites del lodo
  En que mi planta hundía ;
Naciendo todo y pereciendo todo
  Allí donde nacía ;
Eso fué el mundo para mí. Un abismo,
  Y en ese abismo nada ;
Yo llevé la impiedad al fanatismo,
  La voz del alma ahogada.
¡ Perdóname Señor ! Hálito inmundo
  Bebiendo de impureza,
Sobre la tumba universal del mundo
  Doblé yo mi cabeza.
Y la noche pasó, y el claro día
  Con su luz, con su velo,

Y yo no levanté la frente mía
    Para mirar al cielo,
Pero tu voz que en la extensión resuena
    En cántico sonoro,
El alto són que el universo llena
    De tus cien arpas de oro ;
El eco melancólico que vaga
    Por la extensión vacía,
Cuando la tarde en Occidente apaga
    Con la tiniebla el día ;
Ese acento inmortal que en la mañana
    Cuando el Oriente dora,
Resbala sobre el tálamo de grana
    De la naciente aurora ;
Esa voz, voz del cielo, de otro mundo
    Vago, inmortal sonido,
Volvió, volvió a sonar en lo profundo
    Del corazón herido.
Yo te adoré sin sondear tu arcano,
    Y sobre el alma mía
Vertió, Señor, tu omnipotente mano
    Tu cáliz de ambrosía.
En todas partes ya mi vista asombra
    De tu poder la muestra,
Yo contemplo en la luz, busco en la sombra
    El sello de tu diestra.
Del universo en los profundos senos
    Tu nombre allí, tu gloria ;
Llenos están de tu grandeza, llenos
    Los siglos y la historia.
¡Triste razón ! En su mezquino vuelo
    Hasta la tumba alcanza !
De la tumba a los ámbitos del cielo
    La senda es la esperanza.

No es dogma, no, la religión del hombre,
    O ciencia o pensamiento.
Si el alma tiene para Dios un nombre,
    Dios es un sentimiento.
Esta necesidad que el hombre siente,
    Este incesante anhelo
De un sér más grande a quien rendir la frente,
    De un bautismo en el cielo;
El instinto inmortal de un gran destino
    Que ignora y que desea,
¿No son, Señor, de tu poder divino
    La inapagable idea?
¡Oh Sér del sér! Los astros y los mundos
    Te cantan y obedecen:
La tempestad, los piélagos profundos
    A tu voz se estremecen.
Tu providencia que el misterio vela
    Desde la inmensa altura,
Sobre las alas del arcángel vuela;
    Y encarna la natura.
Y das la luz al sol con tu mirada,
    Y al mar los aquilones;
Mueves tu voluntad, y la honda nada
    Se puebla de creaciones.
¿Adónde, adónde volveré los ojos,
    ¡Oh Dios! que no te vea?
De los mundos que han sido en los despojos
    La mano está que crea.
«Dios,» en la tumba en que la noche mora
    Grabó tu ardiente mano;
«Dios,» al mecer la cuna de la aurora,
    Exclama el Oceano;
«Dios,» graba el rayo, al encender su lumbre
    Del huracán el seno;

« Dios,» clama el eco de la ardiente cumbre
    Que despedaza el trueno.
De la extensión espléndida en la frente
    Está su nombre escrito :
El alma en todas partes y la mente
    Encuentran lo infinito.
¡Oh ! ¿ Qué es el hombre cuando rompe el lazo
    Que le une a su alta suerte,
Y de la madre tierra en el regazo
    Siente salir la muerte ?
Yo con la fe del corazón venero
    Tu santa omnipotencia :
Yo exclamo : « Dios,» y el universo entero
    Se inclina en mi presencia.
Solo, gran Sér, como tu gloria es sola,
    Doquiera te contemplo :
Tu altar el sol, los astros tu aureola,
    La inmensidad tu templo :
Sí : que aunque nunca la razón comprenda
    Que a ti la Fe conduce,
Que a los ojos cubiertos con su venda
    Un sol eterno luce ;
Lo sabe el alma y en su luz enciende
    La osada fantasía,
Y las tinieblas del misterio hiende
    Tras el eterno día.
Lo sabe ¡ oh Dios ! y a conquistar se lanza
    Desde el mezquino suelo ;
Exhalada en dulcísima esperanza
    Su altar, su patria, el cielo.
Allá, en la inmensidad, fulgente ondea
    De eternidad la palma,
Bajo su copa que al Edén sombrea,
    Va a reposar el alma ;

Y en el seno de mil eternidades
    Blandamente adormida,
La alimenta el maná de las deidades
    Y hasta la muerte olvida.

JOSÉ ZORRILLA

1817-1893

172.   *Toro y Picador*

CON el hirviente resoplido moja
  El ronco toro la tostada arena,
La vista en el jinete alta y serena,
Ancho espacio buscando al asta roja.
  Su arranque audaz a recibir se arroja,
Pálida de valor la faz morena,
E hincha en la frente la robusta vena,
El picador, a quien el tiempo enoja.
  Duda la fiera, el español la llama,
Sacude el toro la enastada frente,
La tierra escarba, sopla, y desparrama ;
  Le obliga el hombre, parte de repente,
Y herido en la cerviz, húyele y brama,
Y en grito universal rompe la gente.

173.   *El segundo Edén*

GRANADA ! Ciudad bendita
  Reclinada sobre flores,
Quien no ha visto tus primores
Ni vió luz, ni gozó bien.
Quien ha orado en tu mezquita
Y habitado tus palacios,
Visitado ha los espacios
Encantados del Edén.

325

JOSÉ ZORRILLA

Paraíso de la tierra
Cuyos mágicos jardines
Con sus manos de jazmines
Cultivó celeste hurí,
La salud en ti se encierra,
En ti mora la alegría,
En tus sierras nace el día,
Y arde el sol de amor por ti.

Tus fructíferas colinas,
Que son nidos de palomas,
Embalsaman los aromas
De un florido eterno Abril:
De tus fuentes cristalinas
Surcan crines los raudales:
Bajan águilas reales
A bañarse en tu Genil.

Gayas aves entretienen
Con sus trinos y sus quejas
El afán de las abejas
Que en tus troncos labran miel:
Y en tus sauces se detienen
Las cansadas golondrinas
A las playas argelinas
Cuando emigran en tropel.

En ti como en un espejo
Se mira el profeta santo:
La luna envidia el encanto
Que hay en tu dormida faz:
Y al mirarte a su reflejo
El arcángel que la guía
Un casto beso te envía
Diciéndote :—« Duerme en paz.»

JOSÉ ZORRILLA

El albor de la mañana
Se esclarece en tu sonrisa,
Y en tus valles va la brisa
De la aurora a reposar.
¡ Oh Granada, la sultana
Del deleite y la ventura !
Quien no ha visto tu hermosura
Al nacer debió cegar.

¡ Aláh salve al Nazarita,
Que derrama sus tesoros
Para hacerte de los Moros
El alcázar imperial !
¡ Aláh salve al rey que habita
Los palacios que en ti eleva !
¡ Aláh salve al rey que lleva
Tu destino a gloria tal.

Las entrañas de tu sierra
Se socavan noche y día ;
Dan su mármol a porfía
Geb-Elvira y Macaël ;
Ensordécese la tierra
Con el són de los martillos,
Y aparecen tus castillos
Maravillas del cincel.

Ni un momento de reposo
Se concede : palmo a palmo,
Como a impulso de un ensalmo,
Se levanta por doquier
El alcázar portentoso
Que, mofándose del viento,
Será eterno monumento
De tu ciencia y tu poder.

Reverbera su techumbre
Por las noches, a lo lejos
De las teas a la lumbre
Que iluminan sin cesar
Los trabajos misteriosos,
Y a sus cárdenos reflejos
Van los Genios sus **preciosos**
Aposentos a labrar.

¿ De quién es ese palacio
Sostenido en mil pilares,
Cuyas torres y alminares
De inmortales obras son ?
¿ Quién habita el regio espacio
De sus cámaras abiertas ?
¿ Quién grabó sobre sus puertas
Atrevido su blasón ?

¿ De quién es aquella corte
De palacios africanos
Que la cruzan tan ufanos
De su noble Amir en pos ?
En su alcázar y en su porte
Bien se lee su nombre escrito :
Al-hamar. — Aláh bendito,
Es la ALHAMBRA. — ¡ Gloria a Dios !

1817-1901

174. *Los padres y los hijos*

UN enjambre de pájaros metidos
en jaula de metal guardó un cabrero,
y a cuidarlos voló desde el otero
la pareja de padres afligidos.

— Si aquí, dijo el pastor, vienen unidos
sus hijos a cuidar con tanto esmero,
ver cómo cuidan a los padres quiero
los hijos por amor y agradecidos.—

Deja entre redes la pareja envuelta,
la puerta abre el pastor del duro alambre,
cierra a los padres y a los hijos suelta.

Huyó de los hijuelos el enjambre
y, como en vano se esperó su vuelta,
mató a los padres el dolor y el hambre.

175. *El Beso*

Mucho hace el que mucho ama.
Kempis, lib. I, cap. **xv.**

ME han contado que, al morir,
un hombre de corazón
sintió, o presumió sentir,
en Cádiz repercutir
un beso dado en Cantón.
¿Que es imposible, Asunción?...
Veinte años hace que di
el primer beso ¡ay de mí!
de mi primera pasión...
¡y todavía, Asunción,
aquel frío que sentí
hace arder mi corazón!

Desde la ciega atracción,
beso que da el pedernal,
subiendo hasta la oración,
último beso mental,
es el beso la expansión
de esa chispa celestial
que inflamó la creación
y que, en su curso inmortal,
va de crisol en crisol
su intensa llama a verter
en la atmósfera del sér
que de un beso encendió el sol.

De la cuna al ataúd
va siendo el beso, a su vez,
amor en la juventud,
esperanza en la niñez,
en el adulto virtud
y recuerdo en la vejez.

¿ Vas comprendiendo, Asunción,
que es el beso la expresión
de un idioma universal
que, en inextinto raudal,
de una en otra encarnación
y desde una en otra edad,
en la mejilla es bondad,
en los ojos ilusión,
en la frente majestad
y entre los labios pasión ?

¿Nunca se despierta en ti
un recuerdo, como en mí,
de un amante que se fué ? . . .

Si me contestas que sí,
eso es un beso, Asunción,
que, en alas de no sé qué,
trae la imaginación.

¡ Gloria a esa obscura señal
del hado en incubación,
que es el germen inmortal
del alma en fermentación
y a veces trasunto fiel
de todo un mundo moral :
y si no, dígalo aquél
de entre el cual y bajo el cual
nació el alma de Platón !

¡ Gloria a esa condensación
de toda la eternidad,
con cuya tierna efusión
a toda la humanidad
da la paz la religión ;
con la cual la caridad
siembra en el mundo el perdón :
himno a la perpetuidad,
cuyo misterioso són,
sin que lo oiga el corazón
suena en la posteridad !

¿ Vas comprendiendo, Asunción ?
Mas por si acaso no crees
que el beso es el conductor
de ese fuego encantador
con que este mundo que ves
lo ha animado el Creador . . .
prueba a besarme y después

un beso verás cómo es
esa copa del amor
llena del vital licor
que, en el humano festín.
de una en otra boca, al fin
llega, de afán en afán,
a tu boca de carmín
desde los labios de Adán.

Prueba en mí, por compasión
esa clara iniciación
de un oscuro porvenir
y entonces, bella Asunción,
comprenderás si, al morir,
un hombre de corazón
habrá podido sentir
en Cádiz repercutir
un beso dado en Cantón.

176.   *Los dos Espejos*

EN el cristal de un espejo
a los cuarenta me vi
y, hallándome feo y viejo,
de rabia el cristal rompí.

Del alma en la transparencia
mi rostro entonces miré,
y tal me vi en la conciencia
que el corazón me rasgué.

Y es que, en perdiendo el mortal
la fe, juventud y amor,
¡ se mira al espejo, y ... mal !
¡ se ve en el alma, y ... peor !

177.   *¡ Quién supiera escribir !*

I

— ESCRIBIDME una carta, señor Cura.
          — Ya sé para quién es.
— ¿ Sabéis quién es, porque una noche obscura
          Nos visteis juntos ? — Pues.

— Perdonad ; mas . . . — No extraño ese tropiezo.
          La noche . . . la ocasión . . .
Dadme pluma y papel.   Gracias.   Empiezo :
          Mi querido Ramón :

— ¿Querido? . . . Pero, en fin, ya lo habéis puesto . . .
          — Si no queréis . . . — ! Sí, sí !
—*¡ Que triste estoy !* ¿ No es eso ? — Por supuesto.
          — *¡ Que triste estoy sin ti !*

Una congoja, al empezar, me viene . . .
          — ¿ Cómo sabéis mi mal ?
— Para un viejo, una niña siempre tiene
          el pecho de cristal.

¿ Qué es sin ti el mundo? Un valle de amargura.
          ¿ Y contigo? Un edén.
— Haced la letra clara, señor Cura ;
          que lo entienda eso bien.

— *El beso aquel que de marchar a punto*
          te di . . . — ¿ Cómo sabéis ? . . .
— Cuando se va y se viene y se está junto
          siempre . . . no os afrentéis.

333

Y si volver tu afecto no procura,
        tanto me harás sufrir . . .
— ¿ Sufrir y nada más ?   No, señor Cura,
        ¡ que me voy a morir !

— ¿ Morir ?   ¿ Sabéis que es ofender al cielo ? . . .
        — Pues, sí, señor, ¡ morir !
— Yo no pongo *morir*. — ¡ Qué hombre de hielo !
        ¡ Quién supiera escribir !

II

¡ Señor Rector, señor Rector ! en vano
        me queréis complacer,
si no encarnan los signos de la mano
        todo el sér de mi sér.

Escribidle, por Dios, que el alma mía
        ya en mí no quiere estar ;
que la pena no me ahoga cada día . . .
        porque puedo llorar.

Que mis labios, las rosas de su aliento,
        no se saben abrir ;
que olvidan de la risa el movimiento
        a fuerza de sentir.

Que mis ojos, que él tiene por tan bellos,
        cargados con mi afán,
como no tienen quien se mire en ellos,
        cerrados siempre están.

Que es, de cuantos tormentos he sufrido.
la ausencia el más atroz ;
que es un perpetuo sueño de mi oído
el eco de su voz . . .

Que siendo por su causa, el alma mía
¡ goza tanto en sufrir ! . . .
Dios mío ¡ cuántas cosas le diría
si supiera escribir ! . . .

III

EPÍLOGO

— Pues, señor, ¡ bravo amor ! Copio y concluyo :
A don Ramón . . . En fin,
que es inútil saber para esto arguyo
ni el griego ni el latín.

178.   *Verdad de las Tradiciones*

I

VI una cruz en despoblado
un día que al campo fuí,
y un hombre me dijo :—Allí
mató a un ladrón un soldado.

II

Y... ¡ oh pérfida tradición !...
cuando del campo volví,
otro hombre me dijo :—Allí
mató a un soldado un ladrón.

335

179. *Rimas*

LOS invisibles átomos del aire
    en derredor palpitan y se inflaman;
el cielo se deshace en rayos de oro;
la tierra se estremece alborozada;
oigo flotando en olas de armonía
rumor de besos y batir de alas;
mis párpados se cierran . . . ¿qué sucede?
— ¡Es el amor que pasa!

180. *Rimas*

YO soy ardiente, yo soy morena,
    yo soy el símbolo de la pasión;
de ansia de goces mi alma está llena.
— ¿A mí me buscas? — No es a ti; no.

— Mi frente es pálida; mis trenzas de oro:
puedo brindarte dichas sin fin;
yo de ternura guardo un tesoro.
— A mí me llamas? — No; no es a ti.

— Yo soy un sueño, un imposible
vano fantasma de niebla y luz;
soy incorpórea, soy intangible;
no puedo amarte. — ¡Oh, ven; ven tú!

181.   *Rimas*

NO dormía ; vagaba en ese limbo
    en que cambian de forma los objetos,
misteriosos espacios que separan
    la vigilia del sueño.

Las ideas, que en ronda silenciosa
daban vueltas en torno a mi cerebro,
poco a poco en su danza se movían
    con un compás más lento.

De la luz que entra al alma por los ojos,
los párpados velaban el reflejo,
mas otra luz el mundo de visiones
    alumbraba por dentro.

En este punto resonó en mi oído
un rumor semejante al que en el templo
vaga confuso, al terminar los fieles
    con un *Amén* sus rezos.

Y oí como una voz delgada y triste
que por mi nombre me llamó a lo lejos,
y sentí olor de cirios apagados,
    de humedad y de incienso.

            .   .   .   .   .   .
        .   .   .   .   .   .

Entró la noche, y del olvido en brazos
caí, cual piedra, en su profundo seno :
dormí, y al despertar exclamé : « ¡ Alguno
    que yo quería ha muerto ! »

182. *Margarita*

I

SILENCIO, los lebreles
de la jauría maldita !
No despertéis a la implacable fiera
que duerme silenciosa en su guarida.
    ¿ No veis que de sus garras
penden gloria y honor, reposo y dicha ?

    Prosiguieron aullando los lebreles . . .
— ¡ los malos pensamientos homicidas !—
y despertaron la temible fiera . . .
— ¡ la pasión que en el alma se adormía !—
    y ¡ adiós ! en un momento,
¡ adiós gloria y honor, reposo y dicha !

II

    Duerme el anciano padre, mientras ella
a la luz de la lámpara nocturna
contempla el noble y varonil semblante
    que un pesado sueño abruma.
    Bajo aquella triste frente
    que los pesares anublan,
deben ir y venir torvas visiones,
    negras hijas de la duda.

    Ella tiembla . . ., vacila y se estremece . . .
¿ de miedo acaso, o de dolor y angustia ?
Con expresión de lástima infinita
    no sé qué rezos murmura.

Plegaria acaso santa, acaso impía,
trémulo el labio a su pesar pronuncia,
mientras dentro del alma la conciencia
    contra las pasiones lucha.

    ¡ Batalla ruda y terrible
librada ante la víctima, que muda
duerme el sueño intranquilo de los tristes
a quien ha vuelto el rostro la fortuna !

    Y él sigue en reposo, y ella,
que abandona la estancia, entre las brumas
de la noche se pierde, y torna al alba,
ajado el velo . . ., en su mirar la angustia.

    Carne, tentación, demonio,
¡ oh ! ¿ de cuál de vosotros es la culpa ?
¡ Silencio ! . . . El día soñoliento asoma
    por las lejanas alturas,
y el anciano despierto, ella risueña,
    ambos su pena ocultan,
y fingen entregarse indiferentes
a las faenas de su vida oscura.

III

    La culpada calló, mas habló el crimen . . .
Murió el anciano, y ella, la insensata,
siguió quemando incienso en su locura,
de la torpeza ante las negras aras,
hasta rodar en el profundo abismo
fiel a su mal, de su dolor esclava.

¡ Ah ! Cuando amaba el bien, ¿ cómo así pudo
hacer traición a su virtud sin mancha,
malgastar las riquezas de su espíritu,
vender su cuerpo, condenar su alma ?

Es que en medio del vaso corrompido
donde su sed ardiente se apagaba,
de un amor inmortal, los leves átomos
sin mancharse, en la atmósfera flotaban.

183.   *Eterno afán*

EN el alma llevaba un pensamiento,
      una duda, un pesar,
tan grandes como el ancho firmamento,
      tan hondos como el mar.

De su alma en lo más árido y profundo
fresca brotó de súbito una rosa,
como brota una fuente en el desierto,
o un lirio entre las grietas de una roca.

**

Cuando en las nubes hay tormenta
suele también haberla en su pecho ;
mas nunca hay calma en él, aun cuando
la calma reine en tierra y cielo ;
porque es entonces cuando, torvos,
cual nunca riñen sus pensamientos.

**

Desbórdanse los ríos si engrosan su corriente
los múltiples arroyos que de los montes bajan,
y cuando de las penas el caudal abundoso
se aumenta con los males perennes y las ansias,
¿ cómo contener, cómo, en el labio la queja ?
¿ cómo no desbordarse la cólera en el alma ?

**

ROSALÍA DE CASTRO

Busca y anhela el sosiego . . .
mas . . . ¿ quién le sosegará ?
Con lo que sueña despierto
dormido vuelve a soñar.
Que hoy, como ayer y mañana,
cual hoy en su eterno afán,
de hallar el bien que ambiciona.
— cuando sólo encuentra el mal —
siempre a soñar condenado
nunca puede sosegar.

¡ Aturde la confusa gritería
que se levanta entre la turba inmensa !
Ya no saben qué quieren ni qué piden ;
mas, embriagados de soberbia, buscan
un ídolo o una víctima a quien hieran.
Brutales son sus iras,
y aun quizás más brutales sus amores ;
no provoquéis al monstruo de cien brazos,
como la ciega tempestad terrible,
ya ardiente os ame o friamente os odie.

Cuando sopla el Norte duro
y arde en el hogar el fuego,
y ellos pasan por mi puerta
flacos, desnudos y hambrientos,
el frío hiela mi espíritu,
como debe helar su cuerpo,
y mi corazón se queda,
al verles ir sin consuelo,
cual ellos, opreso y triste,
desconsolado cual ellos.

Era niño y ya perdiera
la costumbre de llorar ;
la miseria seca el alma
y los ojos además :
era niño y parecía
por sus hechos viejo ya.

Experiencia del mendigo,
eres precoz como el mal,
implacable como el odio,
dura como la verdad.

***

De la vida entre el múltiple conjunto de los seres,
no, no busquéis la imagen de la eterna belleza,
ni en el contento y harto seno de los placeres,
ni del dolor acerbo en la dura aspereza.

Ya es átomo impalpable o inmensidad que asombra,
aspiración celeste, revelación callada ;
la comprende el espíritu y el labio no la nombra,
y en sus hondos abismos la mente se anonada.

184.   *Las Campanas*

YO las amo, yo las oigo,
    cual oigo el rumor del viento,
el murmurar de la fuente
o el balido del cordero.

Como los pájaros, ellas,
tan pronto asoma en los cielos
el primer rayo del alba,
le saludan con sus ecos.

Y en sus notas, que van prolongándose
por los llanos y los cerros,
hay algo de candoroso,
de apacible y de halagüeño.

Si por siempre enmudecieran,
¡ qué tristeza en el aire y el cielo !
¡ qué silencio en las iglesias !
: qué extrañeza entre los muertos !

185.   *Tiempos que fueron*

HORA tras hora, día tras día,
        entre el cielo y la tierra que quedan
eternos vigías,
como torrente que se despeña
pasa la vida.

Devolvedle a la flor su perfume
después de marchita ;
de las ondas que besan la playa
y que unas tras otras besándola expiran,
recoged los rumores, las quejas,
y en planchas de bronce grabad su armonía.

Tiempos que fueron, llantos y risas,
negros tormentos, dulces mentiras,
¡ ay ! ¿ En dónde su rastro dejaron,
en dónde, alma mía ?

343

1865-1896

186.   *Vejeces*

L AS cosas viejas, tristes, desteñidas,
    sin voz y sin color, saben secretos
de las épocas muertas, de las vidas
que ya nadie conserva en la memoria,
y a veces a los hombres, cuando inquietos
las miran y las palpan, con extrañas
voces de agonizante, dicen, paso,
casi al oído, alguna rara historia
que tiene obscuridad de telarañas,
són de laúd, y suavidad de raso.

¡ Colores de anticuada miniatura,
hoy, de algún mueble en el cajón, dormida,
cincelado puñal, carta borrosa,
tabla en que se deshace la pintura
por el tiempo y el polvo ennegrecida,
histórico blasón, donde se pierde
la divisa latina, presuntuosa,
medio borrada por el liquen verde,
misales de las viejas sacristías,
de otros siglos fantásticos espejos
que en el azogue de las lunas frías
guardáis de lo pasado los reflejos ;
arca, en un tiempo de ducados llena,—
crucifijo que tanto moribundo
humedeció con lágrimas de pena
y besó con amor grave y profundo ;
negro sillón de Córdoba, alacena
que guardaba un tesoro peregrino
y donde anida la polilla sola,
sortija que adornaste el dedo fino

de algún hidalgo de espadín y gola,
mayúsculas del viejo pergamino,
batista tenue que a vainilla hueles,
seda que te deshaces en la trama
confusa de los ricos brocateles,
arpa olvidada que al sonar, te quejas;
barrotes que formáis un monograma
incomprensible en las antiguas rejas,
¡el vulgo os huye, el soñador os ama,
y en vuestra muda sociedad reclama
las confidencias de las cosas viejas!

El pasado perfuma los ensueños
con esencias fantásticas y añejas,
y nos lleva a lugares halagüeños
en épocas distantes y mejores;
¡por eso a los poetas soñadores,
les son dulces, gratísimas y caras,
las crónicas, historias y consejas,
las formas, los estilos, los colores,
las sugestiones místicas y raras
y los perfumes de las cosas viejas.

187.   *Un poema*

SOÑABA en ese entonces en forjar un poema,
de arte nervioso y nuevo, obra audaz y suprema.

Escogí entre un asunto grotesco y otro trágico,
llamé a todos los ritmos con un conjuro mágico,

y los ritmos indóciles vinieron acercándose,
juntándose en las sombras, huyéndose y buscándose,

345

ritmos sonoros, ritmos potentes, ritmos graves,
unos cual choque de armas, otros cual canto de aves;

de Oriente hasta Occidente, desde el Sur hasta el Norte
de metros y de formas se presentó la corte.

Tascando frenos áureos bajo las riendas frágiles
cruzaron los tercetos, como corceles ágiles;

abriéndose ancho paso por entre aquella grey,
vestido de oro y púrpura llegó el soneto rey,

y allí cantaron todos... Entre la algarabía
me fascinó el espíritu por su coquetería,

alguna estrofa aguda, que excitó mi deseo,
con el retintín claro de su campanilleo.

Y la escogí entre todas... Por regalo nupcial
le di unas rimas ricas, de plata y de cristal.

En ella conté un cuento, que huyendo lo servil,
tomó un carácter trágico, fantástico y sutil;

era la historia triste, desprestigiada y cierta
de una mujer hermosa, idolatrada y muerta;

y para que sintieran la amargura, ex profeso,
junté silabas dulces, como el sabor de un beso,

bordé las frases de oro, les di música extraña,
como de mandolinas que un laúd acompaña;

dejé en una luz vaga las hondas lejanías
llenas de nieblas húmedas y de melancolías,

y por el fondo obscuro, como en mundana fiesta,
cruzan ágiles máscaras al compás de la orquesta,

envueltas en palabras que ocultan como un velo,
y con caretas negras de raso y terciopelo ;

cruzar hice en el fondo las vagas sugestiones
de sentimientos místicos y humanas tentaciones ...

Complacido en mis versos, con orgullo de artista,
les di olor de heliotropos y color de amatista ...

Le mostré mi poema a un crítico estupendo ...
y lo leyó cuatro veces, y me dijo ... « ¡ No entiendo ! »

188.   *Día de Difuntos*

LA luz vaga ... opaco el día ...
La llovizna cae y moja
con sus hilos penetrantes la ciudad desierta y fría ;
por el aire, tenebrosa, ignorada mano arroja
un obscuro velo opaco, de letal melancolía,
y no hay nadie que en lo íntimo no se aquiete y se recoja
al mirar las nieblas grises en la atmósfera sombría,
y al oir en las alturas
melancólicas y obscuras
los acentos dejativos
y tristísimos e inciertos
con que suenan las campanas,
las campanas plañideras,
que les hablan a los vivos
de los muertos.

Y hay algo angustioso e incierto
que mezcla a ese sonido su sonido,
e inarmónico vibra en el concierto

que alzan los bronces al tocar a muerto
por todos los que han sido.
Es la voz de la campana
que va marcando la hora
hoy lo mismo que mañana,
rítmica, igual y sonora ;
una campana se queja
y la otra campana llora,
ésta tiene voz de vieja
y esa de niña que ora.

Las campanas más grandes que dan un doble recio
suenan con acento de místico desprecio ;
mas la campana que da la hora
ríe, no llora ;
tiene en su timbre seco sutiles armonías ;
su voz parece que habla de fiestas, de alegrías,
de citas, de placeres, de cantos y de bailes,
de las preocupaciones que llenan nuestros días ;
es una voz del siglo entre un coro de frailes,
y con sus notas se ríe
escéptica y burladora
de la campana que gime,
de la campana que implora,
y de cuanto aquel coro conmemora ;
y es que con su retintín
ella midió el dolor humano
y marcó del dolor el fin.

Por eso se ríe del grave esquilón
que suena allá arriba con fúnebre són ;
por eso interrumpe los tristes conciertos
con que el bronce santo llora por los muertos.
No la oigáis, oh bronces, no la oigáis, campanas,

que con la voz grave de ese clamoreo
rogáis por los seres que duermen ahora
lejos de la vida, libres del deseo,
lejos de las rudas batallas humanas;
seguid en el aire vuestro bamboleo,
¡ no la oigáis, campanas!...
Contra lo imposible ¿ qué puede el deseo ?

Allá arriba suena, rítmica y sonora,
esa voz de oro,
y sin que lo impidan sus graves hermanas
que rezan en coro,
la campana del reloj
suena, suena, suena ahora,
y dice que ella marcó,
con vibración sonora,
de los olvidos la hora;
que después de la velada
que pasó cada difunto
en una sala enlutada
y con la familia junto
en dolorosa actitud,
mientras la luz de los cirios
alumbraba el ataúd
y las coronas de lirios;
que después de la tristura,
de los gritos de dolor,
de las frases de amargura,
del llanto conmovedor,
marcó ella misma el momento
en que con la languidez
del luto, huyó el pensamiento
del muerto, y el sentimiento,
seis meses más tarde... o diez.

Y hoy, día de muertos . . . ahora que flota
en las nieblas grises la melancolía,
en que la llovizna cae gota a gota
y con sus tristezas los nervios embota,
y envuelve en un manto la ciudad sombría;
ella, que ha marcado la hora y el día
en que al año justo un vestido aéreo
estrena la niña, cuya madre duerme
olvidada y sola en el cementerio;
suena indiferente a la voz de fraile
del esquilón grave y a su canto serio;
ella, que ha marcado la hora precisa
en que a cada boca que el dolor sellaba
como por encanto volvió la sonrisa,
esa precursora de la carcajada;
ella, que ha marcado la hora en que el viudo
habló de suicidio y pidió el arsénico,
cuando aun en la alcoba recién perfumada
flotaba el aroma del ácido fénico;
y ha marcado luego la hora en que mudo
por las emociones con que el gozo agobia,
para que lo unieran con sagrado nudo
a la misma iglesia fué con otra novia;
¡ella no comprende nada del misterio
de aquellas quejumbres que pueblan el aire,
y lo ve en la vida todo jocoserio;
y sigue marcando con el mismo modo,
el mismo entusiasmo y el mismo desgaire
la huída del tiempo que lo borra todo!

Y eso es lo angustioso e incierto
que flota en el sonido;
esa es la nota irónica que vibra en el concierto
que alzan los bronces al tocar a muerto

por todos los que han sido.
Es la voz fina y sutil
de vibraciones de cristal
que con acento juvenil,
indiferente al bien y al mal,
mide lo mismo la hora vil
que la sublime y la fatal,
y resuena en las alturas
melancólicas y obscuras
sin tener en su tañido
claro, rítmico y sonoro,
los acentos dejativos
y tristísimos e inciertos
de aquel misterioso coro
con que suenan las campanas...
¡ las campanas plañideras
que les hablan a los vivos
de los muertos ! ...

RUBÉN DARÍO

1867-1916

189.   *Sonatina*

LA princesa está triste... ¿Qué tendrá la princesa?
los suspiros se escapan de su boca de fresa,
que ha perdido la risa, que ha perdido el color.
La princesa está pálida en su silla de oro,
está mudo el teclado de su clave sonoro,
y en un vaso olvidada se desmaya una flor.

El jardín puebla el triunfo de los pavos reales,
parlanchina, la dueña dice cosas banales,
y vestido de rojo piruetea el bufón.

351

La princesa no ríe, la princesa no siente;
la princesa persigue por el cielo de Oriente
la libélula vaga de una vaga ilusión.

¿ Piensa acaso en el príncipe de Golconda o de China
o en el que ha detenido su carroza argentina
para ver de sus ojos la dulzura de luz?
O en el rey de las islas de las rosas fragantes,
o en el que es soberano de los claros diamantes,
o en el dueño orgulloso de las perlas de Ormuz?

¡ Ay !, la pobre princesa de la boca de rosa
quiere ser golondrina, quiere ser mariposa,
tener alas ligeras, bajo el cielo volar,
ir al sol por la escala luminosa de un rayo,
saludar a los lirios con los versos de mayo,
o perderse en el viento sobre el trueno del mar.

Ya no quiere el palacio, ni la rueca de plata,
ni el balcón encantado, ni el bufón escarlata,
ni los cisnes unánimes en el lago de azur.
Y están tristes las flores por la flor de la corte;
los jazmines de Oriente, los nelumbos del Norte,
de Occidente las dalias y las rosas del Sur.

¡ Pobrecita princesa de los ojos azules !
Está presa en sus oros, está presa en sus tules,
en la jaula de mármol del palacio real;
el palacio soberbio que vigilan los guardas,
que custodian cien negros con sus cien alabardas,
un lebrel que no duerme y un dragón colosal.

¡ Oh, quién fuera hipsipila que dejó la crisálida !
(La princesa está triste. La princesa está pálida)

¡ oh visión adorada de oro, rosa y marfil !
¡ Quién volara a la tierra donde un príncipe existe
(La princesa está pálida.   La princesa está triste)
más brillante que el alba, más hermosa que abril !

Calla, calla, princesa — dice el hada madrina — ;
en caballo con alas hacia acá se encamina,
en el cinto la espada y en la mano el azor,
el feliz caballero que te adora sin verte,
y que llega de lejos, vencedor de la Muerte,
a encenderte los labios con su beso de amor.

190.   *Un Soneto a Cervantes*

HORAS de pesadumbre y de tristeza
        paso en mi soledad.   Pero Cervantes
es buen amigo.   Endulza mis instantes
ásperos, y reposa mi cabeza.

Él es la vida y la naturaleza,
regala un yelmo de oros y diamantes
a mis sueños errantes.
Es para mí : suspira, ríe y reza.

Cristiano y amoroso y caballero
parla como un arroyo cristalino.
¡ Así le admiro y quiero,

viendo cómo el destino
hace que regocije al mundo entero
la tristeza inmortal de ser divino !

191. *Canción de Otoño en Primavera*

JUVENTUD, divino tesoro,
 ya te vas para no volver !
Cuando quiero llorar, no lloro...
y a veces lloro sin querer...

 Plural ha sido la celeste
historia de mi corazón.
Era una dulce niña en este
mundo de duelo y aflicción.

 Miraba como el alba pura ;
sonreía como una flor.
Era su cabellera obscura
hecha de noche y de dolor.

 Yo era tímido como un niño.
Ella, naturalmente, fué,
para mi amor hecho de armiño,
Herodías y Salomé...

 ¡ Juventud, divino tesoro,
ya te vas para no volver ! ..
Cuando quiero llorar, no lloro,
y a veces lloro sin querer...

 La otra fué más sensitiva,
y más consoladora y más
halagadora y expresiva,
cual no pensé encontrar jamás.

RUBÉN DARÍO

Pues a su continua ternura
una pasión violenta unía.
En un peplo de gasa pura
una bacante se envolvía ...

En sus brazos tomó mi ensueño
y lo arrulló como a un bebé ...
Y le mató, triste y pequeño,
falto de luz, falto de fe ...

¡ Juventud, divino tesoro,
te fuiste para no volver !
Cuando quiero llorar, no lloro,
y a veces lloro sin querer ...

Otra juzgó que era mi boca
el estuche de su pasión ;
y que me roería, loca,
con sus dientes el corazón,

poniendo en un amor de exceso
la mira de su voluntad,
mientras eran abrazo y beso
síntesis de la eternidad ;

y de nuestra carne ligera
imaginar siempre un Edén,
sin pensar que la Primavera
y la carne acaban también ...

¡ Juventud, divino tesoro,
ya te vas para no volver !
¡ Cuando quiero llorar, no lloro,
y a veces lloro sin querer !

¡ Y las demás !   En tantos climas,
en tantas tierras, siempre son,
si no pretextos de mis rimas,
fantasmas de mi corazón.

En vano busqué a la princesa
que estaba triste de esperar.
La vida es dura.   Amarga y pesa..
¡ Ya no hay princesa que cantar !

Mas a pesar del tiempo terco,
mi sed de amor no tiene fin ;
con el cabello gris, me acerco
a los rosales del jardín . . .

Juventud, divino tesoro,
ya te vas para no volver . . .
Cuando quiero llorar, no lloro,
y a veces lloro sin querer . . .

¡ Mas es mía el Alba de oro !

192.   *¡Eheu!*

AQUÍ, junto al mar latino,
        digo la verdad :
siento en roca, aceite y vino
yo mi antigüedad.

¡ Oh, qué anciano soy, Dios santo !
¡ Oh, qué anciano soy ! . . .
¿ De dónde viene mi canto ?
Y yo, ¿ adónde voy ?

El conocerme a mí mismo
que me va costando
muchos momentos de abismo
y el cómo y el cuándo...

Y esta claridad latina,
¿ de qué me sirvió
a la entrada de la mina
del yo y el no yo ?...

Nefelibata contento
creo interpretar
las confidencias del viento,
la tierra y el mar...

Unas vagas confidencias
del ser y el no ser,
y fragmentos de conciencias
de ahora y de ayer.

Como en medio de un desierto
me puse a clamar ;
y miré el sol como muerto
y me eché a llorar.

193.   *Eco y Yo*

— ECO, divina y desnuda,
       como el diamante del agua,
mi musa estos versos fragua
y necesita tu ayuda,
pues sola peligros teme.
        — ¡ Heme !
     — Tuve en momentos distantes,
            antes,

que amar los dulces cabellos
       bellos,
de la ilusión que primera
       era,
en mi alcázar andaluz
       luz,
en mi palacio de moro
       oro,
en mi mansión dolorosa
       rosa.
Se apagó como una estrella
       ella.
Deja, pues, que me contriste.
       — ¡ Triste !
¡ Se fué el instante oportuno !
       — ¡ Tuno !
— ¿ Por qué, si era yo suave
       ave,
que sobre el haz de la tierra
       yerra
y el reposo de la rama
       ama ?
Guióme por varios senderos
       Eros,
mas no se portó tan bien
       en
esquivarme los risueños
       sueños,
que hubieran dado a mi vida
       ida,
menos crueles mordeduras
       duras.
Mas hoy el duelo aun me acosa.
       — ¡ Osa !

— ¡ Osar, si el dolor revuela !
     — ¡ Vuela !
— Tu voz ya no me convence.
     — vence.
— ¡ La suerte errar me demanda !
     — ¡ Anda !
— Mas de Ilusión las simientes ...
     — ¡ Mientes !
— ¿ Y ante la desesperanza ?
     — Esperanza.
Y hacia el vasto porvenir
     ir.
— Tu acento es bravo, aunque seco,
     Eco.
Sigo, pues, mi rumbo, errante,
     ante
los ojos de las rosadas
     hadas.
Gusté de Amor hidromieles,
     mieles ;
probé de Horacio divino,
     vino ;
Entretejí en mis delirios
     lirios.
Lo fatal con sus ardientes
     dientes
apretó mi conmovida
     vida ;
mas me libró en toda parte
     arte.
Lista está a partir mi barca,
     arca,
do va mi gala suprema.
     — Rema.

— Un blando mar se consigue.
    — Sigue.
— La aurora rosas reparte.
    — ¡ Parte !
Y a la ola que te admira
    mira,
y a la sirena que encanta
    ¡ canta !

JOSÉ MARÍA GABRIEL Y GALÁN

1870–1905

194.   *Los Pastores de mi Abuelo*

I

HE dormido en la majada sobre un lecho de lentiscos
embriagado por el vaho de los húmedos apriscos
y arrullado por murmullos de mansísimo rumiar ;
  he comido pan sabroso con entrañas de carnero
que guisaron los pastores en blanquísimo caldero
suspendido de las llares sobre el fuego del hogar.

  Y al arrullo soñoliento de monótonos hervores,
he charlado largamente con los rústicos pastores
y he buscado en sus sentires algo bello que decir...
  ¡ Ya se han ido, ya se han ido ! Ya no encuentro en
   la comarca
los pastores de mi abuelo, que era un viejo patriarca
con pastores y vaqueros que rimaban el vivir !

  Se acabaron para siempre los selváticos juglares
que alegraban las majadas con historias y cantares
y romances peregrinos de muchísimo sabor ;

JOSÉ MARÍA GABRIEL Y GALÁN

Para siempre se acabaron los ingenuos narradores
de las trágicas leyendas de fantásticos amores
y contiendas fabulosas de los hombres del honor.

¡ Ya se han ido, ya se han ido ! Los que habitan sus
     majadas
ya no riman, ya no cantan villancicos y tonadas
y fantásticas leyendas que encantaban mi niñez.
Han perdido los vigores y las vírgenes frescuras
de los cuerpos y las almas que bebieron aguas puras
de veneros naturales de exquisita limpidez.

¡ Ya no riman, ya no cantan ! Ya no piden al viajero
que les cuente la leyenda del gentil aventurero,
la princesa encarcelada y el enano encantador.
Ya no piden aquel cuento de la azada y el tesoro,
ni la historia fabulosa de la guerra con el moro,
ni el romance tierno y bello de la Virgen y el pastor.

¡ He dormido en la majada ! Blasfemaban los pastores,
maldiciendo la fortuna de los amos y señores
que habitaban los palacios de la mágica ciudad ;
y gruñían rencorosos como perros amarrados
venteando los placeres y blandiendo los cayados
que heredaron de otros hombres como cetros de la paz.

II

Yo quisiera que tornaran a mis chozos y casetas
las estirpes patriarcales de selváticos poetas,
tañedores montesinos de la gaita y el rabel,
que mis campos empapaban en la intensa melodía
de una música primera que en los senos se fundía
de silencios transparentes, más sabrosos que la miel.

361

JOSÉ MARÍA GABRIEL Y GALÁN

Una música tan virgen como el aura de mis montes,
tan serena como el cielo de sus amplios horizontes,
tan ingenua como el alma del artista montaraz,
  tan sonora como el viento de las tardes abrileñas,
tan suave como el paso de las aguas ribereñas,
tan tranquila como el curso de las horas de la paz.

Una música fundida con balidos de corderos,
con arrullos de palomas y mugidos de terneros,
con chasquidos de la honda del vaquero silbador,
  con rodar de regatillos entre peñas y zarzales,
con zumbidos de cencerros y cantares de zagales
de precoces zagalillos que barruntan ya el amor !

Una música que dice cómo suenan en los chozos
las sentencias de los viejos y las risas de los mozos,
y el silencio de las noches en la inmensa soledad,
  y el hervir de los calderos en las lumbres pavorosas,
y el llover de los abismos en las noches tenebrosas,
y el ladrar de los mastines en la densa obscuridad.

Yo quisiera que la musa de la gente campesina
no durmiese en las entrañas de la vieja hueca encina
donde herida por los tiempos, hosca y brava se encerró.
  Yo quisiera que las puntas de sus alas vigorosas
nuevamente restallaran en las frentes tenebrosas
de esta raza cuya sangre la codicia envenenó.

Yo quisiera que encubriesen las zamarras de pellejo
pechos fuertes con ingenuos corazones de oro viejo
penetrados de la calma de la vida montaraz.
  Yo quisiera que en el culto de los montes abrevados,
sacerdotes de los montes, ostentaran sus cayados
como símbolos de un culto, como cetros de la paz.

JOSÉ MARÍA GABRIEL Y GALÁN

Yo quisiera que vagase por los rústicos asilos,
no la casta fabulosa de fantásticos Batilos
que jamás en las majadas de mis montes habitó,
   sino aquella casta de hombres vigorosos y severos,
más leales que mastines, más sencillos que corderos,
más esquivos que lobatos ¡ más poetas ¡ ay ! que yo !

   ¡ Más poetas ! Los que miran silenciosos hacia Oriente
y saludan a la aurora con la estrofa balbuciente
que derraman, sin saberlo, de la gaita pastoril,
   son los hijos naturales de la musa campesina
que les dicta mansamente la tonada matutina
con que sienten las auroras del sereno mes de Abril.

   ¡ Más poetas, más poetas ! Los artistas inconscientes
que se sientan por las tardes en las peñas eminentes
y modulan, sin quererlo, melancólico cantar,
   son las almas empapadas en la rica poesía
melancólica y suave que destila la agonía
dolorida y perezosa de la luz crepuscular.

   ¡ Más poetas, más poetas ! Los que riman sus sentires
cuando dentro de las almas cristalizan en decires
que en los senos de los campos se derraman sin querer,
   son los hijos elegidos que desnudos amamanta
la pujante brava musa que al oído sólo canta
las sinceras efusiones del dolor y del placer.

   ¡ Más poetas ! Los que viven la feliz monotonía
sin frenéticos espasmos de placer y de alegría
de los cuales las enfermas pobres almas van en pos,
   han saltado, sin saberlo, sobre todas las alturas
y serenos van cantando por las plácidas llanuras
de la vida humilde y fuerte que cantando va hacia Dios.

¡ Que reviva, que rebulla por mis chozos y casetas
la castiza vieja raza de selváticos poetas
que la vida buena vieron y rimaron el vivir !
¡ Que repueblen las campiñas de la clásica comarca
los pastores y vaqueros de mi abuelo el patriarca
que con ellos tuvo un día la fortuna de morir !

GUILLERMO VALENCIA

n. 1872

195.   *Leyendo a Silva*

VESTÍA traje suelto de recamado biso
    en voluptuosos pliegues de un color indeciso,

y en el diván tendida, de rojo terciopelo,
sus manos, como vivas parásitas de hielo,

sostenían un libro de corte fino y largo,
un libro de poemas delicioso y amargo.

De aquellos dedos pálidos la tibia yema blanda
rozaba tenuemente con el papel de Holanda

por cuyas blancas hojas vagaron los pinceles
de los más refinados discípulos de Apeles :

era un lindo manojo que en sus claros lucía
los sueños más audaces de la Crisografía ;

sus cuerpos de serpiente dilatan las mayúsculas
que desde el ancho margen acechan las minúsculas,

o trazan por los bordes caminos plateados
los lentos caracoles, babosos y cansados.

Para el poema heroico se vía allí la espada
con un león por puño y contera labrada,

364

donde evocó las formas del ciclo legendario
con sus torres y grifos un pincel lapidario.

Allí la dama gótica de rectilínea cara
partida por las rejas de la viñeta rara ;

allí las hadas tristes de la pasión excelsa ;
la férvida Eloísa, la suspirada Elsa.

Allí los metros raros de musicales timbres :
ya móviles y largos como jugosos mimbres ;

ya diáfanos, que visten la idea levemente
como las albas guijas un río transparente.

Allí la Vida llora y la Muerte sonríe,
y el Tedio, como un ácido, corazones deslíe..

Allí, cual casto grupo de núbiles Citeres,
cruzaban en silencio figuras de mujeres

que vivieron sus vidas, invioladas y solas
como la espuma virgen que circunda las olas :

la rusa de ojos cálidos y de bruno cabello
pasó con sus pinceles de marta y de camello :

la que robó al piano en las veladas frías
parejas voladoras de blancas armonías

que fueron por los vientos perdiéndose una a una
mientras envuelta en sombras se atristaba la luna ...

Aquesa, el pie desnudo, gira como una sombra
que sin hacer ruido pisara por la alfombra

de un templo ... y como el ave que ciega el astro diurno
con sus ojos nictálopes ilumina el *Nocturno*,

do al fatigado beso de las vibrantes clines
un aire triste y vago preludian dos violines...

. . . .

La luna, como un nimbo de Dios, desde el Oriente
dibuja sobre el llano la forma evanescente

de un lánguido mancebo que el tardo paso guía
como buscando un alma, por la pampa vacía.

Busca a su hermana ; un día la negra Segadora
— sobre la mies que el beso primaveral enflora —

abatiendo sus alas, sus alas de murciélago,
hirió a la virgen pálida sobre el dorado piélago,

que cayó como un trigo... Amiguitas llorosas
la vistieron de lirios, la ciñeron de rosas ;

céfiro de las tumbas, un bardo israelita
le cantó cantos tristes de la raza maldita

a ella, que en su lecho de gasas y de blondas,
se asemejaba a Ofelia mecida por las ondas :

por ella va buscando su hermano entre las brumas,
de unas alitas rotas las desprendidas plumas,

y por ella... « Pasemos esta doliente hoja
que mi sér atormenta, que mi sueño acongoja,»

dijo entre sí la dama del recamado biso
en voluptuosos pliegues de color indeciso,

y prosiguió del libro las hojas volteando
que ensalza en áureas rimas de són *calino* y blando

los perfumes de Oriente, los vívidos rubíes
y los joyeros mórbidos de sedas carmesíes :

leyó versos que guardan como gastados ecos
de voces muertas ; cantos a ramilletes secos

que hacen crujir, al tacto, cálices inodoros ;
metros que reproducen los gemebundos coros

de las locas campanas que en *El Día de Difuntos*
despiertan con sus voces los muertos cejijuntos,

lanzados en racimos entre las sepulturas
a beberse la sombra de sus noches obscuras . . .

.   .   .   .

. . . Y en el diván tendida, de rojo terciopelo,
sus manos, como vivas parásitas de hielo,

doblaron lentamente la página postrera
que, en gris, mostraba un cuervo sobre una calavera . . .

Y se quedó pensando, pensando en la amargura
que acendran muchas almas ; pensando en la figura

del bardo, que en la calma de una noche sombría,
puso fin al poema de su melancolía ;

¡ exangüe como un mármol de la dorada Atenas,
herido como un púgil de itálicas arenas,

unió la faz de un Numen dulcemente atediado
a la ideal Belleza del estigmatizado ! . . .

Ambicionar las túnicas que modelaba Grecia,
y los desnudos senos de la gentil Lutecia ;

pedir en copas de ónix el ático nepentes ;
querer ceñir en lauros las pensativas frentes ;

ansiar para los triunfos el hacha de un Arminio ;
buscar para los goces el oro del triclinio ;

amando los detalles, odiar el Universo ;
sacrificar un mundo para pulir un verse ;

querer remos de águila y garras de leones
con que domar los vientos y herir los corazones ;

para gustar lo exótico que el ánimo idolatra
esconder entre flores el áspid de Cleopatra ;

seguir los ideales en pos de Don Quijote
que en el Azul divaga de su rocín al trote ;

esperar en la noche las trémulas escalas
que arrebaten ligeras a las etéreas salas ;

oír los mudos ecos que pueblan los santuarios,
amar las hostias blancas ; amar los incensarios

(poetas que diluyen en el espacio inmenso
sus ritmos perfumados de vagoroso incienso) ;

sentir en el espíritu brisas primaverales
ante los viejos monjes y los rojos misales ;

tener la frente en llamas y los pies entre lodo ;
querer sentirlo, verlo y adivinarlo todo :

eso fuiste, ¡ oh poeta ! Los labios de tu herida
blasfeman de los hombres, blasfeman de la vida,

modulan el gemido de las desesperanzas,
¡ oh místico sediento que en el raudal te lanzas !

.   .   .   .

¡ Oh Señor Jesucristo ! ¡ por tu herida del pecho
perdónalo ! ¡ perdónalo ! ¡ desciende hasta su lecho

de piedra a despertarlo ! con tus manos divinas
enjuga de su sangre las ondas purpurinas . . .

Pensó mucho : sus páginas suelen robar la calma ;
sintió mucho : sus versos saben partir el alma ;

amó mucho : circulan ráfagas de misterio
entre los negros pinos del blanco cementerio ...

. . . .

No manchará su lápida epitafio doliente :
tallad un verso en ella, pagano y decadente,

digno del fresco Adonis en muerte de Afrodita :
un verso como el hálito de una rosa marchita,

que llore su caída, que cante su belleza,
que cifre sus ensueños, que diga su tristeza ! ...

. . . .

¡ Amor ! dice la dama del recamado biso
en voluptuosos pliegues de color indeciso.

¡ Dolor ! dijo el poeta : los labios de su herida
blasfeman de los hombres, blasfeman de la vida.

modulan el gemido de la desesperanza :
fué el místico sediento que en el raudal se lanza.

Su muerte fué la muerte de una lánguida anémona,
se evaporó su vida como la de Desdémona ;

ebrio del vino amargo con que el dolor embriaga
y a los fulgores trémulos de un cirio que se apaga ...

¡ Así rindió su aliento, bajo un sitial de seda,
el último nacido del viejo Cisne y Leda ... !

MANUEL MACHADO

n. 1874

196.   *Adelfos*

YO soy como las gentes que a mi tierra vinieron;
    soy de la raza mora, vieja amiga del Sol...
que todo lo ganaron y todo lo perdieron.
Tengo el alma de nardo del árabe español.

Mi voluntad se ha muerto una noche de luna
en que era muy hermoso no pensar ni querer...
Mi ideal es tenderme, sin ilusión ninguna...
De cuando en cuando un beso y un nombre de mujer.

En mi alma, hermana de la tarde, no hay contornos,
  ..y la rosa simbólica de mi única pasión
es una flor que nace en tierras ignoradas
y que no tiene aroma, ni forma, ni color.

Besos, ¡ pero no darlos ! ¡ Gloria, la que me deben;
que todo como un aura se venga para mí !
Que las olas me traigan y las olas me lleven,
y que jamás me obliguen el camino a elegir.

¡ Ambición ! no la tengo. ¡ Amor ! no lo he sentido
No ardí nunca en un fuego de fe ni gratitud.
Un vago afán de arte tuve... Ya lo he perdido.
Ni el vicio me seduce, ni adoro la virtud.

De mi alta aristocracia, dudar jamás se pudo.
No se ganan, se heredan, elegancia y blasón.
...Pero el lema de casa, el mote del escudo,
es una nube vaga que eclipsa un vano sol.

370

Nada os pido. Ni os amo, ni os odio. Con dejarme,
lo que hago por vosotros hacer podéis por mí.
... Que la vida se tome la pena de matarme,
ya que yo no me tomo la pena de vivir ! ...

Mi voluntad se ha muerto una noche de luna
en que era muy hermoso no pensar ni querer ...
De cuando en cuando un beso, sin ilusión ninguna.
¡ El beso generoso que no he de devolver !

197.   *Felipe IV*

NADIE más cortesano ni pulido
que nuestro Rey Felipe, que Dios guarde,
siempre de negro hasta los pies vestido.

Es pálida su tez como la tarde,
cansado el oro de su pelo undoso
y de sus ojos, el azul, cobarde.

Sobre su augusto pecho generoso
ni joyeles perturban ni cadenas
el negro terciopelo silencioso.

Y, en vez de cetro real, sostiene apenas,
con desmayo galán, un guante de ante
la blanca mano de azuladas venas.

371

198. *Épica española: Los Conquistadores*

COMO creyeron, solos, lo increíble,
sucedió : que los límites del sueño
traspasaron, y el mar, y el imposible.
... Y es todo elogio a su valor, pequeño.

Y el Poema es su nombre. Todavía
decir Cortés, Pizarro o Alvarado,
contiene más grandeza y más poesía
de cuanta en este mundo se ha rimado.

Capitanes de ensueño y de quimera,
rompiendo para siempre el horizonte,
persiguieron al sol en su carrera.

Y el mar — alzado hasta los cielos, monte —
es, entre ambas Españas,
solo digno cantor de sus hazañas.

199. *Cantaora*

« LA Lola,
la Lola se va a los Puertos.
La Isla se queda sola. »
Y esta Lola, ¿ quién será
que así se ausenta, dejando
la Isla de San Fernando
tan sola cuando se va ? ...

Sevillanas,
chuflas, tientos, marianas,
tarantas, « tonás », livianas . . .
Peteneras,
« soleares », « soleariyas »,
polos, cañas, « seguiriyas »,
martinetes, carceleras . . .
Serranas, cartageneras.
Malagueñas, granadinas.
Todo el cante de Levante,
todo el cante de las minas,
todo el cante . . .

que cantó tía Salvaora,
la Trini, la Coquinera,
la Pastora . . .
y el Fillo, y el Lebrijano,
y Curro Pablo, su hermano,
Proita, Moya, Ramoncillo,
Tobalo — inventor del polo —;
Silverio, Chacón, Manolo
Torres, Juanelo, Maoliyo . . .

Ni una ni uno
— cantaora o cantaor —,
llenando toda la lista,
desde Diego el Picaor
a Tomás el Papelista,
ni los vivos ni los muertos,
cantó una copla mejor
que la Lola . . .
Esa que se va a los Puertos
y la Isla se queda sola.

200.   *Campos de Soria*

VI

¡ SORIA fría, *Soria pura,*
   cabeza de Extremadura,
con su castillo guerrero
arruinado, sobre el Duero;
con sus murallas roídas
y sus casas denegridas!

   ¡ Muerta ciudad de señores
soldados o cazadores ;
de portales con escudos
de cien linajes hidalgos,
y de famélicos galgos,
de galgos flacos y agudos,
que pululan
por las sórdidas callejas,
y a media noche ululan,
cuando graznan las cornejas!

   ¡ Soria fría! La campana
de la Audiencia da la una.
Soria, ciudad castellana,
¡tan bella! bajo la luna.

VII

   ¡ Colinas plateadas,
grises alcores, cárdenas roquedas
por donde traza el Duero
su curva de ballesta
en torno a Soria : obscuros encinares,
ariscos pedregales, calvas sierras,
caminos blancos y álamos del río,
tardes de Soria, mística y guerrera,
hoy siento por vosotros, en el fondo

374

del corazón, tristeza,
tristeza que es amor! ¡ Campos de Soria!
donde parece que las rocas sueñan,
conmigo vais! ¡ Colinas plateadas,
grises alcores, cárdenas roquedas!

VIII

He vuelto a ver los álamos dorados,
álamos del camino en la ribera
del Duero, entre San Polo y San Saturio,
tras las murallas viejas
de Soria — barbacana
hacia Aragón, en castellana tierra.

Estos chopos del río, que acompañan
con el sonido de sus hojas secas
el son del agua cuando el viento sopla,
tienen en sus cortezas
grabados iniciales que son nombres
de enamorados, cifras que son fechas.
¡ Álamos del amor que ayer tuvisteis
de ruiseñores vuestras ramas llenas ;
álamos que seréis mañana liras
del viento perfumado en primavera ;
álamos del amor cerca del agua
que corre y pasa y sueña,
álamos de las márgenes del Duero,
conmigo vais, mi corazón os lleva !

IX

¡ Oh !, sí, conmigo vais, campos de Soria
tardes tranquilas, montes de violeta,
alamedas del río, verde sueño
del suelo gris y de la parda tierra,
agria melancolía
de la ciudad decrépita,

me habéis llegado al alma,
¿ o acaso estabais en el fondo de ella ?
¡ Gentes del alto llano numantino
que a Dios guardáis como cristianas viejas,
que el sol de España os llene
de alegría, de luz y de riqueza !

201.   *Galerías*

I

DESGARRADA la nube ; el arco iris
       brillando ya en el cielo,
y en un fanal de lluvia
y sol el campo envuelto.

Desperté. ¿ Quién enturbia
los mágicos cristales de mi sueño ?
Mi corazón latía
atónito y disperso.

. . . ¡ El limonar florido,
el cipresal del huerto,
el prado verde, el sol, el agua, el iris . . .
¡ el agua en tus cabellos !

Y todo en la memoria se perdía
como una pompa del jabón al viento.

II

Y era el demonio de mi sueño, el ángel
más hermoso. Brillaban
como aceros los ojos victoriosos,
y las sangrientas llamas
de su antorcha alumbraron
la honda cripta del alma.

—¿ Vendrás conmigo ? — No, jamás ; las tumbas
y los muertos me espantan.
Pero la férrea mano
mi diestra atenazaba.

—Vendrás conmigo . . . Y avancé en mi sueño
cegado por la roja luminaria.
Y en la cripta sentí sonar cadenas
y rebullir de fieras enjauladas.

III

Desde el umbral de un sueño me llamaron . . .
Era la buena voz, la voz querida.

—¿ Dime : vendrás conmigo a ver el alma ? . . .
Llegó a mi corazón una caricia.

—Contigo siempre . . . Y avancé en mi sueño
por una larga, escueta galería,
sintiendo el roce de la veste pura
y el palpitar suave de la mano amiga.

VI

Llamó a mi corazón, un claro día,
con un perfume de jazmín, el viento.

—A cambio de este aroma,
todo el aroma de tus rosas quiero.
—No tengo rosas ; flores
en mi jardín no hay ya : todas han muerto.

Me llevaré los llantos de las fuentes,
las hojas amarillas y los mustios pétalos.
Y el viento huyó . . . Mi corazón sangraba . . .
Alma, ¿ qué has hecho de tu pobre huerto ?

VII

Hoy buscarás en vano
a tu dolor consuelo.

Lleváronse tus hadas
el lino de tus sueños.
Está la fuente muda,
y está marchito el huerto.
Hoy sólo quedan lágrimas
para llorar. No hay que llorar, ¡silencio!

VIII

Y nada importa ya que el vino de oro
rebose de tu copa cristalina,
o el agrio zumo enturbie el puro vaso...

Tú sabes las secretas galerías
del alma, los caminos de los sueños
y la tarde tranquila
donde van a morir... Allí te aguardan

las hadas silenciosas de la vida,
y hacia un jardín de eterna primavera
te llevarán un día.

202.   *A José María Palacio*

PALACIO, buen amigo,
¿ está la primavera
vistiendo ya las ramas de los chopos
del río y los caminos? En la estepa
del alto Duero, Primavera tarda,
¡ pero es tan bella y dulce cuando llega!..
¿ Tienen los viejos olmos
algunas hojas nuevas?

Aun las acacias estarán desnudas
y nevados los montes de las sierras.
¡ Oh, mole del Moncayo blanca y rosa,
allá, en el cielo de Aragón, tan bella !
¿ Hay zarzas florecidas
entre las grises peñas,
y blancas margaritas
entre la fina hierba ?
Por esos campanarios
ya habrán ido llegando las cigüeñas.
Habrá trigales verdes,
y mulas pardas en las sementeras,
y labriegos que siembran los tardíos
con las lluvias de abril. Ya las abejas
libarán del tomillo y el romero.
¿ Hay ciruelos en flor ? ¿ Quedan violetas ?
Furtivos cazadores, los reclamos
de la perdiz bajo las capas luengas,
no faltarán. Palacio, buen amigo,
¿ tienen ya ruiseñores las riberas ?
Con los primeros lirios
y las primeras rosas de las huertas,
en una tarde azul, sube al Espino,
al alto Espino donde está su tierra . . .

203.   *A Xavier Valcarce*

                         . . . En el intermedio de la primavera.

VALCARCE, dulce amigo, si tuviera
      la voz que tuve antaño, cantaría
el intermedio de tu primavera
— porque aprendiz he sido de ruiseñor un día —,
y el rumor de tu huerto — entre las flores
el agua oculta corre, pasa y suena

por acequias, regatos y atanores —,
y el inquieto bullir de tu colmena,
y esa doliente juventud que tiene
ardores de faunalias,
y que pisando viene
la huella a mis sandalias.

Mas hoy . . . ¿será porque el enigma grave
me tentó en la desierta galería,
y abrí con una diminuta llave
el ventanal del fondo que da a la mar sombría?
¿Será porque se ha ido
quien asentó mis pasos en la tierra,
y en este nuevo ejido
sin rubia mies, la soledad me aterra?

No sé, Valcarce, mas cantar no puedo;
se ha dormido la voz en mi garganta,
y tiene el corazón un salmo quedo.
Ya sólo reza el corazón, no canta.

Mas hoy, Valcarce, como un fraile viejo
puedo hacer confesión, que es dar consejo.

En este día claro, en que descansa
tu carne de quimeras y amoríos
— así en amplio silencio se remansa
el agua bullidora de los ríos —,
no guardes en tu cofre la galana
veste dominical, el limpio traje,
para llenar de lágrimas mañana
la mustia seda y el marchito encaje,
sino viste, Valcarce, dulce amigo,
gala de fiesta para andar contigo.

Y cíñete la espada rutilante,
y lleva tu armadura,
el peto de diamante
debajo de la blanca vestidura.

¡ Quién sabe ! Acaso tu domingo sea
la jornada guerrera y laboriosa,
el día del Señor, que no reposa,
el claro día en que el Señor pelea.

204.   *Del pasado efímero*

ESTE hombre del casino provinciano,
    que vió a Cara-ancha recibir un día,
tiene mustia la tez, el pelo cano,
ojos velados de melancolía ;
bajo el bigote gris, labios de hastío,
y una triste expresión, que no es tristeza,
sino algo más y menos : el vacío
del mundo en la oquedad de sa cabeza.
Aun luce de corinto terciopelo
chaqueta y pantalón abotinado,
y un cordobés color de caramclo,
pulido y torneado.
Tres veces heredó ; tres ha perdido
al monte su caudal : dos ha enviudado.
Sólo se anima ante el azar prohibido,
sobre el verde tapete reclinado,
o al evocar la tarde de un torero,
la suerte de un tahur, o si alguien cuenta
la hazaña de un gallardo bandolero,
o la proeza de un matón, sangrienta.
Bosteza de política banales
dicterios al gobierno reaccionario,

y augura que vendrán los liberales,
cual torna la cigüeña al campanario.
Un poco labrador, del cielo aguarda
y al cielo teme; alguna vez suspira,
pensando en su olivar, y al cielo mira
con ojo inquieto, si la lluvia tarda.
Lo demás, taciturno, hipocondríaco,
prisionero en la Arcadia del presente,
le aburre; sólo el humo del tabaco
simula algunas sombras en su frente.
Este hombre no es de ayer ni es de mañana,
sino de nunca; de la cepa hispana
no es el fruto maduro ni podrido,
es una fruta vana
de aquella España que pasó y no ha sido,
esa que hoy tiene la cabeza cana.

205. *A Don Francisco Giner de los Ríos*

COMO se fué el maestro,
la luz de esta mañana
me dijo: Van tres días
que mi hermano Francisco no trabaja.
¿Murió?... Sólo sabemos
que se nos fué por una senda clara,
diciéndonos: Hacedme
un duelo de labores y esperanzas.
Sed buenos y no más, sed lo que he sido
entre vosotros: alma.
Vivid, la vida sigue,
los muertos mueren y las sombras pasan;
lleva quien deja y vive el que ha vivido.
¡Yunques, sonad; enmudeced, campanas!

Y hacia otra luz más pura
partió el hermano de la luz del alba,
del sol de los talleres,
el viejo alegre de la vida santa.

... Oh, sí, llevad, amigos,
su cuerpo a la montaña,
a los azules montes
del ancho Guadarrama.
Allí hay barrancos hondos
de pinos verdes donde el viento canta.
Su corazón repose
bajo una encina casta,
en tierra de tomillos, donde juegan
mariposas doradas ...
Allí el maestro un día
soñaba un nuevo florecer de España.

206.   *Al gran cero*

CUANDO *el Ser que se es* hizo la nada
y reposó, que bien lo merecía,
ya tuvo el día noche, y compañía
tuvo el hombre en la ausencia de la amada.

Fiat umbra! Brotó el pensar humano.
Y el huevo universal alzó, vacío,
ya sin color, desubstanciado y frío,
lleno de niebla ingrávida, en su mano.

Toma el cero integral, la hueca esfera,
que has de mirar, si lo has de ver, erguido.
Hoy que es espalda el lomo de tu fiera,

y es el milagro del no ser cumplido,
brinda, poeta, un canto de frontera
a la muerte, al silencio y al olvido.

JULIO HERRERA Y REISSIG
1875-1910

207.   *La vuelta de los campos*

LA tarde paga en oro divino las faenas ...
  Se ven limpias mujeres vestidas de percales,
trenzando sus cabellos con tilos y azucenas,
o haciendo sus labores de aguja en los umbrales.

  Zapatos claveteados y báculos y chales ...
Dos mozas con sus cántaros se deslizan apenas.
Huye el vuelo sonámbulo de las horas serenas.
Un suspiro de Arcadia peina los matorrales ...

  Cae un silencio austero. .... Del charco que se nimba,
estalla una gangosa balada de marimba.
Los lagos se amortiguan con espectrales lampos;

  Las cumbres, ya quiméricas, corónanse de rosas ...
Y humean, a lo lejos, las rutas polvorosas
por donde los labriegos regresan de los campos.

MIGUEL DE UNAMUNO
1864-1937

208.   *Irrequietum cor*

RECIO Jesús ibero, el de Teresa,
  tú que en la más recóndita morada
del alma mueres, cumple la promesa
que entre abrazos de fe diste a la amada.

  Gozó dolor sabroso, Quijotesa
a lo divino, que dejó asentada
nuestra España inmortal cuya es la empresa:
sólo existe lo eterno: Dios o nada!

  Si él se hizo hombre para hacernos dioses,
mortal para librarnos de la muerte,
qué mucho, osado corazón, que así oses

  romper los grillos de la humana suerte
y que en la negra vida no reposes
bregando sin cegar por poseerte?

209. *Contestando a la llamada del Dios de España que tiene su trono en Gredos*

«¡MIGUEL! ¡Miguel!» Aquí, Señor, desnudo
me tienes a tu pie, santa montaña,
roca desnuda, corazón de España
y gracias, pues que no me sigues mudo.

Tu pan, hecho del aire, está ya lludo,
y pues tu sangre desde el sol me baña
capaz me siento de cualquier hazaña
bajo el dosel de tu celeste escudo.

¡Comer y trabajar, no! Quiero y hago;
mi obra, esto es, mi vida, mi fe abona
— mi obra al borde del común estrago —,

sólo espero de Ti —¡ Señor, perdona! —
des a mi vida, des a mi obra en pago
una muerte inmortal como corona.

210.

ME acuerdo del dechado de tu abuela,
de abecedario gótico de trazo,
bordado en el pajizo cañamazo
de sus días lijeros de la escuela.

Desprendíase de él, como una estela
espiritual, el nimbo del abrazo
que ciñó al bastidor y del regazo
que a tu madre llevara. El tiempo vela.

Vela y no vuela. Así la mariposa
más grande que la casa por contraste,
que allí junto a la pobre casa posa.

Venciendo de los años el desgaste:
« Lo hizo Teresa Sanz y Carrizosa. »
El tuyo, tú, su nieta, en mí bordaste.

211.

ES una antorcha al aire esta palmera,
verde llama que busca al sol desnudo
para beberle sangre; en cada nudo
de su tronco cuajó una primavera.

Sin bretes ni eslabones, altanera
y erguida, pisa el yermo seco y rudo,
para la miel del cielo es un embudo
la copa de sus venas, sin madera.

No se retuerce ni se quiebra al suelo;
no hay sombra en su follaje, es luz cuajada
que en ofrenda de amor se alarga al cielo,

la sangre de un volcán que, enamorada
del padre Sol, se revistió de anhelo
y se ofrece, columna, a su morada.

212. *El 26–iv–1927 me preguntó Fernandito, el hijo
de Eduardo Ortega y Gasset, refiriéndose a una pajarita
de papel que le había hecho: «Y el pájaro ¿habla?»*

¡HABLA, que lo quiere el niño!
¡Ya está hablando!
El Hijo del Hombre, el Verbo
encarnado
se hizo Dios en una cuna
con el canto
de la niñez campesina,
canto alado...
¡Habla, que lo quiere el niño!
¡Hable tu papel, mi pájaro!
Háblale al niño que sabe
voz del alto,
la voz que se hace silencio
sobre el fango...

háblale al niño que vive
en su pecho a Dios criando...
Tú eres la paloma mística,
    tú el Santo
Espíritu que hizo el hombre
    con sus manos...
habla a los niños, que el reino
    tan soñado
de los cielos es del niño
    soberano;
del niño, rey de los sueños,
¡ corazón de lo creado!
¡ Habla, que lo quiere el niño!
¡ Ya está hablando...!

RAMÓN DEL VALLE-INCLÁN

1869-1936

213. *La ofrenda*

Bajo el roble foral a vosotros mi canto consagro,
corazones florecidos como las rosas de un milagro!...
¡ A los pastores que escuchan, temblando, las gestas de sus
    versolaris!
¡ A las dulces abuelas de manos ungidas y arrugadas
que hilan al sol, en el campo de los pelotaris!
¡ A los patriarcas que acuerdan las guerras pasadas
y en la lengua materna aún evocan la gloria de añejas
    jornadas,
mirando a los nietos tejer el espata-danzaris
con antiguas y mohosas espadas!
¡ Y a vosotras, doncellas, que espadáis el lino!
¡ Y a vosotros, augustos sembradores del agro,
que aún rasgáis la tierra empuñando el arado latino!
¡ Y a vosotros que en rojos lagares estrujáis el vino!
¡ A todos mi canto consagro!

214.   *Son de muiñeira*

CANTAN las mozas que espadan el lino,
    cantan los mozos que van al molino,
y los pardales en el camino.

¡Toc! ¡Toc! ¡Toc!... Bate la espadela.
¡Toc! ¡Toc! ¡Toc!... Da vueltas la muela.
Y corre el jarro de la Arnela...

El vino alegre huele a manzana,
y tiene aquella color galana
que tiene la boca de una aldeana.

El molinero cuenta un cuento,
en la espadela cuentan ciento,
y atrujan los mozos haciendo el comento.

*¡Fun unha noite a o muiño cun fato de nenas novas
todas elas en camisa, eu n'o medio sin cirolas!*

215.   *Resol de verbena*

INGRATA la luz de la tarde,
    la lejanía en gris de plomo,
los olivos de azul cobarde,
el campo amarillo de cromo.

Se merienda sobre el camino
entre polvo y humo de churros,
y manchan las heces del vino
las chorreras de los baturros.

Agria y dramática la nota
del baile. La sombra morada,
el piano desgrana una jota,
polvo en el viento de tronada...

388

El tíovivo su quimera
infantil, erige en el raso:
en los caballos de madera
bate el reflejo del ocaso.

Como el monstruo del hipnotismo
gira el anillo alucinante,
y un grito pueril de histerismo
hace a la rueda el consonante.

Un chulo en el baile alborota,
un guardia le mira y se naja:
en los registros de la jota
está desnuda la navaja.

Y la daifa con el soldado
pide su suerte al pajarito:
los envuelve un aire sagrado
a los dos, descifrando el escrito.

La costurera endomingada,
en el columpio da su risa
y enseña la liga rosada
entre la enagua y la camisa.

El estudiante se enamora;
ve dibujarse la aventura
y su pensamiento decora
un laurel de literatura.

Corona el columpio su juego
con cantos. La llanura arde:
tornóse el ocaso de fuego;
los nardos ungieron la tarde.

Por aquel rescoldo de fragua
pasa el inciso transparente
de la voz que pregona : — ¡ Agua,
azucarillas y aguardiente !

Vuela el columpio con un vuelo
de risas. Cayóse en la falda
de la niña, la rosa del pelo,
y Eros le ofrece una guirnalda.

Se alza el columpio alegremente,
con el ritmo de onda en la arena,
onda azul donde asoma la frente
vespertina de una sirena.

Brama el idiota en el camino,
y lanza un destello rijoso
— bajo el belfo — el diente canino
recordando a Orlando Furioso.

¡ Un real, la cabeza parlante !
¡ A la suerte del pajarito !
¡ La foca y el hombre gigante !
¡ Los gozos del Santo Bendito !

¡ Naranjas ! ¡ Torrados ! ¡ Limones !
¡ Claveles ! ¡ Claveles ! ¡ Claveles !
Encadenados, los pregones
hacen guirnaldas de babeles.

Se ínfla el buñuelo. La aceituna
aliñada reclama el vino,
y muerde el pueblo la moruna
rosquilla de anís y comino.

JOSÉ SANTOS CHOCANO

1867(?)-1934

216.   *Ciudad dormida*

CARTAGENA de Indias: tú, que, a solas
   entre el rigor de las murallas fieras,
crees que te acarician las banderas
de pretéritas huestes españolas;
   tú, que ciñes radiantes aureolas,
desenvuelves, soñando en las riberas,
la perezosa voz de tus palmeras
y el escándalo eterno de tus olas . . .
   ¿Para qué es despertar, bella durmiente?
Los piratas tus sueños mortifican,
mas tú siempre serena te destacas;
   y los párpados cierras blandamente,
mientras que tus palmeras te abanican
y tus olas te mecen como hamacas . . .

AMADO NERVO

1870-1919

217.   *Vieja llave*

ESTA llave cincelada
   que en un tiempo fué colgada
(del estrado a la cancela,
de la despensa al granero),
del llavero
de la abuela,

391

y en continuo repicar
inundaba de rumores
los vetustos corredores;
esta llave cincelada,
si no cierra ni abre nada,
¿para qué la he de guardar?

Ya no existe el gran ropero,
la gran arca se vendió:
sólo en un baúl de cuero,
desprendida del llavero
esta llave se quedó.

Herrumbrosa, orinecida,
como el metal de mi vida,
como el hierro de mi fe,
como mi querer de acero,
esta llave sin llavero
nada es ya de lo que fué.

Me parece un amuleto
sin virtud y sin respeto;
nada abre, no resuena...,
¡me parece un alma en pena!

Pobre llave sin fortuna
...y sin dientes, como una
vieja boca, si en mi hogar
ya no cierras ni abres nada,
pobre llave desdentada,
¿para qué te he de guardar?

Sin embargo, tú sabías
de las glorias de otros días;
del mantón de seda fina
que nos trajo de la China
la gallarda, la ligera
española nao fiera.

Tú sabías de tibores
donde pajaros y flores
confundían sus colores;
tú, de lacas, de marfiles
y de perfumes sutiles
de otros tiempos; tu cautela
conservaba la canela,
el cacao, la vainilla,
la suave mantequilla,
los grandes quesos frescales
y la miel de los panales,
tentación del paladar;
mas si hoy, abandonada,
ya no cierras ni abres nada,
pobre llave desdentada,
¿ para qué te he de guardar ?

 Tu torcida arquitectura,
es la misma del portal
de mi antigua casa oscura
(que en un día de premura
fué preciso vender mal).
 Es la misma de la ufana
y luminosa ventana
donde Inés, mi prima, y yo
nos dijimos tantas cosas
en las tardes misteriosas
del buen tiempo que pasó . . .
 Me recuerdas mi morada,
me retratas mi solar;
mas si hoy, abandonada,
ya no cierras ni abres nada,
pobre llave desdentada,
¿ para qué te he de guardar ?

218. *Salmo pluvial*

Tormenta

ÉRASE una caverna de agua sombría el cielo;
   el trueno, a la distancia, rodaba su peñón;
y una remota brisa de conturbado vuelo,
se acidulaba en tenue frescura de limón.

Como caliente polen exhaló el campo seco
un relente de trébol lo que empezó a llover.
Bajo la lenta sombra, colgada en denso fleco,
se vió al cardal con vívidos azules florecer.

Una fulmínea verga rompió el aire al soslayo;
sobre la tierra atónita cruzó un pavor mortal;
y el firmamento entero se derrumbó en un rayo,
como un inmenso techo de hierro y de cristal.

Lluvia

Y un mimbreral vibrante fué el chubasco resuelto
que plantaba sus líquidas varillas al trasluz,
o en pajonales de agua se espesaba revuelto,
descerrajando al paso su pródigo arcabuz.

Saltó la alegre lluvia por taludes y cauces;
descolgó del tejado sonoro caracol;
y luego, allá a lo lejos, se desnudó en los sauces,
transparente y dorada bajo un rayo de sol.

Calma

Delicia de los árboles que abrevó el aguacero.
Delicia de los gárrulos raudales en desliz.
Cristalina delicia del trino del jilguero.
Delicia serenísima de la tarde feliz.

Plenitud

El cerro azul estaba fragante de romero,
y en los profundos campos silbaba la perdiz.

n. 1881

219. *Voz inmensa*

A Oscar Esplá

SÓLO abren la paz una campana, un pájaro...
Parece que los dos hablan con el ocaso.

Es de oro el silencio. La tarde es de cristales.
Mece los frescos árboles una pureza errante.
Y, más allá de todo, se sueña un río limpio,
que, separando perlas, huyó hacia su infinito.

¡Soledad! ¡Soledad! Todo es claro y callado.
Sólo abren la paz una campana, un pájaro...

El amor vive lejos. Sereno, indiferente,
el corazón es libre. Ni está triste, ni alegre.
Lo distraen colores, brisas, roces, perfumes...
Nada como en un lago de sentimiento inmune.

Sólo abren la paz una campana, un pájaro...
Parece que lo eterno se coje con la mano.

220. *A una joven Diana*

A Alberto Jiménez

EL bosque, si tu planta lo emblanquece,
sólo es ya fondo de tu paz humana,
vasto motivo de tu fuga sana,
cuyo frescor tu huir franco ennoblece.

La luz del sol del día inmenso, crece
dando contra tus hombros. La mañana
es tu estela. Por ti la fuente mana
más, y el viento por ti más se embellece.

Evoco, al verte entre el verdor primero,
una altiva y pagana cacería...
A un tiempo eres cierva y cazadora.

¡Huyes, pero es de ti; persigues, pero
te persigues a ti, Diana bravía,
sin más pasión ni rumbo que la aurora!

221.   *Almoradú del monte*

(Sueño sonriente)

YO iba cantando . . . La luna blanca y triste
iba poniendo medrosa la colina.
Entonces tú, panadera, apareciste,
blanca de luna, de nardos y de harina.

Almoradú del monte, tú
estabas blanco de luna, almoradú.

— Di tú, ¿ qué buscas ? — Estoy cojiendo luna
entre el almoradú de la colina.
Yo quiero ser más blanca que ninguna,
más que Rocío, que Estrella y que Francina.

Almoradú del monte, y tú
estabas blanco de luna, almoradú.

— Tú eres más blanca que el más bajo lucero,
más que el rocío, la estrella y que la harina.
Tus brazos blancos alumbran el sendero
blanco que va bajando la colina.

Almoradú del monte, tú
estabas blanco de luna, almoradú.

Entonces tú, panadera, me prendiste
tus brazos blancos de estrellas y de harina.
Alboreaba . . . La luna rosa y triste
le iba dejando a la aurora la colina.

Almoradú del monte, y tú
estabas rosa de luna, almoradú.

222.

Mañana de luz

DIOS está azul. La flauta y el tambor
anuncian ya la luz de primavera.
¡Vivan las rosas, las rosas del amor,
en el verdor con sol de la pradera!

¡Vámonos al campo por romero,
vámonos, vámonos
por romero y por amor!...

Le pregunté: «¿Me dejas que te quiera?»
Me respondió bromeando su pasión:
«Cuando florezca la luz de primavera,
voy a quererte con todo el corazón».

¡Vámonos al campo por romero,
vámonos, vámonos
por romero y por amor!...

«Ya floreció la luz de primavera.
¡Amor, la luz, amor, ya floreció!»
Me dijo seria: «¿Tú quieres que te quiera?»
¡Y la mañana de luz me traspasó!

¡Vámonos al campo por romero,
vámonos, vámonos
por romero y por amor!...

Alegran flauta y tambor nuestra bandera.
La mariposa está aquí con la ilusión.
Mi novia es la rosa verdadera
¡y va a quererme con todo el corazón!

223.   *Rosa de sombra*

QUIEN fuera no me vió, me vió su sombra
    que vino justa, cálida a asomarse
por mi vida entreabierta,
esencia gris sin más olor;
ola en donde dos ojos hechos uno se inmensaban.

    (Sombras que ven del todo, y no reciben
mirada. Nos alarman, mas son invulnerable-
mente tranquilos como aceite.)

    Con su espiralidad de escorzo exacto inventan
todo acto imposible de espionaje,
de introducción, de envolvimiento.

    Sobrecojen sin miedo,
muerden sin labio,
se van sin compromiso.

    A veces nos dejaron una rosa,
esencia gris sin más olor,
prenda sensual de fe sin nombre.

    Una rosa de sombras y de sombra,
alargada a mi mano esbeltamente,
con música sin son, con corrida sonrisa,
por cuerpo que no vió,
guardo en mi mano abierta.

224.   *Amanecer de agosto*

¡SOLES de auroras nuevas contra los viejos muros
    de ciudades que aún son y que ya no veremos!
¡ Enfermedad que sale, después de cobrar fuerzas,
otra vez al camino, para no ir a su término!
¡ Mañana de tormenta, con un vasto arco iris
sobre el despierto fin del silencioso pueblo!
    (Se sabe que los vivos amados que están lejos,
están lejos; que están muertos los que están muertos) . . .

¡Trenes que pasan por el sol rojo ladrillo,
deslumbrados de sangre los tedios polvorientos!

... (que ya está para siempre, para siempre hecho aquello,
que no hay más que llorar, que ya no tiene arreglo) ...

¡Marismas que reflejan hasta un fin imposible
el carmín del naciente, en cauces medio secos!

¡Estancias que una víspera dejó abiertas, ahogadas
de rosa, ardientemente, por el oro primero!

... (la pureza despierta en bajo desarreglo,
con mal sabor la boca que ayer besaba al céfiro) ..

¡Amores que ya son y que el alba estravía!
¡Besos apasionados que, al alba, no son besos!

¡Campos en que una, antes, amó a otro, pinos tristes,
tristes veredas, llanos tristes, tristes cabezos!

... ¡Eterno amanecer de frío y de disgusto,
fastidiosa salida de la cueva del sueño!

225.   *Hastío*

LO mismo que el enfermo desahuciado,
     que vuelve a la pared, débil, su frente,
para morirse, resignadamente
mi espalda vuelvo a tu glacial cuidado.

¡Gracias a ti, mujer! Más tú me has dado
que merecí. ¡Capricho impertinente
de niño que creía en lo demente! ...
... Pero estoy ya de agradecer cansado.

Tu sol discreto que desgarra un punto
el cielo gris de enero, y, dulce, dora
mi pena, ni me gusta, ni me incita.

¡Déjame! ¡Que se caiga todo junto,
tu conciencia y mi amor, en esta hora
que llega ya, vacía e infinita!

226.   *Generalife*

A Isabel García Lorca, hadilla del Generalife

NADIE más. Abierto todo.
    Pero ya nadie faltaba.
No eran mujeres, ni niños,
no eran hombres, eran lágrimas
— ¿quién se podía llevar
la inmensidad de sus lágrimas ? —
que temblaban, que corrían,
arrojándose en el agua.

    . . . Hablan las aguas y lloran,
bajo las adelfas blancas ;
bajo las adelfas rosas,
lloran las aguas y cantan,
por el arrayán en flor,
sobre las aguas opacas.

    ¡Locura de canto y llanto,
de las almas, de las lágrimas !
Entre las cuatro paredes,
penan, cual llamas, las aguas ;
las almas hablan y lloran,
las lágrimas olvidadas ;
las aguas cantan y lloran,
las emparedadas almas.

    . . . ¡Por allí la están matando !
¡ Por allí se la llevaban !
— Desnuda se la veía.—
¡ Corred, corred, que se escapan !
— Y el alma quiere salirse,
mudarse en mano de agua,
acudir a todas partes
con palabra desatada,

hacerse lágrima en pena,
en las aguas, con las almas . . .
¡Las escaleras arriba!
¡No, la escalera bajaban!
—¡Qué espantosa confusión
de almas, de aguas, de lágrimas;
qué amontonamiento pálido
de fugas enajenadas!
. . . ¿Y cómo saber qué quieren ?
¿Dónde besar ? ¿Cómo, alma,
almas ni lágrimas ver,
temblorosas en el agua ?
¡No se pueden separar;
dejadlas huir, dejadlas! —
. . . ¿Fueron a oler las magnolias,
a asomarse por las tapias,
a esconderse en el ciprés,
a hablarle a la fuente baja ?

. . . ¡Silencio!, que ya no lloran,
¡Escuchad!, que ya no hablan.
Se ha dormido el agua, y sueña
que la desenlagrimaban;
que las almas que tenía,
no lágrimas, eran alas;
dulce niña en su jardín,
mujer con su rosa grana,
niño que miraba el mundo,
hombre con su desposada . . .
¡ Que cantaba y que reía . . .
¡ Que cantaba y que lloraba,
con rojos de sol poniente
en las lágrimas más altas,
en el más alto llamar,
rodar de alma ensangrentada!

¡Caída, tendida, rota
el agua celeste y blanca!
¡Con qué desencajamiento,
sobre el brazo se levanta!
Habla con más fe a sus sueños,
que se le van de las ansias;
parece que se resigna
dándole la mano al alma,
mientras la estrella de entonces,
presencia eterna, la engaña.

Pero se vuelve otra vez
del lado de su desgracia;
mete la cara en las manos,
no quiere a nadie ni nada,
y clama para morirse,
y huye sin esperanza.
... Hablan las aguas y lloran,
lloran las almas y cantan.
¡Oh qué desconsolación
de traída y de llevada;
qué llegar al rincón último,
en repetición sonámbula;
qué darse con la cabeza
en las finales murallas!

—... En agua el alma se pierde,
y el cuerpo baja sin alma;
sin llanto el cuerpo se va,
que lo deja con el agua,
llorando, hablando, cantando,
= con las almas, con las lágrimas
del laberinto de pena =,
entre las adelfas blancas,

entre las adelfas rosas
de la tarde parda y plata,
con el arrayán ya negro,
bajo las fuentes cerradas.

227.

EL barco entra, opaco y negro,
en la negrura trasparente
del puerto inmenso.

Paz y frío.

— Los que esperan,
están aún dormidos con su sueño,
tibios en ellos, lejos todavía y yertos dentro de él,
de aquí, quizás . . .

¡Oh vela real nuestra, junto al sueño
de duda de los otros! ¡Seguridad, al lado
del sueño inquieto por nosotros! —

Paz. Silencio.
Silencio que, al romperse, con el alba,
hablará de otro modo.

RAMÓN PÉREZ DE AYALA

n. 1880

228.

¿POR qué la tierra malaventurada
dejas, para correr nueva aventura,
si llevas contigo la vida pasada,
llevas el polvo de la jornada
en la sandalia y en la vestidura?

Igual si vas por la vereda
que si marchas por el sendero
o caminas por el camino,
en ojos y boca te queda
aridez del polvo extranjero
y jamás lograrás tu destino.

Jamás dejarás el cayado.
¡ Siempre de peregrinación!
Y te sentirás desterrado
en el fondo del corazón.

No sigas rutas terrenales.
Gobierna sobre el mar tu huida.
Echa pie en misteriosos arenales
cual si nacieses a una nueva vida.

(Con rumbo que se ignora,
va volando el carro marino,
al viento las alas de lino.
No se levanta polvo en su camino.
Y una rama de roble está erguida en la prora.)

Sé tu mismo tu dueño, sé isleño.
Haz de tu vida prodigioso sueño
renovándose sin cesar.
Abrázate al flotante leño.
Échate a navegar por la mar.

b. 1886

229.   *Abandono*

RAZÓN de la sinrazón
que en mi ser vas penetrando,
me doblego ante tu mando
con íntima desazón.

Rompiste la trabazón
del porqué, del cómo y cuándo,
y así te fuí abandonando
alma, juicio y corazón.

Te entregué hasta mis laureles . . .
Y no queda en los vergeles
de lo que fué mi albedrío
otra cosa que cederte
que el ciprés recto y sombrío
de la idea de la muerte.

JOSÉ MORENO VILLA
n. 1887

230.

HOY el hacha ha tocado casi mi nacimiento.
Por esta boca roja se va todo mi anhelo.

Y menguaron las ansias vehementes y confusas.
Un hacha congelada sobre mi sien fulgura.

Besos de cielo, azules; besos de estrella, cálidos;
buscad para vosotros un nuevo enamorado.

A estas heridas largas, mártir Bartolomé,
no las riega el efluvio de un divino querer.

Mi amor se ha deslizado por esta boca roja;
quedé cuerpo sin jugo, una seca maroma.

Me voy rápido al fondo. Sin esencia, sin alma,
los cuerpos espectrales dan en la cueva helada.

Hoy el hacha ha tocado casi mi nacimiento.
¡ Muerte, si yo no quise saber de tu secreto!

231.   ¿ *Cuando* ?

¿ CUÁNDO la flor del tilo y la flor de la adelfa ?
¿ Cuándo las lluvias emigren narcotizadas de sol ?
¿ Cuándo se aúpan los sembrados rubios
o, tal vez, cuando el mirlo pica la ciruela ?
Dime si será cuando las estrellas en fuga
o cuando las ranas y los sapos parodian a los negros del *jazz*.
Acaso prefieras la noche de los troncos al rojo,
cuando los montes salen en sábanas por ahí.
¡No! Yo lo sé. Tú quieres que sea
en el ínterin, sobre un punto,
al sonar el vocablo final,
cuando la luz de los ojos ya es sustancia en la saliva
y cuando las manos trémulas piden el aire
de los polluelos de la incubadora.
Un ángel se esquiva en los ángulos de tus ojos ;
dos ángeles alzan los ángulos de tu boca.
El azahar ensancha tu respiración
y el horizonte carda tu melena rojiza.
¿ No son éstos los signos ?
¿ No es el « cuándo » esa pompa sutil
que ya nos lleva
en ese su seno de olvido y de mágica luz ?
¿ No sientes el « cuándo » de la esperanza
envolviéndonos en su película irresistente ?
¿ No ves que ya no hay más mundo
que el nuestro, sin ayer, sin mañana ?
¿ Y que todas las cosas están dichas,
y que todas las incertidumbres son ya deliciosa muerte ?

232.   *Carambuco XIV*

LAS canciones viejas eran de otro modo.
      Y las carrozas, y los ministros, y la indumentaria,
y el baile, y las horas de comer y dormir,
y las sagradas reuniones familiares.
Y entonces, ¿qué?
Pues entonces, que te tapas los oídos
y con el mirlo, y el auto y el cine sonoro
te deslices por ese terraplén
hacia donde todos comemos y vestimos como los bienaven-
      turados:
nubes y nimbos.

233.   *El hombre del momento*

BOTAS fuertes, manta recia,
      fusil, pistola: es el hombre.
Barba hirsuta, barba intonsa,
salivas e imprecaciones,
pisar duro, mirar fijo,
dormir vestido: es el hombre.
Es el hombre del momento
No se ve más que este hombre
en calles, trenes, portales,
bajo lluvias, bajo soles,
entre sillas derrumbadas
y fenecidos faroles,
entre papeles mugrientos
que el cierzo invernizo corre.
Toda la ciudad es suya
y nada le importa donde
reclinará su cabeza
con fatiga de diez noches.
Parece que no ha tenido
ni piaras, ni labores,

ni familia que le cuide,
ni mujeres en que goce.
Bebe, canta, riñe y cae,
(porque caer es de hombres).
No sabe de casi nada
(pero este casi es de hombres).
Sin embargo, quiere cosas
(que este querer es de hombres).
Quiere verse libre y sano
(como deben ser los hombres).
Quiere verse dueño y uno
con todos los demás hombres.
Quiere libro, pan, respeto,
cama, labor, diversiones
y todas las cosas buenas
que hace el hombre para el hombre
o da la naturaleza
para que el hombre las tome.
Bajo la lluvia inverniza,
y entre los graves cañones,
lo veo por la ciudad
devastada, serio y noble,
como un vástago que busca
su raíz. Éste es el hombre.

ALFONSO REYES

n. 1889

234.   *La amenaza de la flor*

FLOR de las adormideras:
engáñame y no me quieras.

¡ Cuánto el aroma exajeras,
cuánto estremas tu arrebol,
flor que te pintas ojeras
y exhalas el alma al sol !

ALFONSO REYES

Flor de las adormideras.

Una se te parecía
en el rubor con que engañas,
y también porque tenía,
como tú, negras pestañas.

Flor de las adormideras.

Una se te parecía . . .

(Y tiemblo solo de ver
tu mano puesta en la mía :
¡Tiemblo, no amanezca un día
en que te vuelvas mujer !)

PEDRO SALINAS

n. 1892

235.

EL alma tenías
tan clara y abierta,
que yo nunca pude
entrarme en tu alma.
Busqué los atajos
angostos, los pasos
altos y difíciles . . .
A tu alma se iba
por caminos anchos.
Preparé alta escala
—soñaba altos muros
guardándote el alma—,
pero el alma tuya
estaba sin guarda
de tapial ni cerca.

Te busqué la puerta
estrecha del alma,
pero no tenía,
de franca que era,
entradas tu alma.
¿En dónde empezaba?
¿Acababa en dónde?
Me quedé por siempre
sentado en las vagas
lindes de tu alma.

236.   *La otra*

SE murió porque ella quiso;
no la mató Dios
ni el Destino.

Volvió una tarde a su casa
y dijo por voz eléctrica,
por teléfono, a su sombra:
«¡Quiero morirme
pero sin estar en la cama,
ni que venga el médico
ni nada. Tú cállate!»

¡Qué silbidos de venenos
candidatos se sentían!
Las pistolas en bandadas
cruzaban sobre alas negras
por delante del balcón.
Daban miedo los collares
de tanto que se estrecharon.
Pero no. Morirse quería ella.

Se murió a los cuatro y media
del gran reloj de la sala,
a los cuatro y veinticinco
de su reloj de pulsera.
Nadie lo notó. Su traje
seguía lleno de ella,
en pie, sobre sus zapatos,
hasta las sonrisas frescas
arriba en los labios. Todos
la vieron ir y venir,
como siempre.
No se lo mudó la voz,
hacía la misma vida
de siempre.
Cumplió diecinueve años
en marzo siguiente : « Está
más hermosa cada día »,
dijeron en ediciones
especiales los periódicos.

La heredera sombra cómplice,
prueba rosa, azul o negra,
en playas, nieves y alfombras,
los engaños prolongaba.

JORGE GUILLÉN

n. 1893

237.   *Advenimiento*

¡O LUNA! ¡Cuánto abril!
   ¡Qué vasto y dulce el aire!
Todo lo que perdí
volverá con las aves.

Sí, con las avecillas
que en coro de alborada
pían y pían, pían
sin designio de gracia.

La luna está muy cerca,
quieta en el aire nuestro.
El que yo fuí me espera
bajo mis pensamientos.

Cantará el ruiseñor
en la cima del ansia.
¡Arrebol, arrebol
entre el cielo y las auras !

¿ Y se perdió aquel tiempo
que yo perdí ? La mano
dispone, dios ligero,
de esta luna sin año.

238.   *Primavera delgada*

CUANDO el espacio sin perfil resume
      con una nube

su vasta indecisión a la deriva . . .
      ¿ dónde la orilla ?

Mientras el río con el rumbo en curva
      se perpetúa

buscando sesgo a sesgo, dibujante,
      su desenlace,

mientras el agua duramente verde
      niega sus peces

bajo el profundo equívoco reflejo
      de un aire trémulo . . .

Cuando conduce la mañana, lentas,
    sus alamedas

gracias a las estelas vibradoras
    entre las frondas,

a favor del avance sinuoso
    que pone en coro

la ondulación suavísima del cielo
    sobre su viento

con el curso tan ágil de las pompas,
    que agudas bogan . . .

¡Primavera delgada entre los remos
    de los barqueros!

239.   *Muerte a lo lejos*

Je soutenais l'éclat de la mort toute pure.
PAUL VALÉRY

ALGUNA vez me angustia una certeza,
y ante mí se estremece mi futuro.
Acechándole está de pronto un muro
del arrabal final en que tropieza

la luz del campo. ¿Mas habrá tristeza
si la desnuda el sol? No, no hay apuro
todavía. Lo urgente es el maduro
fruto. La mano ya le descorteza.

. . . Y un día entre los días el más triste
será. Tenderse deberá la mano
sin afán. Y acatando el inminente

poder, diré con lágrimas: embiste,
justa fatalidad. El muro cano
va a imponerme su ley, no su accidente.

413

240.   *La luz sobre el monte*

¡OH luz sobre el monte, densa
        del espacio sólo espacio,
desierto, raso! : reacio
mundo a la suave defensa
de la sombra. La luz piensa
colores con un afán
fino y cruel. ¡Allí van
sus unidades felices :
Inmolación de matices
de un paraíso galán!

VICENTE HUIDOBRO

n. 1893

241.   *Noche*

SOBRE la nieve se oye resbalar la noche.

    La canción caía de los árboles,
y tras la niebla daban voces.

De una mirada encendí mi cigarro.

Cada vez que abro los labios
inundo de nubes el vacío.

                    En el puerto
los mástiles están llenos de nidos,

y el viento
        gime entre las alas de los pájaros.

        LAS OLAS MECEN EL NAVÍO MUERTO
Yo en la orilla silbando,
    miro la estrella que humea entre mis dedos.

414

242.   *Campanario*

A CADA son de la campana
                  un pájaro volaba :
pájaros de ala inversa

                  que mueren entre las tejas,
donde ha caído la primera canción.
Al fondo de la tarde,
                  las llamas vegetales.

En cada hoja tiembla el corazón,
y una estrella se enciende a cada paso.

                  Los ojos guardan algo
                  que palpita en la voz.

Sobre la lejanía

                  un reloj se vacía.

GERARDO DIEGO

n. 1896

243.   *El ciprés de Silos*

E NHIESTO surtidor de sombra y sueño,
      que acongojas el cielo con tu lanza.
Chorro que a las estrellas casi alcanza,
devanado a sí mismo en loco empeño.

   Mástil de soledad, prodigio isleño,
flecha de fe, saeta de esperanza.
Hoy llegó a ti, riberas del Arlanza,
peregrina al azar, mi alma sin dueño.

   Cuando te vi, señero, dulce, firme,
qué ansiedades sentí de diluirme
y ascender como tú, vuelto en cristales,

   como tú, negra torre de arduos filos,
ejemplo de delirios verticales,
mudo ciprés en el fervor de Silos.

415

244. *Romance del Júcar*

AGUA verde, verde, verde,
agua encantada del Júcar,
verde del pinar serrano
que casi te vió en la cuna

— bosques de san sebastianes
en la serranía oscura,
que por el costado herido
resinas de oro rezuman —,

verde de corpiños verdes,
ojos verdes, verdes lunas,
de las colmenas, palacios
menores de la dulzura,

y verde — rubor temprano
que te asoma a las espumas —
de soñar, soñar — tan niña —
con mediterráneas nupcias.

Álamos, y cuantos álamos
se suicidan por tu culpa,
rompiendo cristales verdes
de tu verde, verde urna.

Cuenca, toda de plata,
quiere en ti verse desnuda,
y se estira, de puntillas,
sobre sus treinta columnas.

No pienses tanto en tus bodas,
no pienses, agua del Júcar,
que de tan verde te añilas,
te amoratas y te azulas.

GERARDO DIEGO

No te pintes ya tan pronto
colores que no son tuyas.
Tus labios sabrán a sal,
tus pechos sabrán a azúcar

cuando de tan verde, verde,
¿dónde corpiños y lunas,
pinos, álamos y torres
y sueños del alto Júcar?

FEDERICO GARCÍA LORCA

1899–1936

245.

ARBOLÉ arbolé
seco y verdé.

La niña del bello rostro
está cogiendo aceituna.
El viento, galán de torres,
la prende por la cintura.
Pasaron cuatro jinetes,
sobre jacas andaluzas
con trajes de azul y verde,
con largas capas obscuras.
«Vente a Córdoba, muchacha.»
La niña no los escucha.
Pasaron tres torerillos
delgaditos de cintura,
con trajes color naranja
y espadas de plata antigua.
«Vente a Sevilla, muchacha.»
La niña no los escucha.

Cuando la tarde se puso
morada, con luz difusa,
pasó un joven que llevaba
rosas y mirtos de luna.

«Vente a Granada, muchacha»,
y la niña no lo escucha.

La niña del bello rostro
sigue cogiendo aceituna,
con el brazo gris del viento
ceñido par la cintura.

Arbolé arbolé
seco y verdé.

246.   *Canción del jinete*

CÓRDOBA.
Lejana y sola.

Jaca negra, luna grande,
y aceitunas en mi alforja.
Aunque sepa los caminos
yo nunca llegaré a Córdoba.

Por el llano, por el viento,
jaca negra, luna roja.
La muerte me está mirando
desde las torres de Córdoba.

¡Ay qué camino tan largo!
¡Ay mi jaca valerosa!
¡Ay que la muerte me espera,
antes de llegar a Córdoba!

Córdoba.
Lejana y sola.

247.   *El niño loco*

YO decía : « Tarde ».
    Pero no era así.
La tarde era otra cosa
que ya se había marchado.

    (Y la luz encogía
    sus hombros como una niña.)

    « Tarde. » ¡Pero es inútil!
    ésta es falsa, ésta tiene
    media luna de plomo.
    La otra no vendrá nunca.

    (Y la luz como la ven todos,
    jugaba a la estatua con el niño loco.)

    Aquella era pequeña
y comía granadas.
Ésta es grandota y verde, yo no puedo
tomarla en brazos ni vestirla.
¿No vendrá ? ¿Cómo era ?

    (Y la luz que se iba, dió una broma.
    Separó al niño loco de su sombra).

248.   *Baladilla de los tres ríos*

EL río Guadalquivir
    va entre naranjos y olivos.
Los dos ríos de Granada
bajan de la nieve al trigo.

    ¡Ay, amor
    que se fué y no vino!

El río Guadalquivir
tiene las barbas granates.
Los dos ríos de Granada,
uno llanto y otro sangre.

¡Ay, amor,
que se fué por el aire

Para los barcos de vela
Sevilla tiene un camino.
Por el agua de Granada
sólo reman los suspiros.

¡Ay, amor
que se fué y no vino!

Guadalquivir, alta torre
y viento en los naranjales.
Dauro y Genil, torrecillas
muertas sobre los estanques.

¡Ay, amor
que se fué por el aire!

¡Quién dirá que el agua lleva
un fuego fatuo de gritos!

¡Ay, amor
que se fué y no vino!

Lleva azahar, lleva olivas,
Andalucía, a los mares.

¡Ay, amor
que se fué por el aire!

249. *Romance de la luna, luna*

LA luna vino a la fragua
    con su polisón de nardos.
El niño la mira mira.
El niño la está mirando.
En el aire conmovido
mueve la luna sus brazos
y enseña, lúbrica y pura,
sus senos de duro estaño.
—Huye luna, luna, luna.
Si vinieran los gitanos,
harían con tu corazón
collares y anillos blancos.
—Niño, déjame que baile.
Cuando vengan los gitanos,
te encontrarán sobre el yunque
con los ojillos cerrados.
—Huye luna, luna, luna,
que ya siento sus caballos.
—Niño, déjame, no pises
mi blancor almidonado.

El jinete se acercaba
tocando el tambor del llano.
Dentro de la fragua el niño
tiene los ojos cerrados.

Por el olivar venían,
bronce y sueño, los gitanos.
Las cabezas levantadas
y los ojos entornados.

Cómo canta la zumaya
¡ay cómo canta en el árbol!
Por el cielo va la luna
con un niño de la mano.

Dentro de la fragua lloran,
dando gritos, los gitanos.
El aire la vela, vela.
El aire la está velando.

250.   *Romance sonámbulo*

VERDE que te quiero verde.
    Verde viento. Verdes ramas.
El barco sobre la mar
y el caballo en la montaña.
Con la sombra en la cintura
ella sueña en su baranda,
verde carne, pelo verde,
con ojos de fría plata.
Verde que te quiero verde.
Bajo la luna gitana,
las cosas la están mirando
y ella no puede mirarlas.

    Verde que te quiero verde.
Grandes estrellas de escarcha
vienen con el pez de sombra
que abre el camino del alba.
La higuera frota su viento
con la lija de sus ramas,
y el monte, gato garduño,
eriza sus pitas agrias.
Pero ¿quién vendrá? ¿Y por dónde...?
Ella sigue en su baranda,
verde carne, pelo verde,
soñando en la mar amarga.
— Compadre, quiero cambiar
mi caballo por su casa,
mi montura por su espejo,

mi cuchillo por su manta.
Compadre, vengo sangrando,
desde los puertos de Cabra.
  — Si yo pudiera, mocito,
este trato se cerraba.
Pero yo ya no soy yo,
ni mi casa es ya mi casa.
  — Compadre, quiero morir
decentemente en mi cama.
De acero, si puede ser,
con las sábanas de holanda.
¿No ves la herida que tengo
desde el pecho a la garganta?
  — Trescientas rosas morenas
lleva tu pechera blanca.
Tu sangre rezuma y huele
alrededor de tu faja.
Pero yo ya no soy yo,
ni mi casa es ya mi casa.
  — Dejadme subir, al menos,
hasta las altas barandas;
¡dejadme subir!, dejadme,
hasta las verdes barandas.
Barandales de la luna
por donde retumba el agua.

  Ya suben los dos compadres
hacia las altas barandas.
Dejando un rastro de sangre.
Dejando un rastro de lágrimas.
Temblaban en los tejados
farolillos de hojalata.
Mil panderos de cristal
herían la madrugada.

Verde que te quiero verde,
verde viento, verdes ramas.
Los dos compadres subieron.
El largo viento dejaba
en la boca un raro gusto
de hiel, de menta y albahaca.
¡ Compadre ! ¿Dónde está, dime;
dónde está tu niña amarga ?
¡ Cuantas veces te esperó !
¡ Cuantas veces te esperara,
cara fresca, negro pelo,
en esta verde baranda !

Sobre el rostro del aljibe
se mecía la gitana.
Verde carne, pelo verde,
con ojos de fría plata.
Un carámbano de luna
la sostiene sobre el agua.
La noche se puso íntima
como una pequeña plaza.
Guardias civiles borrachos
en la puerta golpeaban.
Verde que te quiero verde.
Verde viento. Verdes ramas.
El barco sobre la mar.
Y el caballo en la montaña.

251.   *La casada infiel*

Y QUE yo me la llevé al río
creyendo que era mozuela,
pero tenía marido.

424

Fué la noche de Santiago
y casi por compromiso.
Se apagaron los faroles
y se encendieron los grillos.
En las últimas esquinas
toqué sus pechos dormidos,
y se me abrieron de pronto
como ramos de jacintos.
El almidón de su enagua
me sonaba en el oído,
como una pieza de seda
rasgada por diez cuchillos.
Sin luz de plata en sus copas
los árboles han crecido,
y un horizonte de perros
ladra muy lejos del río.

   Pasadas las zarzamoras,
los juncos y los espinos,
bajo su mata de pelo
hice un hoyo sobre el limo.
Yo me quité la corbata.
Ella se quitó el vestido.
Yo el cinturón con revólver.
Ella sus cuatro corpiños.
Ni nardos ni caracolas
tienen el cutis tan fino,
ni los cristales con luna
relumbran con ese brillo.
Sus muslos se me escapaban
como peces sorprendidos,
la mitad llenos de lumbre,
la mitad llenos de frío.
Aquella noche corrí
el mejor de los caminos,

montado en potra de nácar
sin bridas y sin estribos.
No quiero decir, por hombre,
las cosas que ella me dijo.
La luz del entendimiento
me hace ser muy comedido.
Sucia de besos y arena
yo me la llevé del río.
Con el aire se batían
las espadas de los lirios.

Me porté como quien soy.
Como un gitano legítimo.
La regalé un costurero
grande, de raso pajizo,
y no quise enamorarme
porque teniendo marido
me dijo que era mozuela
cuando la llevaba al río.

252. *Prendimiento de Antoñito el Camborio en el camino de Sevilla*

ANTONIO Torres Heredia
hijo y nieto de Camborios,
con una vara de mimbre
va a Sevilla a ver los toros.
Moreno de verde luna
anda despacio y garboso.
Sus empavonados bucles
le brillan entre los ojos.
A la mitad del camino
cortó limones redondos,
y los fué tirando al agua
hasta que la puso de oro.

Y a la mitad del camino,
bajo las ramas de un olmo,
guardia civil caminera
lo llevó codo con codo.

El día se va despacio,
la tarde colgada a un hombro,
dando una larga torera
sobre el mar y los arroyos.
Las aceitunas aguardan
la noche de Capricornio,
y una corta brisa, ecuestre,
salta los montes de plomo.
Antonio Torres Heredia
hijo y nieto de Camborios,
viene sin vara de mimbre
entre los cinco tricornios.

—Antonio, ¿quién eres tú ?
Si te llamaras Camborio,
hubieras hecho una fuente
de sangre con cinco chorros.
Ni tú eres hijo de nadie,
ni legítimo Camborio.
¡Se acabaron los gitanos
que iban por el monte solos !
Están los viejos cuchillos
tiritando bajo el polvo.

A las nueve de la noche
lo llevan al calabozo,
mientras los guardias civiles
beben limonada todos.
Y a las nueve de la noche
le cierran el calabozo,
mientras el cielo reluce
como la grupa de un potro.

427

Alma ausente

No te conoce el toro ni la higuera,
ni caballos ni hormigas de tu casa.
No te conoce el niño ni la tarde
porque te has muerto para siempre.

No te conoce el lomo de la piedra,
ni el raso negro donde te destrozas.
No te conoce tu recuerdo mudo
porque te has muerto para siempre.

El otoño vendrá con caracolas,
uva de niebla y montes agrupados,
pero nadie querrá mirar tus ojos
porque te has muerto para siempre.

Porque te has muerto para siempre,
como todos los muertos de la tierra,
como todos los muertos que se olvidan
en un montón de perros apagados.

No te conoce nadie. No. Pero yo te canto.
Yo canto para luego tu perfil y tu gracia.
La madurez insigne de tu conocimiento.
Tu apetencia de muerte y el gusto de su boca.
La tristeza que tuvo tu valiente alegría.

Tardará mucho tiempo en nacer, si es que nace,
un andaluz tan claro, tan rico de aventura.
Yo canto su elegancia con palabras que gimen
y recuerdo una brisa triste por los olivos.

n. 1899

254.   *Ciudad eterna*

(Madrid 1937)

MENOS dura la piedra
      al ímpetu constante del tiempo que la empuja:
que la transforma lentamente en rosa,
en raíz más oculta,
en más alta montaña,
en escombro sin suerte
o acaso, con la rama, en débil voz del aire,
se inclina o se pronuncia
o invisible en su lenta forma cae.
Menos dura la piedra
a sumisión se rinde.
Menos dura la piedra
también sin dolor nace.

    Triste, muy triste entraña
la que sin fuego gime.
Feliz honor el llanto
si en honra se derrama.

    Feliz tú que has sabido,
aunque el dolor te insiste,
renacer de tu asedio
sin que muerta te crucen.
Más viva está tu frente
que la luz que te inunda:
de una herida en el tiempo levantan tus caminos.

    Ciudad, tú, ya en el sueño,
tienes parte escogida
donde tu fortaleza revistes con tus hábitos.
Pisas ya con tu gloria la tierra persistente

donde el hombre descansa, del día, por lo eterno.
Está viva tu carne si yo duermo en la guerra.
Si duerme el cielo humano,
brilla también tu sangre.

Así nace la Historia;
así mueren también los inútiles ecos.
Es un lago profundo este espacio en la vida,
y el cuerpo que en él hunda
renacerá en sus ondas.

En él, tú misma existes, altiva permanente;
que allí tu pie pusiste ya con planeta interno,
doble en tu resistencia
dentro y fuera del mundo que te alza.
Y tu pisar oculto
por las profundas algas que aún van desconocidas
derivando los sueños,
te presentan más libre arriba en tu equilibrio,
serena y reflejada
sobre el nivel que narra tus victorias.

¡Honor, honor a ti, Ciudad hermosa!
Menos dura la piedra que el timón de tu nave.

CARLOS PELLICER

n. 1899

255.   *Estudio*

JUGARÉ con las casas de Curazao,
    pondré el mar a la izquierda
y haré más puentes movedizos,
¡ lo que diga el poeta !

430

Estamos en Holanda y en América
y es una isla de juguetería,
con decretos de Reina
y ventanas y puertas de alegría
con las cuerdas de la lira
y los pañuelos del viaje,
haremos velas para los botes
que no van a ninguna parte.
La casa de Gobierno es demasiado pequeña
para una familia holandesa.
Por la tarde vendrá Claude Monet
a comer cosas azules y eléctricas.
Y por esa callejuela sospechosa
haremos pasar la Ronda de Rembrandt.
. . . ¡ pásame el puerto de Curazao !
isla da juguetería,
con decretos de Reina
y ventanas y puertas de alegría.

256.   *Concierto breve*

(Brujas)

HANS Memling me pregunta:
— ¿ Cómo están mis discípulos de Pátzcuaro ?
— Maestro : todos los detalles te saludan,
tus discípulos pintan . . .

(Venado azul de Pátzcuaro que corres bajo el sorbo
de agua que en la jornada me dió mano silvestre ;
tu galope sediento sesgó a la tarde un soplo
que extingues junto al lago, sobre tus sorbos breves.

Por los belfos vibrantes que tu olfato amorata
pasa la humilde brisa que alzaste de la hierba,
petrificas el bosque de una sola ojeada
y quiebras, perseguido, la noche de las selvas.
   Silba un reflejo en tu anca. Un escorzo y un paso.
Tu mirada aludió a cien recuerdos finos.
(¡ Espacio de decir tu belleza, despacio !)
   Ligó sílabas ágiles la evocación sedienta,
venado azul de Pátzcuaro que laqueo y preciso
bebiendo al ras la imagen, profunda, clara, lenta.)

VICENTE ALEIXANDRE

n. 1900

257.   *A Fray Luis de León*

¿ QUE linfa esbelta, de los altos hielos
      hija y sepulcro, sobre el haz silente
rompe sus fríos, vierte su corriente,
luces llevando, derramando cielos ?
   ¿ Qué agua orquestal bajo los mansos celos
del aire, muda, funde su crujiente
espuma en anchas copias y consiente,
terso el diálogo, signo y luz gemelos ?
   La alta noche su copa sustantiva
— árbol ilustre — yergue a la bonanza,
total su crecimiento y ramas bellas.
   Briso joven de cielo, persuasiva,
su pompa abierta, desplegada, alcanza
largamente, y resuenan las estrellas.

n. 1902

258.   *A un Capitán de Navío*

Homme libre, toujours tu chériras la mer.
C. B.

SOBRE tu nave — un plinto verde de algas marinas,
de moluscos, de conchas, de esmeralda estelar —,
capitán de los vientos y de las golondrinas,
fuiste condecorado por un golpe de mar.

Por ti los litorales de frentes serpentinas
desenrollan, al paso de tu arado, un cantar:
— Marinero, hombre libre que las mares declinas,
dinos los radiogramas de tu estrella Polar.

Buen marinero, hijo de los llantos del norte,
limón del mediodía, bandera de la corte
espumosa del agua, cazador de sirenas;

todos los litorales amarrados del mundo
pedimos que nos lleves en el surco profundo
de tu nave, a la mar, rotas nuestras cadenas.

259. A Rosa de Alberti que tocaba pensativa el arpa

(Siglo XIX)

ROSA de Alberti allá en el rodapié
del mirador del cielo se entreabría,
pulsadora del aire y prima mía,
al cuello un lazo blanco de moaré.

El barandal del arpa, desde el pie
hasta el bucle en la nieve, la cubría.
Enredando sus cuerdas, verdecía,
alga en hilos, la mano que se fué.

Llena de suavidades y carmines,
fanal de ensueño, vaga y voladora,
voló hacia los más altos miradores,

¡ Miradla querubín de querubines,
del vergel de los aires pulsadora,
Pensativa de Alberti entre las flores !

433

260.   *Los ángeles muertos*

BUSCAD, buscadlos:
   en el insomnio de las cañerías olvidadas,
en los cauces interrumpidos por el silencio de las basuras.
No lejos de los charcos incapaces de guardar una nube,
unos ojos perdidos,
una sortija rota
o una estrella pisoteada.

   Porque yo los he visto:
en esas escombros momentáneos que aparecen en las
   neblinas.

   Porque yo los he tocado:
en el destierro de un ladrillo difunto,
venido a la nada desde una torre o un carro.
Nunca más allá de las chimeneas que se derrumban,
ni de esas hojas tenaces que se estampan en los zapatos.
En todo esto.
Mas en estas astillas vagabundas que se consumen sin fuego,
en esas ausencias hundidas que sufren los muebles desvenci-
   jados,
no a mucha distancia de los nombres y signos que se enfrían
   en las paredes.

   Buscad, buscadlos:
debajo de la gota de cera que sepulta la palabra de un libro
o la firma de uno de esos rincones de cartas
que trae rodando el polvo.
Cerca del casco perdido de una botella,
de una suela extraviada en la nieve,
de una navaja de afeitar abandonada al borde de un
   precipicio.

n. 1904

261.   *Como leve sonido*

COMO leve sonido,
      hoja que roza un vidrio,
agua que acaricia unas guijas,
lluvia que besa una frente juvenil;

   Como rápida caricia
pie desnudo sobre el camino,
dedos que ensayan el primer amor,
sábanas tibias sobre el cuerpo solitario;

   Como fugaz deseo,
seda brillante en la luz,
esbelto adolescente entrevisto,
lágrimas por ser más que un hombre;

   Como esta vida que no es mía
y sin embargo es la mía;

   Como este afán sin nombre
que no me pertenece y sin embargo soy yo;

   Como todo aquello que de cerca o de lejos
me roza, me besa, me hiere,
tu presencia está conmigo fuera y dentro,
es mi vida misma y no es mi vida,
así como una hoja y otra hoja
son la apariencia del viento que las lleva.

262.   *He venido para ver*

HE venido para ver semblantes
      amables como viejas escobas,
he venido para ver las sombras
que desde lejos me sonríen.

435

He venido para ver los muros
en el suelo o en pie indistintamente,
he venido para ver las cosas,
las cosas soñolientas por aquí.

He venido para ver los mares
dormidos en cestillo italiano,
he venido para ver las puertas,
el trabajo, los tejados, las virtudes
de color amarillo ya caduco.

He venido para ver la muerte
y su graciosa red de cazar mariposas,
he venido para esperarte
con los brazos un tanto en el aire,
he venido no sé por qué;
un día abrí los ojos, he venido.

Por ello quiero saludar con insistencia
a tantas cosas más que amables,
los amigos de color celeste,
los días de color variable,
la libertad del color de mis ojos.

Los niñitos de seda tan clara,
los entierros aburridos como piedras,
la seguridad, ese insecto
que anida en los volantes de la luz.

Adiós, dulces amantes invisibles,
siento no haber dormido en vuestros brazos.
Vine por esos besos solamente;
guardar los labios por si vuelvo.

MANUEL ALTOLAGUIRRE

n. 1905

263. *Fábula*

ECO, perseguidora de Narciso,
    ahora quieta, apretada,
sin voz ni sangre, mineral, se opone
a la dilatación de los sonidos.
Alta roca vestida con espejos
detrás de los cristales de su brillo,
negras paredes niegan a su alma
sendas conducidoras de lo externo.
Aislada, meditando, sin oídos,
en el silencio de su piel los vértices
de las luces y voces rechazadas.
Su pena tiene por lenguaje un río.
¿Qué no dirán sus aguas transparentes
hablando del amor que la devora?
¿Qué pintura no harán de la belleza
de aquel que al contemplarse en tal murmullo
inmóvil desnudó su pensamiento?
¡Oh blanca flor sin carne en la ribera!
¿Cómo olvidar tu forma conseguiste?
¿Cómo pudiste derribar los muros
que guardaban tu alma inaccesible?
Ahora ya flor o puro pensamiento,
tu perfume, alma externa, se dilata
amorosa, engolfándose en el aire.
Esto quedó de ti, de tu hermosura.
Al verla reflejada en la corriente
supiste transformarla en poesía.
Esto quedó de ti. Y tu recuerdo,
dibujado en la entraña de una roca,
continua madre, manantial de un río.

264.

MÍRATE en el espejo y luego mira
estos retratos tuyos olvidados,
pétalos son de tu belleza antigua,
y deja que de nuevo te retrate
deshojándote así de tu presente;
que cuando, ya invisible, sólo seas
alto perfume: alma y recuerdo,
junto al tallo sin flor, pondré caídos
estos retratos tuyos, para verte
como aroma subir y como forma
quedar abandonada en este suelo.

MIGUEL HERNÁNDEZ

n. 1912

265.   *Juramento de la alegría*

SOBRE la roja España blanca y roja,
blanca y fosforescente,
una historia de polvo se deshoja,
irrumpe un sol unánime, batiente.

Es un pleno de abriles,
una primaveral caballería,
que inunda de galopes los perfiles
de España: es el ejército del sol, de la alegría.

Desaparece la tristeza, el día
devorador, el marchitado tallo,
cuando, avasalladora llamarada,
galopa la alegría en un caballo
igual que una bandera desbocada.

A su paso se paran los relojes,
las abejas, los niños se alborotan,
los vientres son más fértiles, más profusas las trojes,
saltan las piedras, los lagartos trotan.

Se hacen las carreteras de diamantes,
el horizonte lo perturban mieses
y otras visiones relampagueantes,
y se sienten felices los cipreses.

Avanza la alegría derrumbando montañas
y las bocas avanzan como escudos.
Se levanta la risa, se caen las telarañas
ante el chorro potente de los dientes desnudos.

La alegría es un huerto del corazón con mares
que a los hombres invaden de rugidos,
que a las mujeres muerden de collares
y a la piel de relámpagos transidos.

Alegraos por fin los carcomidos,
los desplomados bajo la tristeza :
salid de los vivientes ataúdes,
sacad de entre las piernas la cabeza,
caed en la alegría como grandes taludes.

Alegres animales,
la cabra, el gamo, el potro, las yeguadas,
se desposan delante de los hombres contentos.
Y paren las mujeres lanzando carcajadas,
desplegando en su carne firmamentos.

Todo son jubilosos juramentos.
Cigarras, viñas, gallos incendiados,
los árboles del Sur : naranjos y nopales,
higueras y palmeras y granados,
y encima el mediodía curtiendo cereales.

Se despedaza el agua en los zarzales:
las lágrimas no arrasan,
no duelen las espinas ni las flechas.
Y se grita ¡*Salud!* a todos los que pasan
con la boca anegada de cosechas.

Tiene el mundo otra cara. Se acerca lo remoto
en una muchedumbre de bocas y de brazos.
Se ve la muerte como un mueble roto,
como una blanca silla hecha pedazos.

Salí del llanto, me encontré en España,
en una plaza de hombres de fuego imperativo.
Supe que la tristeza corrompe, enturbia, daña...
Me alegré seriamente lo mismo que el olivo.

266.   *Romance*

VIENTOS del pueblo me llevan,
    vientos del pueblo me arrastran,
me esparcen el corazón
y me aventan la garganta.

Los bueyes doblan la frente,
impotentemente mansa,
delante de los castigos:
los leones la levantan
y al mismo tiempo castigan
con su clamorosa zarpa.

No soy de un pueblo de bueyes,
que soy de un pueblo que embargan
yacimientos de leones,
desfiladeros de águilas
y cordilleras de toros
con el orgullo en el asta.

Nunca medraron los bueyes
en los páramos de España.

¿ Quién habló de echar un yugo
sobre el cuello de esta raza ?
¿ Quién ha puesto al huracán
jamás ni yugos ni trabas,
ni quién al rayo detuvo
prisionero en una jaula ?

Asturianos de braveza,
vascos de piedra blindada,
valencianos de alegría
y castellanos de alma,
labrados como la tierra
y airosos como las alas ;
andaluces de relámpagos,
nacidos entre guitarras
y forjados entre los yunques
torrenciales de las lágrimas ;
extremeños de centeno,
gallegos de lluvia y calma,
catalanes de firmeza,
aragoneses de casta,
murcianos de dinamita
frutalmente propagada,
leoneses, navarros, dueños
del hambre, el sudor y el hacha,
reyes de la minería,
señores de la labranza,
hombres que entre las raíces,
como raíces gallardas,
vais de la vida a la muerte,
vais de la nada a la nada :
yugos os quieren poner
gentes de la hierba mala,

yugos que habéis de dejar
rotos sobre sus espaldas.

Crepúsculo de los bueyes
está despuntando el alba.

Los bueyes mueren vestidos
de humildad y olor de cuadra :
las águilas, los leones
y los toros de arrogancia,
y detrás de ellos, el cielo
ni se enturbia ni se acaba.
La agonía de los bueyes
tiene pequeña la cara,
la del animal varón
toda la creación agranda.

Si me muero, que me muera,
con la cabeza muy alta.
Muerto y veinte veces muerto,
la boca contra la grama,
tendré apretados los dientes
y decidida la barba.

Cantando espero la muerte,
que hay ruiseñores que cantan
encima de los fusiles
y en medio de las batallas.

ANÓNIMO

267.

AL alba venid, buen amigo,
al alba venid.

Amigo el que yo más quería,
venid a la luz del día.
Al alba venid . . .

Amigo el que yo más amaba,
venid a la luz del alba.
Al alba venid . . .

Venid a la luz del día,
non trayáis compañía.
Al alba venid . . .

Venid a la luz del alba,
non trayáis gran compaña.
Al alba venid. . . .

GIL VICENTE

1470(?)–1536(?)

268.

DEL rosal vengo, mi madre,
vengo del rosale.

A riberas de aquel río
viera estar rosal florido :
vengo del rosale.

A riberas de aquel vado
viera estar rosal granado :
vengo del rosale.

Viera estar rosal florido,
cogí rosas con suspire :
vengo del rosale.

[Viera estar rosal granado,
cogí rosas con cuidado :
vengo del rosale.]

Del rosal vengo, mi madre,
vengo del rosale.

269.   *Cantiga*

¡MALHAYA quien los envuelve,
   los mis amores,
malhaya quien los envuelve!
   Los mis amores primeros
en Sevilla quedan presos,
los mis amores,
¡malhaya quien los envuelve!
   En Sevilla quedan presos
por cordón de mis cabellos,
los mis amores,
¡malhaya quien los envuelve!
   [Los mis amores tamaños]
en Sevilla quedan ambos
los mis amores,
¡malhaya quien los envuelve!
   En Sevilla quedan ambos,
sobre ellos armaban bandos,
los mis amores,
¡malhaya quien los envuelve!

270.

¡EN la huerta nasce la rosa!
   quiérome ir allá
por mirar al ruiseñor
cómo cantaba.
   Por las riberas del río
limones coge la virgo:
quiérome ir allá
por mirar al ruiseñor
cómo cantaba.

Limones cogía la virgo
para dar a su amigo:
quiérome ir allá
para ver al ruiseñor
cómo cantaba.

Para dar a su amigo
en un sombrero de sirgo:
quiérome ir allá
para ver al ruiseñor
cómo cantaba.

271.

—¿POR dó pasaré la sierra,
gentil serrana morena ?

—Tu ru ru ru lá,
¿quién la pasará ?
—Tu ru ru ru rú,
no la pases tú.
—Tu ru ru ru ré,
yo la pasaré.

—Di, serrana, por tu fe,
si naciste en esta tierra,
¿por do pasaré la sierra,
gentil serrana morena ?

—Ti ri ri ri rí,
queda tú aquí.
—Tu ru ru ru rú
¿qué me quieres tú ?
—To ro ro ro ró,
que yo sola estó.

—Serrana, no puedo, no,
que otro amor me da guerra.
¿Comó pasaré la sierra,
gentil serrana morena ?

272.

DENTRO en el vergel
    moriré.
Dentro en el rosal
matarme han.
    Yo me iba, mi madre,
las rosas coger ;
hallé mis amores
dentro en el vergel.
Dentro en el rosal
matarme han.

273.

¿ POR qué me besó Perico ?
    ¿ Por qué me besó el traidor ?
Dijo que en Francia se usaba
y por eso me besaba,
y también porque sanaba
con el beso su dolor.
¿ Por qué me besó Perico ?
¿ Por qué me besó el traidor ?

274.

QUE yo, mi madre, yo,
    que la flor de la villa
me era yo.
    Ibame yo, mi madre,
a vender pan a la villa,
y todos me decían :
    — ¡ Qué panadera garrida !
Garrida me era yo,
que la flor de la villa
me era yo.

275.

SI la noche hace escura
y tan corto es el camino,
¿cómo no venís, amigo?
La media noche es pasada,
y el que me pena no viene:
mi ventura lo detiene
porque soy muy desdichada.
Véome desamparada,
gran pasión tengo conmigo,
¿cómo no venís, amigo?

276.

ESTAS noches atán largas
para mí
no solían ser ansí.
Solía que reposaba
las noches con alegría
y el rato que non dormía
en suspiros lo pasaba;
mas peor está que estaba
para mí:
non solían ser ansí.

277.

¿CON qué la lavaré
la flor de la mi cara?
¿Con qué la lavaré
que vivo mal penada?
Lávanse las casadas
con agua de limones,
lávome yo, cuitada,
con ansias y dolores.
¿Con qué la lavaré
que vivo mal penada?

278.

GRITOS daba la morenica
so el olivar,
que las ramas hace temblar.
  La niña, cuerpo garrido,
morenica, cuerpo garrido,
lloraba su muerto amigo
so el olivar;
que las ramas hace temblar.

279.

QUE no quiero amores
en Ingalaterra,
pues otros mejores
tengo yo en mi tierra.
  No quiero ni estimo
ser favorecido;
de amores me eximo,
que es tiempo perdido
seguir a Cupido
en Ingalaterra,
pues otros mejores
tengo yo en mi tierra.
  ¿Qué favores puede
darme la fortuna,
por mucho que ruede
el sol ni la luna,
ni mujer alguna
en Ingalaterra,
pues otros mejores
tengo yo en mi tierra?

Que cuando allá vaya,
a fe, yo lo fío,
buen galardón haya
del servicio mío:
que son desvarío
los de Ingalaterra,
pues otros mejores
tengo yo en mi tierra.

280.

MIRABA la mar
la mal casada,
que miraba la mar
cómo es ancha y larga.
   Descuidos ajenos
y propios gemidos
tienen sus sentidos
de pesares llenos.
Con ojos serenos
la mal casada,
que miraba la mar
cómo es ancha y larga.
   Muy ancho es el mar
que miran sus ojos,
aunque a sus enojos
bien puede igualar.
Mas por se alegrar
la mal casada,
que miraba la mar
cómo es ancha y larga.

281

SO ell encina, encina,
    so ell encina.
  Yo me iba, mi madre,
a la romería;
por ir más devota
fuí sin compañía:
so ell encina.

  Por ir más devota
fuí sin compañía:
tomé otro camino,
dejé el que tenía:
so ell encina.

  Halléme perdida
en una montiña,
echéme a dormir
al pie dell encina:
so ell encina.

  A la media noche
recordé, mezquina:
halléme en los brazos
del que más quería:
so ell encina.

  Pesóme, cuitada,
de que amanecía,
porque yo gozaba
del que mas quería:
so ell encina.

  Muy bendita sía
la tal romería
so ell encina.

1510(?)-1565

282.   *Canción*

M IMBRERA, amigo,
    so la mimbrereta.

    Y los dos amigos
idos se son, idos
so los verdes pinos
so la mimbrereta,
mimbrera, amigo.
    Mimbrera, amigo,
so la mimbrereta.

    Y los dos amados
idos se son ambos
so los verdes prados,
so la mimbrereta,
mimbrera, amigo.
    Mimbrera, amigo,
so la mimbrereta.

LUIS DE CAMOENS

1524-1580

283.   *Mote*

I RME, quiero, madre,
  a aquella galera,
con el marinero,
a ser marinera.

451

Voltas proprias,

Madre, si me fuere,
do quiera que vo,
no lo quiero yo,
que el Amor lo quiere.
Aquel niño fiero,
hace que le muera
por un marinero
a ser marinera.

El que todo puede,
madre, no podrá,
pues el alma va,
que el cuerpo se quede.
Con él porque muero
voy, porque no muera,
que si es marinero,
seré marinera.

Es tirana ley
del niño señor,
que por un amor
se deseche un rey.
Pues desta manera
quiere, irme quiero
por un marinero
a ser marinera.

Decid, ondas, ¿cuándo
vistes vos doncella,
siendo tierna y bella,
andar navegando?
Mas ¿qué no se espera
de aquel niño fiero?
Vea yo quien quiero,
sea marinera.

ANÓNIMO

284. *Serranilla de la Zarzuela*

YO me iba, mi madre,   a Villa Reale:
    errara yo el camino   en fuerte lugare.
Siete días anduve   que no comí pane,
cebada mi mula,   carne el gavilane.
Entre la Zarzuela   y Darazutane,
alzaba los ojos   hacia do el sol sale;
viera una cabaña,   della el humo sale.
Picara mi mula   fuíme para allá-e;
perros del ganado   sálenme a ladrare:
vide una serrana   del bello donaire.
— Llegaos, caballero,   vergüenza no hayades;
mi padre y mi madre   han ido al lugare,
mi carillo Minguillo   es ido por pane,
ni vendrá esta noche   ni mañana a yantare;
comeréis de la leche   mientras el queso se hace.
Haremos la cama   junto al retamale;
haremos un hijo   llamarse ha Pascuale;
o será arzobisbo,   papa o cardenale,
o será porquerizo   de Villa Reale.
Bien, por vida mía,   debéis de burlare.

TIRSO DE MOLINA

285.   1583(?)–1648

SEGADORES, afuera, afuera:
    dejen llegar a la espigaderuela.

    Si en las manos que bendigo
fuera yo espiga de trigo,
que me hiciera harina digo
y luego torta o bodigo,
porque luego me comiera.

    Segadores, afuera, afuera:
dejen llegar a la espigaderuela.

1562-1635

286.

AY fortuna:
cógeme esta aceituna.

Aceituna lisonjera,
verde y tierna por de fuera,
y por de dentro madera:
fruta dura e importuna.
   Ay fortuna:
cógeme esta aceituna.

   Fruta en madrugar tan larga,
que sin aderezo amarga;
y aunque se coja una carga,
se ha de comer sólo una.
   Ay fortuna:
cógeme esta aceituna.

287.

DEJA las avellanicas, moro,
que yo me las vareraré.
Tres y cuatro en un pimpollo
que yo me las vareraré.

   Al agua de Dinadámar,
que yo me vareraré,
alli estaba una cristiana,
que yo me las vareraré,
cogiendo estaba avellanas,
que yo me las vareraré.
El moro llegó a ayudarla,
que yo me las vareraré.
Y respondióla enojada,
que yo me las vareraré:

—Deja las avellanicas, moro,
que yo me las varearé.
Tres y cuatro en un pimpollo
que yo me las varearé.

Era el árbol tan famoso,
que yo me las varearé,
que las ramas eran de oro,
que yo me las varearé,
de plata tenía el tronco,
que yo me las varearé,
hojas que le cubren todo,
que yo me las varearé,
eran de rubíes rojos,
que yo me las varearé.
Puso el moro en él los ojos,
que yo me las varearé,
quisiera gozarle sólo,
que yo me las varearé,
mas díjole con enojo,
que yo me las varearé:
—Deja las avellanicas, moro,
que yo me las avearé.
Tres y cuatro en un pimpollo,
que yo me las varearé.

288.

¡HOLA! que me lleva la ola;
¡hola! que me lleva la mar.

¡Hola! que llevarme dejo
sin orden y sin consejo,
y que del cielo me alejo,
donde no puedo llegar.

¡Hola! que me lleva la ola;
¡hola! que me lleva la mar.

289.

LAS tres de la noche han dado,
　　corazón, y no dormís.
　Mis recaudos os desvelan,
viendo que a Dios ofendí;
si no duerme el agraviado,
que Dios no puede dormir,
mal dormirá quien le agravia,
si no está fuera de sí.
Las tres de la noche han dado,
corazón, y no dormís.

290.

—VELADOR que el castillo velas,
　　vélale bien y mira por ti,
que velando en él me perdí.

　—Mira las campañas llenas
de tanto enemigo armado.
　—Ya estoy, amor, desvelado
de velar en las almenas.
Ya que las campanas suenas,
toma ejemplo y mira en mí,
que velando en el me perdí.

291.

QUE de noche le mataron
　　al caballero,
la gala de Medina,
la flor de Olmedo.
　Sombras le avisaron
que no saliese
y le aconsejaron
que no se fuese
el caballero,
la gala de Medina,
la flor de Olmedo.

292.

BLANCA me era yo
cuando entré en la siega;
dióme el sol y ya soy morena.
　　Blanca solía yo ser
antes que a segar viniese,
mas no quiso el sol que fuese
blanco el fuego en mi poder.
Mi edad al amanecer
era lustrosa azucena;
dióme el sol y ya soy morena.

293.

NARANJITAS me tira la niña
en Valencia por Navidad,
pues a fe que si se las tiro
que se le han de volver azahar.
　　A una máscara salí
y paréme a su ventana:
amaneció su mañana
y el sol en sus ojos vi.
Naranjitas desde allí
me tiró para furor:
como no sabe de amor
piensa que todo es burlar,
pues a fe que si se las tiro
que se le han de volver azahar.

294.

¡TRÉBOLE, ay Jesús, cómo huele!
¡Trébole, ay Jesús, qué olor!

Trébole de la casada
que a su esposo quiere bien;
a la doncella también
entre paredes guardada,
que fácilmente engañada
sigue su primer amor.
    ¡Trébole, ay Jesús, cómo huele!
¡Trébole, ay Jesús, qué olor!

Trébole de la soltera
que tantos amores muda,
trébole de la viuda
que otra vez casarse espera,
tocas blancas por defuera
y faldellín de color.
    ¡Trébole, ay Jesús, cómo huele!
¡Trébole, ay Jesús, qué olor!

295.

PIRAGUAMONTE, piragua,
piragua, jevizarizagua.

En una piragua bella,
toda la popa dorada,
los remos de rojo y negro,
la proa de azul y plata,
iba la madre de Amor,
y el dulce niño a sus plantas;
el arco en sus manos lleva,
flechas al aire dispara;

el río se vuelve fuego,
de las ondas salen llamas.
A la tierra, hermosas indias,
que anda el Amor en el agua.
    Piraguamonte, piragua,
piragua, jevizarizagua;
        Bío Bío,
que mi tambo le tengo en el río.

    Yo me era niña pequeña,
y enviáronme un domingo
a mariscar por la playa
del río de Bío Bío;
cestillo al brazo llevaba,
de plata y oro tejido;
hallárame yo una concha,
abríla con mi cuchillo;
dentro estaba el niño Amor,
entre unas perlas metido;
asióme el dedo y mordióme;
como era niña, di gritos.
        Bío Bío,
que me tambo le tengo en el río.
Piraguamonte, piragua,
piragua, jevizarizagua.

    Entra, niña, en mi canoa
y daréte una guirnalda,
que lleve el sol qué decir
cuando amanezca en España.
Iremos al tambo mío,
cuyos paredes de plata
cubrirán paños de plumas
de pavos y guacamayas.

459

No tengas miedo al Amor,
porque ya dicen las damas
que le quiebra el interés
todos los rayos que fragua.

  Piraguamonte, piragua,
piragua, jevizarizagua;
    Bío Bío,
que mi tambo le tengo en el río.

  La blanca niña en cabello
salió una mañana al río,
descalzó sus pies pequeños,
comenzó a quebrar sus vidros.
Andaba nadando Amor,
y acercándose quedito,
asióle del uno dellos,
a quien llorando le dijo:
— Deja el pie, toma el cabello,
porque la ocasión he sido,
y porque mejor la goces,
vente a mi tambo conmigo.
    Bío Bío,
que mi tambo le tengo en el río.
Piraguamonte, piragua,
piragua, jevizarizagua.

296.

LUIS DE CAMOENS

EL vaso reluciente y cristalino,
de ángeles agua clara y olorosa,
de blanca seda ornado y fresca rosa,
ligado con cabellos de oro fino;
   bien claro parecía el don divino
labrado por la mano artificiosa
de aquella blanca ninfa graciosa
más que el rubio lucero matutino.
   N'el vaso vuestro cuerpo se figura
rajado de los blancos miembros bellos,
y en el agua vuestra ánima tan pura:
   la seda es la blancura, y los cabellos
son las prisiones, y la ligadura
con que mi libertad fué asida de ellos.

LUPERCIO O BARTOLOMÉ LEONARDO DE ARGENSOLA

297.
Soneto

YO os quiero confesar, Don Juan, primero,
que aquel blanco y carmín de Doña Elvira
no tiene de ella más, si bien se mira,
que el haberle costado su dinero.
   Pero también que confeséis vos quiero
que es tanta la beldad de su mentira
que en vano a competir con ella aspira
belleza igual de rostro verdadero.
   Mas ¿qué mucho que yo perdido ande
por un engaño tal, pues que sabemos
que nos engaña así naturaleza?
   Porque ese cielo azul que todos vemos
ni es cielo ni es azul. ¡Lástima grande
que no sea verdad tanta belleza!

298. *Soneto*

RISA del monte, de las aves lira,
     pompa del prado, espejo de la aurora,
alma de abril, espíritu de Flora
por quien la rosa y el jazmín respira;

aunque tu curso, en cuantos pasos gira,
perlas vierte, esmeraldas atesora,
tu claro proceder más me enamora
que cuanto en ti naturaleza admira.

¡ Cuán sin engaño tus entrañas puras
dejan que por luciente vidriera
se cuenten las guijuelas de tu estrado!

¡ Cuán sin malicia cándida murmuras !
¡ Oh sencillez de aquella edad primera !
Perdióla el hombre y adquirióla el prado.

299. *Soneto*

EL que fuere dichoso será amado,
     y yo en amar no quiero ser dichoso,
teniendo mi desvelo generoso
a dicha ser por vos tan desdichado.

Solo es servir, servir sin ser premiado;
cerca está de grosero el venturoso;
seguir el bien a todos es forzoso,
yo solo sigo el bien sin ser forzado.

No he menester ventura por amaros;
amo de vos lo que de vos entiendo,
no lo que espero, porque nada espero.

Llévame el conoceros a adoraros;
servir más por servir solo pretendo,
de vos no quiero más que lo que os quiero.

300. De la «Fábula de Faetón» que escribió el conde de Villamediana.

CRISTALES el Po desata
que al hijo fueron del Sol,
si trémulo no farol,
túmulo de undosa plata;
las espumosas dilata
armas de sañudo toro
contra arcitecto canoro,
que orilla el Tajo eterniza
la fulminada ceniza
en simétrica urna de oro.

301. Romance

APEÓSE el Caballero
(víspera era de San Juan)
al pie de una peña fría,
que es madre de perlas ya,
tan liberal, aunque dura,
que al más fatigado, más
le sirve en fuente de plata
desatado su cristal.
Lisonjeado de el agua,
pide al Sol, ya que no paz,
templadas treguas al menos,
debajo de un arrayán.
Concedíaselas, cuando
vió venir de un colmenar
muchos siglos de hermosura
en pocos años de edad;
con un cántaro una niña,
digo una perla oriental,
arracada de su aldea,

si no lo es de la beldad.
Cantando viene, contenta,
y valiente por su mal,
la vasija hecha instrumento,
este atrevido cantar :

« Al campo te desafía
la colmeneruela,
ven, Amor, si eres Dios, y vuela ;
vuela, Amor, por vida mía ;
que de un cantarillo armada,
en la estacada
mi libertad te espera cada día.

Este cántaro que ves
será contra tu fiereza,
morrión en la cabeza,
y embrazándole, pavés.
Si ya tu arrogancia es
la que solía,
al campo te desafía
la colmeneruela ;
ven, Amor, si eres Dios, y vuela ;
vuela, Amor, por vida mía ;
que de un cantarillo armada,
en la estacada
mi libertad te espera cada día. »

Saludóla el Caballero,
cuyo sobresalto, al pie
grillos le puso de yelo ;
y yendo a limallos él,
Amor, que hace donaire
del más bien templado arnés,
embebida ya en el arco
una saeta cruel,

464

perdona al pavés de barro,
no a la que embraza el pavés,
escondiéndole un arpón
donde las plumas se ven.
Llegó el galán a la niña,
que en un bello rosicler
convirtió el color rosado,
y saludóla otra vez.
Ella, que sobre diamantes
tremolar plumajes ve,
y brillar espuelas de oro,
dulce le miró y cortés.
Lo lindo, al fin, lo luciente,
si la saeta no fué,
esta lisonja afianzan,
que ella escucha sin desdén:

«Colmenera de ojos bellos
y de labios de clavel,
¿ qué hará aquél
que halla flechas en aquéllos
cuando en éstos busca miel ?
Dímelo tú, sépalo él;
dímelo tú, si no eres cruel.

Colmeneruela animosa,
contra el hijo de la Diosa,
si ve tus ojos divinos
y esos dos claveles finos,
¿ qué hará aquél
que halla flechas en aquéllos
cuando en éstos busca miel ?
Dímelo tú, sépalo él;
dímelo tú, si no eres cruel. »

Desde el árbol de su madre,
trincheado Amor allí,

solicita la venganza
del montaraz serafín.
Segunda flecha dispara,
tal, que con silbo subtil
las plumas de la primera
las tiñe de carmesí.
Tomóle el galán la mano,
cometiéndole a un rubí
que le prenda el corazón
en su dedo de marfil.
La sortija lo ejecuta,
y Amor, que fuego y ardid
está fomentando en ella,
le hace decir así:
    «Tiempo es, el Caballero,
tiempo es de andar de aquí;
que tengo la madre brava,
y el veros será mi fin.»
    El, contento, fía su robo
de las ancas de un rocín,
y ella, amante ya, su fuga
del Caballero gentil.

    Decidle a su madre, Amor
si la viniere a buscar,
que una abeja le lleva la flor
a otro mejor colmenar;
picar, picar,
que cerquita está el lugar.
    Decidle que no se aflija,
y perdone el llanto tierno;
pues granjeó galán yerno
cuando perdió bella hija.
El rubí de una sortija
se lo podrá asegurar,

que una abeja le lleva la flor
a otro mejor colmenar;
picar, picar,
que cerquita está el lugar.

302.   *Romance*

GUARDA corderos, Zagala,
    Zagala, no guardes fe;
que quien te hizo pastora
no te excusó de mujer.

La pureza del armiño
que tan celebrada es,
vístela con el pellico
y desnúdala con él:

Deja a las piedras lo firme,
advirtiendo que tal vez,
a pesar de su dureza,
obedecen al sincel.

Resiste al viento la encina,
más con el villano pie;
que con las hojas corteses,
a cualquier céfiro cree.

Aquella hermosa vid
que abrazada al olmo ves
parte pámpanos, discreta,
con el vecino laurel.

Tortolilla gemidora,
depuesto el casto desdén,
tálamo hizo segundo
los ramos de aquel ciprés.

No para una abeja sola
sus hojas guarda el clavel,
beben otras el aljófar
que borda su rosicler.

467

El cristal de aquel arroyo,
undosamente fiel,
niega al ausente su imagen
hasta que le vuelve a ver.

La inconstancia al fin da plumas
al hijo de Venus, que
poblando dellas sus alas,
viste sus flechas también.

No, pues, tu libre albedrío
lo tiranice interés,
ni amor que de singular
tenga más que de infiel.

Sacude preciosos yugos,
coyundas de oro no den,
sino cordones de lana,
al suelto cabello ley.

Mal hayas tú si constante
mirares al Sol, y quien
tan águila fuere en esto,
dos veces mal haya y tres.

Mal hayas tú si imitares,
en lasciva candidez,
las aves de la Deidad
que primero espuma fué.

Solicitando prolija
la ingratitud de un doncel,
ninfa de las selvas, ya
vocal sombra vino a ser.

Si quieres, pues, zagaleja,
de tu hermosura cruel
dar entera voz al valle,
desprecia mi parecer.

303.   *Diálogo entre Coridón y otro*

¡CUÁN venerables que son,
     cuán digno de reverencia,
las tocas de la apariencia,
el manto de la opinión!
     ¡Oh Coridón, Coridón!
venza las tortolas Dido
en uno y otro gemido,
turbe el agua a lo viudo;
que a fe que el hierro desnudo
desmienta al monjil vestido.

De un serafín quintañón
el menos hoy blanco diente,
si una perla no es luciente,
es un desnudo piñón.
     ¡Oh Coridón, Coridón!
antojos calzáis de necio,
pues no entendéis a Vegecio;
pero entenderéisle al fin,
si el quintañón serafín
muerde duro o tose recio.

Galán no pasea el balcón
de la reclusa doncella,
que no le conozca ella:
¡ y no conoce varón!
     ¡Oh Coridón, Coridón!
fresco estáis, no sé qué os diga,
si el Amor, por lo que obliga
un conocimiento desos,
le sacó prendas con huesos
del cofre de la barriga.

Solicita devoción
el rostro de la beata,
el geme, digo, de plata,
engastado en un griñón.
    ¡Oh Coridón, Coridón!
no hay flor de abeja segura;
poca plata es su figura,
poca; mas, con todo eso,
en oro le paga el peso
quien en cuartos la hechura.

Tejiendo ocupa un rincón
Penélope, mientras yerra
por mar Ulises, por tierra
cenizas ya el Ilión.
    ¡Oh Coridón, Coridón!
ella en tierra y él en mar,
papillas pudieran dar
a un gitano, puesto que él
menos urdió en su bajel
que ella tejió en su telar.

304.

A Córdoba

¡OH excelso muro, oh torres coronadas
de honor, de majestad, de gallardía!
¡Oh gran río, gran rey de Andalucía,
de arenas nobles, ya que no doradas!

¡Oh fértil llano, oh sierras levantadas,
que privilegia el cielo y dora el día!
¡Oh siempre gloriosa patria mía,
tanto por plumas cuanto por espadas!

¡Si entre aquellas rüinas y despojos
que enriquece Genil y Dauro baña
tu memoria no fué alimento mío,

nunca merezcan mis ausentes ojos
ver tu muro, tus torres y tu río,
tu llano y sierra, oh patria, oh flor de España!

305.

Soledades

CORO I

VEN, Himeneo, ven donde te espera
con ojos y sin alas un Cupido,
cuyo cabello intonso dulcemente
niega el vello que el vulto ha colorido:
el vello, flores de su primavera,
y rayos el cabello de su frente.
Niño amó la que adora adolescente,
villana Psiques, ninfa labradora
de la tostada Ceres. Esta, ahora,
en los inciertos de su edad segunda
crepúsculos, vincule tu coyunda
a su ardiente deseo.
Ven, Himeneo, ven: ven, Himeneo.

LUIS DE GÓNGORA

CORO II

Ven, Himeneo, donde, entre arreboles
de honesto rosicler, previene el día
— aurora de sus ojos soberanos —
virgen tan bella, que hacer podría
tórrida la Noruega con dos soles,
y blanca la Etiopia con dos manos.
Claveles de el abril, rubíes tempranos,
cuantos engasta el oro del cabello,
cuantas — del uno ya y del otro cuello
cadenas — la concordia engarza rosas,
de sus mejillas, siempre vergonzosas,
    purpúreo son trofeo.
Ven, Himeneo, ven; ven, Himeneo.

CORO I

Ven, Himeneo, y plumas no vulgares
al aire los hijuelos den alados
de las que el bosque bellas ninfas cela;
de sus carcajes, éstos, argentados,
flechen mosquetas, nieven azahares;
vigilantes aquéllos, la aldehuela
rediman del que más o tardo vuela,
o infausto gime, pájaro nocturno;
mudos coronen otros por su turno
el dulce lecho conyugal, en cuanto
lasciva abeja al virginal acanto
    néctar le chupa hibleo.
Ven, Himeneo, ven; ven, Himeneo.

CORO II

Ven, Himeneo, y las volantes pías
que azules ojos con pestañas de oro
sus plumas son, conduzgan alta diosa,
gloria mayor del soberano coro.
Fíe tus nudos ella, que los días
disuelvan tarde en senectud dichosa;
y la que Juno es hoy a nuestra esposa,
casta Lucina — en lunas desiguales —
tantas veces repita sus umbrales,
que Níobe inmortal la admire el mundo,
no en blanco mármol, por su mal fecundo,
     escollo hoy del Leteo.
Ven, Himeneo, ven; ven, Himeneo.

CORO I

Ven, Himeneo, y nuestra agricultura
de copia tal a estrellas deba amigas
progenie tan robusta, que su mano
toros dome, y de un rubio mar de espigas
inunde liberal la tierra dura;
y al verde, joven, floreciente llano
blancas ovejas suyas hagan, cano,
en breves horas caducar la hierba;
oro le expriman líquido a Minerva,
y — los olmos casando con las vides —
mientras coronan pámpanos a Alcides
     clava empuñe Lieo.
Ven, Himeneo, ven; ven, Himeneo.

CORO II

Ven, Himeneo, y tantas le dé a Pales
cuantas a Palas dulces prendas esta
apenas hija hoy, madre mañana.
De errantes lilios unas la floresta
cubran : corderos mil, que los cristales
vistan del río en breve undosa lana ;
de Aracnes otras la arrogancia vana
modestas acusando en blancas telas,
no los hurtos de amor, no las cautelas
de Júpiter compulsen : que, aun en lino,
ni a la pluvia luciente de oro fino,
    ni al blanco cisne creo,
Ven, Himeneo, ven ; ven, Himeneo.

306.

MIENTRAS por competir con tu cabello,
oro bruñido al Sol relumbra en vano,
mientras con menosprecio en medio el llano
mira tu blanca frente el lilio bello ;
    mientras a cada labio, por cogello,
siguen más ojos que al clavel temprano,
y mientras triunfa con desdén lozano
del luciente cristal tu gentil cuello ;
    goza cuello, cabello, labio y frente,
antes que los que fué en tu edad dorada
oro, lilio, clavel, cristal luciente,
    no sólo en plata o víola troncada
se vuelva, mas tú y ello juntamente
en tierra, en humo. en polvo, en sombra, en nada.

307. *De la brevedad engañosa de la vida*

MENOS solicitó veloz saeta
   destinada señal, que mordió aguda;
agonal carro por la arena muda
no coronó con más silencio meta,
   que presurosa corre, que secreta,
a su fin nuestra edad. A quien lo duda,
fiera que sea de razón desnuda,
cada Sol repetido es un cometa.
   ¿Confiésalo Cartago, y tú lo ignoras?
Peligro corres, Licio, si porfías
en seguir sombras y abrazar engaños.
   Mal te perdonarán a tí las horas;
las horas que limando están los días,
los días que royendo están los años.

NOTES

THE *Razon de Amor* (pages 1–5) was first published by M. Alfred Morel-Fatio, under the heading of 'Textes castillans inédits du XIIIe siècle', in *Romania* (1887), vol. xvi, pp. 368–73. Critical editions have been issued by Giuseppe Petraglione in *Studj di filologia romanza* (1901), vol. viii, pp. 485–502; by Mme Carolina Michaëlis de Vasconcellos in the *Revista Lusitana* (1902), vol. vi, pp. 1–32; and by Sr. D. Ramón Menéndez Pidal in the *Revue hispanique* (1905), vol. xiii, pp. 602–8. The readings of Sr. Menéndez Pidal are followed here. In the manuscript on which these editions are based the *Razon de Amor* is followed, without any break, by *Los Denuestos del agua y el vino*, an independent poem on another theme. The manuscript bears the name of Lope de Moros, who is conjectured to be merely the transcriber, probably an Aragonese.

Gonzalo de Berceo (page 6), called after his birthplace (Berceo), was a secular priest connected with the Benedictine monastery at San Millán de la Cogolla in the Calahorra diocese. In the *Vida de Santa Oria* he speaks of being old, but we have no information as to the dates of his birth and death. He is mentioned as being a deacon in 1221, and as being a priest in 1237; he signed a document on December 31, 1246, and is presumed to have died shortly after this date. His voluminous poems have been edited by Florencio Janer in the *Biblioteca de Autores Españoles*, vol. lvii; a good edition of the *Vida de Santo Domingo*, by Professor J. D. Fitz-Gerald, appeared at Paris in 1904 (*Bibliothèque de l'École des Hautes Études*, fasc. 149). The song quoted here is from the *Duelo que fizo la Virgen Maria* (*coplas* 178–90).

Alfonso X (page 8), also known as Alfonso *el Sabio*, is the subject of an apocryphal anecdote which represents him as saying that the world would have been made differently, had he been consulted at the Creation. More learned than

477

wise, more ambitious than firm, Alfonso failed to govern efficiently. He was, however, zealous in arranging for the compilation of chronicles, codes, scientific and didactic treatises. He passes as being the author of the *Cantigas de Santa Maria*, a collection of devout poems in Galician, edited for the Spanish Academy by Leopoldo A. de Cueto, Marqués de Valmar (Madrid, 1889, 2 vols.). The attribution has been questioned, and it seems probable that some at least of the *Cantigas* are not by Alfonso X. The poem in the text is taken from the *Canzoniere Colocci-Brancuti*, No. 471.

Juan Ruiz (page 8) was archpriest of Hita. It is uncertain whether he was born at Hita, or at Guadalajara. According to a note at the end of the *Cantiga de los clerigos de Talavera*, the archpriest wrote this poem while imprisoned by order of Cardinal Gil Albornoz, who was archbishop of Toledo from 1339 to 1367. The imprisonment of Ruiz is assumed to have taken place at some time between 1339 and January 7, 1351, for on the latter date one Pedro Fernandez is mentioned as being then archpriest of Hita. It is not known whether Ruiz had died before January 7, 1351, or whether he had been deprived for his misdemeanours. The Rev. J. Ducamin has published a palaeographic edition of the *Libro de buen amor* (Toulouse, 1901); Sr. D. Julio Cejador y Frauca has recently issued a critical edition of the text (Madrid, 1913). Sr. D. Julio Puyol y Alonso's essay, *El Arcipreste de Hita : estudio crítico* (Madrid, 1906), is well worth consulting.

Alfonso XI (page 16) was great-grandson of Alfonso X, and father of Peter the Cruel. Anticipating his son's savage methods, Alfonso XI was a most successful ruler, and was also a capable soldier. The song in the text, so curiously in contrast with his reputation for ruthlessness, is taken from the *Canzoniere portoghese della Biblioteca Vaticana* (Halle a. S., 1875), edited by E. Monaci.

Pero Lopez de Ayala (page 18). One of the few Basques to attain a high position in Spanish literature, Lopez de Ayala became page to Peter the Cruel in 1353. He deserted to the pretender Henry of Trastamara in 1366, served John I and Henry III, and finally became Grand Chancellor

NOTES

of Castile. His chronicles of the events which happened during the reigns of these kings are vivid narratives, usually impartial and notable for their graphic phrasing. There seems to be no solid ground for the conjecture that some part of the *Rimado de Palacio*, from which the two *cantares* in the text are taken, was written in England. A new edition of the *Rimado de Palacio* is on the point of publication by Professor Albert Kuersteiner in the *Bibliotheca Hispanica*, directed by M. R. Foulché-Delbosc. Meanwhile, the poem can be read in Florencio Janer's edition, *Biblioteca de Autores Españoles*, vol. lvii.

Diego Furtado de Mendoza (page 20) was Admiral of Castile, and a territorial magnate of immense wealth. A charming poet, his reputation is eclipsed by that of his son, the celebrated Marqués de Santillana, whose earlier verses are reminiscent of his father's manner. The *cossante* in the text is printed by José Amador de los Ríos, *Historia crítica de la literatura española* (Madrid, 1861–5), vol. v, pp. 293–4.

Alonso Alvarez de Villasandino (page 21). This Galician *trovador* is represented by 193 poems in the *Cancionero de Baena*; the *cantiga* is No. 44 in P. J. Pidal's edition of this anthology (Madrid, 1851). A clever and copious versifier, Alvarez de Villasandino hired his pen to various magnates, amongst others to Pero Niño, Conde de Buelna. A scholarly examination of his work will be found in Professor Henry R. Lang's *Cancioneiro gallego-castelhano* (New York, 1902), Facsimile by the Hispanic Society of America.

Francisco Imperial (page 22), son of a Genoese jeweller, settled at Seville. Thirteen of his poems are preserved in the *Cancionero de Baena*; the *dezires* quoted are Nos. 231 and 243 respectively. Imperial's date is approximately fixed by the circumstance that he wrote a poem to celebrate the birth of John II in 1405. His historical importance lies in the fact that he was apparently the first Spanish poet to imitate Dante; in the *Dezir a las syete virtudes* the imitation is obvious, but uninspired.

Ferrant Sanchez Calavera (page 24), Commander of the Order of Calatrava, has sixteen poems in the *Cancionero de Baena*; the *dezir* quoted is No. 530. It is unlucky for him that his lament on the death of Ruy Diaz de Mendoza

479

invites comparison with Jorge Manrique's *Coplas*, and that his *Requesta contra el Amor* invites comparison with Rodrigo Cota de Maguaque's *Diálogo entre el Amor y un Viejo*. But his work is touched with a grave distinction rare among Baena's contributors.

Ruy Paez de Ribera (page 27) is conjectured by Menéndez y Pelayo to have been in some way connected with the illustrious house of Ribera, one of the most famous in Andalusia. Some colour is lent to this surmise by Paez de Ribera's tragic laments on his poverty; these certainly imply that he had known better days. He is represented in the *Cancionero de Baena* by thirteen pieces, some of them remarkable for their forcible phrasing and realistic sincerity; the *dezir* quoted is No. 291.

Fernan Perez de Guzman (page 30), nephew of the Chancellor Pero Lopez de Ayala, and uncle of the Marqués de Santillana, who describes him as 'doto en toda buena doctrina'. Perez de Guzman was in a fair way to become an important political figure when he wrecked his career by a violent quarrel with the Constable Alvaro de Luna after the battle of La Higuera (1431); he was arrested, fell into disgrace with John II, and retired to his estate at Batres, where he wrote the admirable sketches of celebrated personages entitled *Las Generaciones, Semblanças y Obras delos ecelentes reyes de España don Enrique el tercero y don Juan el segundo y delos venerables perlados y notables caualleros que enlos tiempos destos reyes fueron*. Perez de Guzman is now best known as the author of this work (which forms the third part of the *Mar de istorias*); but in his own time, and for long afterwards, he was greatly esteemed as a sententious, moralizing poet. The verses quoted in the text (Nos. 551 and 553 of the *Cancionero de Baena*) are in Perez de Guzman's earlier and lighter manner, modelled on the songs of the Galician poets.

Don Alvaro de Luna (page 33), Constable to John II, is contemptuously described by Perez de Guzman as 'un caballero sin parientes'. His long struggle with the nobles ended in his downfall; abandoned by John II, he was beheaded in 1453. A very able plea in his favour is the anonymous *Cronica de Don Alvaro de Luna*, first issued at

Milan in 1546. Luna's amatory verses—frivolous and sometimes startling in their daring comparisons—are excellent specimens of their kind. The *cancion* in the text will be found in the prolegomena to P. J. Pidal's edition of the *Cancionero de Baena* (Madrid, 1851), p. lxxxii.

The *Marqués de Santillana* (page 34)—son of Diego Furtado de Mendoza, Admiral of Castile, and of Doña Leonor de Vega—was born at Carrión de los Condes. As Iñigo Lopez de Mendoza, he was prominent in the political struggles of the period, changing with skilful opportuneness from one party to another. After the battle of Olmedo (May 19, 1445), John II conferred on him the titles of Marqués de Santillana and Conde del Real de Manzanares. Thereafter Santillana became more and more hostile to Alvaro de Luna; he was active in procuring Luna's arrest, and, in *El Doctrinal de Privados*, a rancorous philippic, exulted over his enemy's fall. Santillana died at Guadalajara on March 25, 1458. His *Obras*, edited by José Amador de los Rios, were published at Madrid in 1852; his poems have been collected by M. R. Foulché-Delbosc in the *Cancionero Castellano del siglo XV (Nueva Biblioteca de Autores Españoles*, vol. xix). An excellent study of Santillana is given by M. Menéndez y Pelayo, *Antología de poetas líricos castellanos desde la formación del idioma hasta nuestros días* (Madrid, 1890–1908), vol. v, pp. lxxviii–cxliv; see also a careful monograph by A. Vegue y Goldoni, *Los sonetos « al itálico modo » de don Iñigo Lopez de Mendoza marqués de Santillana : estudio crítico y nueva edición de los mismos* (Madrid, 1911).

Juan II (page 38) is scornfully dismissed by Perez de Guzman as having never done a deed to show himself a man. Though timid and irresolute, John II was a patron of literature, and his verses are graceful examples of court-poetry. The *cancion* is taken from the prolegomena to the *Cancionero de Baena*, p. lxxxi.

Juan de Mena (page 39) was born at Córdoba, of which city his father was *regidor*. He travelled in Italy, and, on his return to Spain, was appointed *secretario de cartas latinas* to John II, with whom he became a favourite. Mena, who is often called 'the Spanish Ennius', died at Torrelaguna, where his friend Santillana is said to have raised a monument in memory of him. In some of his shorter pieces, such as *Lo claro escuro*, Mena anticipates the peculiarities of Góngora's most eccentric manner. The description of the battle of la Higuera occupies stanzas 147–52 of *El Laberinto de Fortuna*, Mena's most important work, first printed in 1489 ; an excellent edition of this famous allegorical poem (also known as *Las Trezientas*) was published by M. R. Foulché-Delbosc at Mâcon in 1904. The *cancion* appears in M. R. Foulché-Delbosc's *Cancionero Castellano del siglo XV* (*Nueva Biblioteca de Autores Españoles*, vol. xix).

Gomez Manrique (page 42) was born, according to tradition, at Amusco. Following the example of his uncle Santillana, he engaged actively in political life. An impressive orator, he showed much diplomatic tact during the early years of Henry IV's disastrous reign. Slighted by this dull and vicious king, Gomez Manrique went over to the pretender Alfonso, on whose death he supported the claims of the Infanta Isabel. He seems to have been ill-rewarded for his zeal. His *Cancionero* (Madrid, 1885) has been competently edited by Sr. D. Antonio Paz y Melia.

Juan Alvarez Gato (page 42) is conjectured to have been born at Madrid. He was knighted in 1453 by John II, but fell into disgrace with Henry IV. Gomez Manrique esteemed him highly—perhaps too highly. The *cantar* is published by M. R. Foulché-Delbosc in the *Cancionero Castellano del siglo XV* (Obras completas, in *Los clásicos olvidados*, iv (1928)).

Jorge Manrique (page 43) is said to have been born at Paredes de Nava. Like his kinsmen he took up arms for the pretender Alonso, and was a strong supporter of the Infanta Isabel. He was finally killed in action before the fort of Garci-Muñoz, held by the troops of the Marqués de Villena, one of the nobles who refused to submit to Isabel and Ferdinand. Some account of Jorge Manrique's career is given by Luis de Salazar y Castro, *Historia de la casa de Lara* (Madrid, 1696–97–94), vol. ii, pp. 407–11. His *Coplas* were written in 1476 to commemorate the death of his father, Rodrigo Manrique, Conde de Paredes, a successful soldier often called ' the second Cid '; of the innumerable editions of the *Coplas,* the best is that published by M. R. Foulché-Delbosc (Madrid, 1912): Longfellow's translation is excellent. A complete edition of Jorge Manrique's verses is published in *Clásicos castellanos,* 94 (1929).

The *romances* (pages 59–73) are fully discussed in M. Menéndez y Pelayo's *Tratado de los romances viejos,* vols. xi and xii of the *Antología de poetas líricos castellanos desde la formación del idioma hasta nuestros días* (Madrid, 1890–1908); vols. vii, viii, ix, and x of this *Antología* contain a reprint, with interesting additions, of the *Primavera y Flor de romances* (Berlin, 1856), edited by F. J. Wolf and C. Hofmann. An ingenious theory concerning the origin and development of the *romances* is put forward by Sr. D. Ramón Menéndez Pidal in *L'Épopée castillane à travers la littérature espagnole* (Paris, 1910); for an acute critical examination of this theory see M. R. Foulché-Delbosc, *Essai sur les origines du Romancero: Prélude* (Paris, 1912).

The anonymous *villancico* (page 74) is printed by F. Asenjo Barbieri, *Cancionero musical de los siglos XV y XVI* (Madrid, 1890), No. 17, p. 62.

Fray Iñigo de Mendoza (page 75) is conjectured to have been in some way connected with the great family of which Santillana was the head. A Franciscan, he was received at Queen Isabel's court with an amount of favour which led envious contemporaries to accuse him of unbecoming gallantries. The *romance* is printed by M. R. Foulché-Delbosc, *Cancionero castellano del siglo XV* (*Nueva Biblioteca de Autores Españoles,* vol. xix). A critical estimate of Mendoza is printed by M. Menéndez y Pelayo, *Antología de poetas líricos castellanos desde la formación del idioma hasta nuestros días* (Madrid, 1890–1908), vol. vi, pp. ccii–ccxvii.

Rodrigo Cota de Maguaque (page 76), an antisemitic Jew to whom have been ascribed the *Coplas de Ay Panadera!,* the *Coplas del Provincial,* the *Coplas de Mingo Revulgo,* and the beginning of the *Celestina.* He is the author of the *Dialogo entre el Amor y un Viejo,* and of a burlesque epithalamium published by M. R. Foulché-Delbosc in the *Revue hispanique* (1894), vol. i. The *esparsa* will be found in Hernando del Castillo's *Cancionero general* (Madrid, 1882), No. 126.

NOTES

El Comendador Joan Escrivá (page 76). Probably born at Valencia. He was *Maestre Racional* to Ferdinand, who sent him as ambassador to Rome in 1497. Lope de Vega and other poets have written *glosas* on the *cancion*, one of the best-known of Spanish poems : it is quoted by Cervantes in *Don Quixote*, and by Calderon in *El mayor monstruo los zelos*. Escrivá's other verses (some of them written in Catalan) are less striking; the *cancion* appears in Hernando del Castillo's *Cancionero general* (Madrid, 1882), No. 392.

Fray Ambrosio Montesino (page 77). A Toledan Franciscan who was finally nominated to a see in Sardinia. The favourite poet of Queen Isabel, he was remarkable for his readiness and skill in adapting popular songs and measures to devout purposes. An appreciation of his work is given by M. Menéndez y Pelayo, *Antología de poetas líricos castellanos desde la formación del idioma hasta nuestros días* (Madrid, 1890–1908), vol. vi, pp. ccxvii–ccxxxv. The *villancico* will be found in the reprint of Montesino's *Cancionero* (*Biblioteca de Autores Españoles*, vol. xxxv).

Garci Sanchez de Badajoz (page 78). Despite his name, this poet is stated to have been born at Écija in Andalusia. According to tradition, an unhappy love affair drove him mad; he is alleged to have died insane at Badajoz. Much of his verse is either trivial or blasphemous, but he has a delightfully ingenious fancy, displayed in such poems as *El graue dolor estraño* and the *villancico* quoted in the text. Lope de Vega had an unbounded admiration for Garci Sanchez, whose *Cancionero* is reported to have been discovered recently. Meanwhile he may be read in Hernando del Castillo's *Cancionero general* (Madrid, 1882), where his *villancico* is printed under No. 660.

Juan del Enzina (page 79) is said to have been born at Salamanca, or at La Encina. He studied at Salamanca, and in 1492 joined the household of the second Duke of Alva. While in the duke's service Enzina, who was a good musician, began writing for the theatre. From 1502 onwards he paid several visits to Rome, where one of his pieces— *Placida y Victoriano*—was played (1512). He was appointed to a canonry at Málaga before being ordained priest; he became a canon of León and passed his closing years in

NOTES

that city. He survives mainly as a dramatist; he has, more-over, a pleasing musical gift well exemplified in F. Asjeno Barbieri, *Cancionero musical de los siglos XV y XVI* (Madrid, 1890), where the *villancico* quoted in the text is printed with its music, pp. 204–5.

Gil Vicente (page 80). A musician and dramatist like Enzina. His birthplace is uncertain. Though a Portuguese, resident in Portugal, he wrote eleven plays in Spanish. Both the *cancion* and *cantiga* occur in the *Auto da Sibilla Cassandra*. Vicente's rare lyrical charm is handsomely acknowledged by M. Menéndez y Pelayo, *Antología de poetas líricos castellanos desde la formación del idioma hasta nuestros días* (Madrid, 1890–1908), vol. vii, pp. clxiii–ccxx.

Juan Boscan (page 82), born at Barcelona, was attached to the household of King Ferdinand, passed into the service of Charles V, and became tutor to the Duke of Alva, after-wards famous as a soldier. In a letter to the Duquesa de Soma, which precedes the second book of his poems, Boscan records his conversation with the Venetian ambassador, Andrea Navagero, at Granada in 1526: ' Tratando con él en cosas de ingenio y de letras, y especialmente en las variedades de muchas lenguas, me dixo por qué no probaba en lengua castellana sonetos y otras artes de trovas usadas por los buenos autores de Italia; y no solamente me lo dixo así livianamente, mas aun, me rogó que lo hiciese. Partime pocos dias despues para mi casa; y con la largueza y soledad del camino, discurriendo por diversas cosas, fui a dar muchas veces en lo que Navagero me habia dicho; y así comencé a tentar este género de verso. En el qual al principio hallé alguna dificultad, por ser muy artificioso y tener muchas particularidades diferentes del nuestro. Pero despues, pareciéndome, quizá con el amor de las cosas propias, que esto comenzaba a sucederme bien, fui paso a paso metiéndome con calor en ello.' Boscan's poems (with those of Garcilasso de la Vega) were published posthumously in 1543. His translation of Castiglione's *Il Cortegiano* was reprinted at Madrid in 1873; his poems are available in W. I. Knapp's edition (Madrid, 1875). Menéndez y Pelayo has dedicated to Boscan the thirteenth volume of his *Antología de poetas líricos castellanos desde la formación del idioma hasta nuestros días* (Madrid, 1890–1908).

NOTES

Cristóbal de Castillejo (page 83) was born at Ciudad Rodrigo, and, at an early age, joined the household of Charles V's brother Ferdinand. After taking orders, Castillejo again entered Ferdinand's service, and was appointed to a living at Ardegge, which he resigned in 1539 when he went to Venice to join the suite of the Spanish ambassador, Diego Hurtado de Mendoza. He does not appear to have remained long in Italy. He seems to have been poor in fortune and in health; he died at Vienna, and is buried at Wiener-Neustadt. The best edition of his works was published at Madrid in 1792; he is the subject of a recent study by Miss C. L. Nicolay, *The Life and Works of Cristóbal de Castillejo* (Philadelphia, 1910).

Garcilasso de la Vega (page 88) was a member of one of the greatest Spanish families. He served with distinction in several campaigns, and stood high in Charles V's favour. He was, however, interned for three months at Grosse-Schütt-Insel for having, as it was supposed, connived at a secret marriage between his nephew and one of the Empress's maids-of-honour. He subsequently resided at Naples under the command of the viceroy, the Marqués de Villafranca; he visited Boscan in Spain in 1533-4, and in 1535 served in the expedition against Tunis. He was mortally wounded while leading a storming-party against the fort of Muy, near Fréjus. He died at Nice, and was buried two years later at Toledo. Boscan admits that he would not have persisted in his attempts to naturalize the Italian metres, had he not been steadily encouraged by Garcilasso: 'Mas esto no bastara a hacerme pasar muy adelante, si Garcilasso con su juicio, el qual no solamente en mi opinion, mas en la de todo el mundo, ha sido tenido por regla cierta, no me confirmara en esta mi demanda. Y así alabándome muchas veces este mi propósito, y acabándomele de aprobar con su exemplo, porque quiso él también llevar este camino, al cabo me hizo ocupar mis ratos ociosos en esto mas particularmente.' Garcilasso's poems form the fourth book of *Las obras de Boscan y algunas de Garcilasso de la Vega repartidas en quatro libros* (Barcelona, 1543). A convenient edition is that of Sr. D. Tomás Navarro Tomás (Madrid, 1911) in the series entitled *Clásicos Castellanos*.

NOTES

Diego Hurtado de Mendoza (page 96), son of the Marqués de Mondéjar, was born at Granada. Though he is thought to have received minor orders, he served in the army. He became a distinguished diplomatist. He is mentioned as visiting England in 1537 on a special mission to arrange (1) a marriage between Henry VIII and Charles V's niece, the Duchess of Milan, and (2) a marriage between Mary Tudor and Dom Luiz of Portugal. Later on he represented Charles V at Venice at the Council of Trent. His high-handed methods led to his transference to Siena, of which city he was governor. Returning to Spain in 1554, he was coldly received by Philip II, fell into disgrace in 1568, and was exiled to his estate at Granada, where he is supposed to have written the *Guerra de Granada,* a picturesque and sometimes caustic account of the Moorish rising in the Alpujarras (1568–71). He followed the lead of Boscan and Garcilasso de la Vega with but moderate success; his poetical essays in the older manner are admirable, and were greatly to the taste of Lope de Vega, who in the preface to his *Isidro* asks: 'Qué cosa iguala a una redondilla de Garci Sanchez o Don Diego de Mendoza?' Mendoza's *Obras poéticas* (Madrid, 1877) have been edited by W. I. Knapp.

Santa Teresa de Jesús (page 98) was born at Avila. Her name was Teresa de Cepeda y Ahumada till she became a Carmelite nun (November 3, 1534). She excelled as a practical reformer, and is renowned as a mystic writer. Canonized in 1622, she was declared co-patron of Spain in conjunction with St. James; this gave rise to an impassioned controversy in which Quevedo took part. St. Theresa's poems are simple in manner; her technical skill is small, but her passionate sincerity and exaltation lend them a singular charm. The best edition of her works was issued by Vicente de la Fuente at Madrid in 1881. An interesting presentation of this wonderful woman is given by Mrs. Cunninghame Graham, *Saint Teresa, her Life and Times* (London, 1894).

Gutierre de Cetina (page 101). Born at Seville. A soldier patronized by Diego Hurtado de Mendoza. He visited Mexico more than once, and died at Puebla of wounds unintentionally inflicted on him in a street brawl. His works have been ably edited by J. Hazañas y La Rua (Seville, 1892).

Jorge de Montemôr (page 101) was born at Montemôr-o-Velho, a village near Coimbra from which he took his name (castillanized later as Montemayor). A good musician, he was employed by Juana, wife of Dom João, eldest son of John III of Portugal. He is said to have accompanied Philip II to England, and to have fought at the battle of Saint-Quentin. Montemôr was assassinated in Piedmont, where he is reported to have become entangled in some love affair. He is famous as the author of *Los siete libros de la Diana*, a pastoral novel. The song quoted occurs in the sixth book of this work, which has been reprinted by M. Menéndez y Pelayo (*Nueva Biblioteca de Autores Españoles*, vol. vii).

Gregorio Silvestre (page 103), son of João Rodrigues, physician to John III of Portugal. Born at Lisbon, he ended his days as organist to the cathedral at Granada, having become converted to the italianizing methods of Boscan and Garcilasso de la Vega. The case is worth noting, since it shows the rapidity with which these new methods spread. Silvestre is a clever executant in both manners, but his talent is more supple than vigorous. His *Visita de amor* is reproduced in the *Biblioteca de Autores Españoles*, vol. xxxv.

Hernando de Acuña (page 104). A versatile writer of society-verse who obtained some success with his translation of Olivier de la Marche's poem, *Le Chevalier délibéré*; *El Caballero determinado* (1553) is said to have been versified after a prose translation made by Charles V himself. The sonnet quoted is given in the reprint of Acuña's posthumous *Varias poesías* (Madrid, 1804).

Luis de Leon (page 105), born at Belmonte de Cuenca, is alleged to have been of Jewish descent. He joined the Augustinian Order in 1544, was elected to a professorship at Salamanca in 1561, was denounced to the Inquisition in 1570, and two years later was imprisoned at Valladolid, charged with various offences, amongst others that of belittling the authority of the Vulgate. The local inquisitioners, after vainly plying him with embarrassing questions, recommended that he should be tortured—moderately, in consideration of his delicate health. The Supreme Tribunal of the Inquisition, however, decided that he should be released and reprimanded. He was set free in December, 1576, was elected to another chair at Salamanca, and was again reprimanded by the Inquisition. His relations with the university authorities were strained, owing to his frequent absences from his post. At this period he served on the commission charged with the reform of the calendar. He edited Saint Theresa's writings, was elected Provincial of his Order in Castile, and died nine days later at Madrigal. There is no satisfactory edition of his works; the best available is that edited by A. Merino (Madrid, 1816).

Baltasar del Alcázar (page 123). Born and died at Seville. He served under the Marqués de Santa Cruz, was employed by the Duke of Alcalá, and acted as steward to the Conde de Gelves. A good edition of his poems has been published by Sr. D. Francisco Rodríguez Marín (Madrid, 1910).

Gaspar Gil Polo (page 127), a Valencian lawyer who continued Montemôr's pastoral under the title of *Primera Parte de Diana enamorada* (1564). All that is known of Polo (to whom Cervantes makes an appreciative, punning allusion in *Don Quixote*) is exhaustively stated in Professor Hugo A. Rennert's interesting monograph, *The Spanish Pastoral Romances* (Philadelphia, 1912). The *Cancion de Turiano* occurs in the fifth and last book of the *Diana enamorada*, which, like Montemôr's romance, remained unfinished.

Fernando de Herrera (page 130). Born and died at Seville. He took minor orders, and in 1565 (or earlier) was presented to a benefice connected with the church of St. Andrew in Seville. His love-poems express an ecstatic, platonic admiration for Leonor de Milá, Condesa de Gelves, wife of Columbus's grandson, and mother of the Conde de Gelves, who patronized Baltasar del Alcazar. Herrera published an annotated edition of Garcilasso de la Vega's poems in 1580, which drew him into an idle and violent controversy; his poems appeared under the title of *Algunas obras* in 1582, and a Life of Sir Thomas More was issued ten years later. The *Relacion de la guerra de Cipre y sucesso de la batalla naual de Lepanto* (1572) is reprinted in the *Colección de documentos inéditos para la historia de España* (Madrid, 1852), vol. xxi; the volume entitled *Algunas obras* has been well reproduced by M. A. Coster (Paris, 1908), the author of *Fernando de Herrera, El Divino* (Paris, 1908), a careful biographical study. In the text some attempt is made to respect Herrera's personal views on spelling.

Francisco de la Torre (page 144) was born at Torrelaguna. Soon after leaving the university of Alcalá de Henares, this elusive personage is reported to have fallen in love with the lady who figures in his poems under the name of 'Filis'. Failing in his suit, he joined the army in Italy, whence he returned to find 'Filis' married to a rich, elderly man; the disillusioned soldier is alleged to have taken orders, but the truth is that we have very little information about Torre, who was speedily forgotten. Quevedo, who first published Torre's poems in 1631, evidently knew next to nothing about the writer. A fine facsimile of the 1631 edition has been issued by Mr. Archer M. Huntington (New York, 1903).

Francisco de Figueroa (page 148) was probably born at Alcalá de Henares, where he settled after his marriage in 1575 on his return from Italy. He is the Tirsi of Cervantes' pastoral novel, *Primera Parte de la Galatea*, where one of his poems is quoted textually. He appears to have abandoned poetry in his later years. An incomplete edition of his poems was issued at Lisbon in 1625; these may be read in Mr. Archer M. Huntington's facsimile (New York, 1903) of the 1626 edition. Supplementary poems by Figueroa have been discovered and published by M. R. Foulché-Delbosc in the *Revue hispanique* (Paris, 1911), vol. xxv.

Miguel de Cervantes Saavedra (page 149) was born at Alcalá de Henares. He served in the army, fought at Lepanto (where his left hand was maimed), took part in other expeditions, was captured by Moorish pirates in 1575, and kept as a slave in Algiers till 1580. Failing as a dramatist, he obtained a post as commissary to the Armada, and remained in the service till 1595 (or perhaps 1597), when he was dismissed owing to his having imprudently confided Treasury funds to a banker who absconded with them. Cervantes was henceforth dependent on his pen, and on such patrons as he could find. The *Primera Parte de la Galatea*, published in 1585, had not been successful; the First Part of *Don Quixote*, published in 1605, made the author famous in and out of Spain; the Second Part did not appear till 1615. Meanwhile he had issued his twelve *Novelas exemplares* (1613), a mock-heroic poem entitled *Viage del Parnaso*, and *Ocho comedias y ocho entremeses nuevos* (1615). Cervantes died at Madrid, and in the following year there appeared his posthumous romance, *Los Trabajos de Persiles y Sigismunda, Historia setentrional* (1617). Cervantes wrote much occasional verse, pleasing and facile, but his renown depends wholly on *Don Quixote* and the *Novelas exemplares*; the *Viage del Parnaso* is a failure. The sonnet quoted in the text occurs in *Don Quixote*, Part I, ch. xxvii.

Luis Barahona de Soto (page 149) was born at Lucena. He was much esteemed by contemporaries as the author of the *Primera Parte de la Angelica* (1586), an ambitious epic which has not stood the test of time. Nevertheless Barahona de Soto, who died at Archidona, has much executive skill and a suave note of ingenuity, noticeable in the poems given by Sr. D. Francisco Rodríguez Marín in the appendix to his exhaustive monograph, *Luis Barahona de Soto : estudio bibliográfico y crítico* (Madrid, 1903), where the madrigals quoted are printed on pp. 682–3. The *Angelica* may be read in Mr. Archer M. Huntington's beautiful facsimile (New York, 1904) of the *editio princeps*.

San Juan de la Cruz (page 150), born at Ontiveros, was known as Juan de Yepez before he took the Carmelite habit in 1563. A friend of St. Theresa's, and a zealous reformer, he was imprisoned, and, though he was made *definidor* of his order in 1588, was finally disgraced and died neglected at Pignuela. His works were (very incompletely) published in 1618; he was beatified in 1674 and canonized in 1726. The *Canciones del alma* are printed at the beginning of the *Noche Escura*; the *Canciones entre el Alma y el Esposo* follow upon the prologue to the *Cántico Espiritual*; the *Llama de amor viva* follows upon the prologue to the treatise so entitled, written in 1584 at the request of Doña

NOTES

Ana de Peñalosa. The works of St. John of the Cross are now in course of publication (Toledo, 1912–13) under the editorship of the Carmelite P. Gerardo de San Juan de la Cruz. Meanwhile, they are available in the *Biblioteca de Autores Españoles*, vol. xxvii.

Juan de la Cueva (page 160) was probably born at Seville. His biography is obscure; his works are rare; as an innovator in the drama he commands respect; as a poet he is less interesting. The sonnet in the text is above his usual level: it is given by B. J. Gallardo, *Ensayo de una biblioteca española de libros raros y curiosos* (Madrid, 1863–89), vol. ii, col. 677–8.

Vicente Espinel (page 160) was born at Ronda, led a disorderly life at Seville, was captured while at sea, taken as a slave to Algiers, and then joined the army in Italy. Ordained priest soon after his return to Spain, he became chaplain to the hospital at Ronda in 1591, lost this post through his irregular conduct, and was appointed choirmaster at Plasencia. He died at Madrid. His chief work is the *Relaciones de la vida del Escudero Marcos de Obregon* (1618), a clever picaresque novel utilized in *Gil Blas*. Espinel's *Diversas rimas* were published in 1591. The *letrilla* quoted in the text and a parody by José Iglesias de la Casa (1748–91) are printed in the *Biblioteca de Autores Españoles*, vol. lxi, p. 476.

A Cristo Crucificado (page 161). This famous sonnet has been attributed without sufficient reason to St. Ignatius Loyola, to St. Francis Xavier, to Pedro de los Reyes, and to St. Theresa. These ascriptions are examined with much critical acumen by M. R. Foulché-Delbosc in the *Revue hispanique* (1895), vol. ii.

Epístola moral a Fabio (page 162). This poem, formerly attributed to Francisco de Rioja, is now often conjecturally ascribed to Andrés Fernandez de Andrada. The reader is referred to A. de Castro, *La 'Epístola moral' no es de Rioja* (Cádiz, 1875) and to M. R. Foulché-Delbosc, *Les manuscrits de l'Epístola moral a Fabio* in the *Revue hispanique* (1900), vol. vii.

Miguel Sanchez (page 169). Perhaps born at Valladolid,

and is conjectured to have died at Plasencia. The little that is known of this writer—Miguel Sanchez, *el Divino*, as he is hyperbolically described—is summarized in the preface to Professor Hugo A. Rennert's edition of *La Isla bárbara* and *La Guarda cuidadosa* (Boston, 1896). A *romance* by Sanchez—*Oyd, señor don Gayferos*—is quoted in *Don Quixote*, Part II, ch. xxvi: the *Cancion a Cristo crucificado* first appeared in Pedro Espinosa's anthology entitled *Primera Parte de las Flores de Poetas ilustres de España* (1605).

Lupercio Leonardo de Argensola (page 173) was born at Barbastro, had some vogue as a dramatist, became chronicler of Aragon, and accompanied the Conde de Lemos to Naples, where he died. His poems, with those of his brother Bartolomé, were published posthumously in 1634. The sonnets quoted are somewhat incorrectly reprinted in the *Biblioteca de Autores Españoles*, vol. xlii.

José de Valdivielso (page 174) was born at Toledo, wrote excellent *autos* and *comedias divinas* (published in 1622), and a series of beautiful sacred lyrics collected in the *Primera Parte del Romancero Espiritual* (1612). He is insufficiently represented in the *Biblioteca de Autores Españoles*, vol. xxxv.

La Muerte del rey don Pedro (page 176), an anonymous *romance* sometimes conjecturally ascribed to Góngora, appeared in the *Romancero general*: it is included under no. 979 in the *Biblioteca de Autores Españoles*, vol. xvi.

The anonymous *romance* beginning *Así Riselo cantaba* (page 180) is often included in Góngora's poems, and it is not unworthy of him; it is also attributed to Pedro Liñan de Riaza: both ascriptions are merely conjectural.

Luis de Góngora (page 183) was born at Córdoba, where his father was a *juez de bienes*. He assumed his mother's family name, neglected his law-studies at Salamanca, received a benefice as early as 1577, and was recognized as poet by Cervantes in *La Galatea* (1585). His reputation became widespread on the appearance of the *Romancero general* in 1600. Góngora removed to Madrid about 1612, and later was appointed chaplain to the king. On the failure of his health, he returned to Córdoba, where he died. His poems were collected and issued by Juan Lopez de Vicuña in 1627; they are dispersed over the *Biblioteca de Autores Españoles*, vols. x, xvi, xxix, xxxii, and xxxv.

Lope de Vega Carpio (page 197) was born at Madrid. He was already known as a dramatist when he joined the expedition of the Invincible Armada; he led a dissipated life before taking orders in 1614, and his irregularities continued for some time after this date. He is reported to have written 1,800 plays and 400 *autos*, and in his own day his popularity was boundless. Not content with being the foremost dramatist of Spain, he wrote every kind of verse with unsurpassable fluency, and occasionally with unsurpassed effect. His *Obras sueltas, assi en prosa como en verso* (Madrid, 1776–9) fill twenty-one volumes. The *Cantarcillo a la Virgen* occurs in the *Pastores de Belen*. The *Soneto de repente* is spoken by Chacon in the third act of *La Niña de plata*; there are earlier efforts by Baltasar del Alcázar and Diego de Mendoza Barros, and there are innumerable imitations in various languages of Lope de Vega's sonnet.

Juan de Arguijo (page 208) was born at Seville, where his generosity, wit, and accomplishments won for him a position of recognized authority in literary circles. His sonnets were edited by J. Colon y Colon at Seville in 1841; some of his *cuentos* have been included by Sr. D. Antonio Paz y Melia in *Sales españolas* (Madrid, 1902), segunda serie, pp. 91–209.

Rodrigo Caro (page 209), born at Utrera, is well known as an archaeologist. The edition of his works issued by the Sociedad de Bibliófilos Andaluces (Seville, 1883–4) contains an interesting preface by M. Menéndez y Pelayo. The question of the authorship of the poem quoted is discussed by A. Fernandez-Guerra y Orbe in *Memorias de la Academia Española* (Madrid, 1870), vol. i, pp. 175–217.

Cristobalina Fernandez de Alarcon (page 212) was born and died at Antequera. Her portrait does not confirm Lope de Vega's report of her beauty. Her poems have not been collected; the quintillas on St. Theresa are printed in the *Biblioteca de Autores Españoles*, vol. xxxv.

Luis Martin de la Plaza (page 214) was born at Antequera, studied at Osuna, and was ordained priest in 1598. He is well represented in Pedro Espinosa's *Flores de Poetas ilustres de España*. His graceful madrigal is suggested by Tasso's sonnet:

Mentre madonna s'appoggiô pensosa.

Antonio Mira de Mescua (page 215) was born at Guadix, took orders, and wrote with great success for the stage. The poem given in the text is ascribed to Mira de Mescua on the authority of Gracian, who quoted a fragment before the whole poem was published. It appeared with no name attached to it in José Alfay's anthology, *Poesías varias de grandes ingenios españoles* (Saragossa, 1654). The poem has also been attributed to Góngora, Bartolomé Leonardo de Argensola, and Juan de Silva, Conde de Portalegre. Gracian may well be thought to have had private information as to the authorship; if his ascription be rejected, the poem must be classed as anonymous, for the other attributions are still less authoritative. A critical edition was published by M. R. Foulché-Delbosc in the *Revue hispanique* (1907), vol. xvi.

Pedro Espinosa (page 219) was born at Guadalhorce, and was already known as a poet when he edited the *Primera Parte de las Flores de Poetas ilustres de España* (1605). The failure of this anthology—the second part of which was not published till 1896—and his refusal by Cristobalina Fernandez de Alarcon affected Espinosa deeply. He became a hermit for a time, took orders, and died at Sanlúcar. The madrigal quoted is no. 54 in the *Primera Parte de las Flores de Poetas ilustres de España.*

Francisco de Quevedo y Villegas (page 219), son of a court-official, was born at Madrid, distinguished himself at the university of Alcalá de Henares, fought a duel in 1611, and fled to Italy, where he was employed on diplomatic missions by the Duque de Osuna. He took part in the Venetian conspiracy of 1618, was involved in Osuna's disgrace, and returned to Spain. Though he held a post at Philip IV's court, he found no favour with Olivares. Suspected of having denounced the minister in a copy of caustic verses placed on the king's dinner-table, Quevedo was arrested in 1639, and imprisoned for four years at the monastery of

San Marcos in Leon. His health failed before his release; he died at Villanueva. Diplomatist, scholar, novelist, philosopher and poet, his versatility was remarkable. A good edition of his works is in course of publication by the Sociedad de Bibliófilos Andaluces: three volumes (Seville, 1897–1907) have already appeared.

The *Conde de Villamediana* (page 229) was born at Lisbon, was expelled the Court for gambling in 1611, and spent six years in Italy; on his return to Spain he distinguished himself by his savage satires on Lerma and other Court favourites, and was again exiled till the death of Philip III. Villamediana became gentleman-in-waiting to Philip IV's first wife Isabel de Bourbon, was reported to be her lover, and was finally assassinated in Madrid. A poor selection of Villamediana's verses is to be found in the *Biblioteca de Autores Españoles*, vol. xlii: see also Sr. D. Emilio Cotarelo y Mori, *El Conde de Villamediana: estudio biográfico-crítico con varias poesías inéditas del mismo* (Madrid, 1886).

Francisco de Rioja (page 232) was born at Seville, took orders, became a favourite with Olivares, was appointed official chronicler and librarian to Philip IV. On the fall of Olivares Rioja retired to Seville, where he acted as an official of the Inquisition. He died at Madrid. The best edition of Rioja is that edited by Cayetano Alberto de la Barrera (Madrid, 1867), who issued a volume of supplementary poems at Seville in 1872.

Esteban Manuel de Villegas (page 234) was born at Matute and died at Nájera. He scarcely fulfilled the early promise of *Las Eroticas o Amatorias* (1618), took to law, was prosecuted by the Inquisition, and exiled to Santa María de Ribarredonda in 1659. *Las Eroticas y traduccion de Boecio*, edited by Vicente de los Rios, appeared at Madrid in 1774: a reprint of this edition was issued in 1797.

Pedro Calderon de la Barca (page 236) was born at Madrid, and was publicly complimented on his precocious talent by Lope de Vega in 1622. He was the favourite dramatist of Philip IV, who made him a Knight of the Order of Santiago in 1637; he served in the Catalan campaign of 1640, was ordained priest in 1651, and continued to write for the stage till his death, which took place at Madrid. His splendid talents were almost wholly devoted to the theatre. The sonnet quoted in the text is spoken by Don Fernando in the second act of *El Príncipe constante*. It also appears (with variants) in the second act of Mira de Mescua's *Galan valiente y discreto*, where it is introduced by Don Fadrique with the following preface:

> ¡ Oh, qué bien que lo decia
> un gran poeta de España
> en un soneto, que advierte
> que pasa la vida así
> como rosa y alhelí!

Sor Violante do Ceo (page 237) was born and died at Lisbon, where she made her profession as a Dominican nun in 1630. Her poems were collected under the titles of *Rimas varias* (Rouen, 1646) and *Parnaso Lusitano de divinos, e humanos versos* (Lisbon, 1733).

Sor Juana Inés de la Cruz (page 238) is said to have been born at San Miguel de Nepantla (Mexico), but Ameca-Ameca also claims her. As Juana de Asbaje (her name before becoming a nun in 1667) she showed remarkable literary precocity; she died of plague at Mexico. Her poems are easily accessible in Juan Camacho Gayna's edition published in three volumes at Madrid in 1725. A very pleasing sketch of Sor Juana Inés de la Cruz has been issued by the Mexican poet Sr. D. Amado Nervo under the title of *Juana de Asbaje* (Madrid, 1910).

Diego Tadeo Gonzalez (page 240) was born at Ciudad Rodrigo, was professed as an Augustinian in 1751, was known as an eloquent preacher, and became a leader of the school of poets at Salamanca, where he died. Gonzalez may be conveniently read in the *Biblioteca de Autores Españoles*, vol. lxi.

Nicolás Fernández de Moratín (page 245) was born and died at Madrid. He rallied to the gallicizing school of Ignacio Luzan, and wrote unsuccessful plays. His poems are collected in the *Biblioteca de Autores Españoles*, vol. ii.

Gaspar Melchor de Jovellanos (page 257), known as 'Jovino' among the Salamancan poets, studied for the

Church, and was a distinguished lawyer before becoming a minister. He fell with Cabarrús in 1790, was recalled by Godoy in 1797, was excluded from office in 1798, and was imprisoned in Majorca from 1801 till the French invasion, when he joined the *Junta Central*. He died at Vega. His poems are collected in the *Biblioteca de Autores Españoles*, vol. xlvi.

Juan Meléndez Valdés (page 264) was born at Ribera del Fresno, was patronized by Jovellanos, sided with the French during the War of Independence, finally fled to France, and died dishonoured at Montpellier. He may be read in the *Biblioteca de Autores Españoles*, vol. lxiii.

Manuel José Quintana (page 267) was born and died at Madrid. His first volume of poems was published in 1788, he was called to the Bar in 1795, held a legal post connected with the *Junta de Comercio y Moneda*, and edited a newspaper entitled *Variedades de Ciencias, Literatura y Artes*. On the French invasion he became chief secretary to the *Junta Central*, and held a somewhat similar post under the Regency. When Ferdinand VII returned to Spain, Quintana was imprisoned for six years at Pamplona. He was appointed to various subordinate posts by Liberal governments, but died poor, after submitting to a theatrical 'coronation' in the Senate House (March 25, 1855). The best edition of Quintana's works was published at Madrid in 1897-8; the most accessible is in the *Biblioteca de Autores Españoles*, vol. xix.

Juan Nicasio Gallego (page 273) was born at Madrid, took orders, shared Quintana's Liberal views, and like Quintana was imprisoned by order of Ferdinand VII. He finally became canon of Seville Cathedral and Secretary to the Royal Spanish Academy. He died at Madrid. A year later (1854) his poems were issued by the Royal Spanish Academy; a complete edition is available in the *Biblioteca de Autores Españoles*, vol. lxvii.

The *Duque de Rivas* (page 278) was born at Córdoba and died at Madrid. The lettered younger son of a noble house, he fought in the War of Independence, professed advanced Liberal ideas, and escaped from Spain in 1823.

He returned to Spain ten years later, having succeeded his brother as duke. He held various high offices of state without winning much distinction. He died at Madrid, and his fame as a dramatist seems firmly established. The best edition of his works was published in seven volumes at Madrid, 1894–1904.

José María Heredia (page 281) was born at Santiago de Cuba, practised as a lawyer at Matanzas, took part in political conspiracies, was exiled in 1823, escaped to the United States, became a judge in Mexico, and died at Toluca. The most convenient issue of Heredia's poems is that edited by E. Zerolo (Paris, 1893).

José de Espronceda (page 285) was born at a spot called Pajares de la Vega, between Villafranca de los Barros and Almendralejo. Educated at Madrid, he enlisted in secret societies, was imprisoned, removed to Lisbon, thence to London, and fled to Paris with Teresa Mancha. Amnestied in 1833, he entered the army, was cashiered, became a journalist, playwright, and agitator. He was finally nominated to a small post at the Hague Embassy, represented Almería in the Cortes, and died at Madrid. Patricio de la Escosura's edition of Espronceda's *Obras poéticas y escritos en prosa* (Madrid, 1884) is useful; Mr. Philip H. Churchman has published informing essays on Espronceda in the *Revue hispanique*, vols. xx and xxiii.

Nicomedes Pastor Díaz (page 312) is said to have been born at Vivero (Lugo). He died at Madrid. Entering politics, he became an ambassador and a cabinet minister; an edition of his works in six volumes, edited by A. Ferrer del Río, was published at Madrid in 1867.

Gertrudis Gómez de Avellaneda (page 316) is said to have been born at Puerto Príncipe (or Camagüey, as it was formerly called) in Cuba. She removed to Spain in 1836, published her first volume of poems in 1841, married twice, and died at Madrid. The edition of her *Obras literarias* (Madrid, 1867–71) is unsatisfactory, but convenient in default of anything better.

Enrique Gil (page 317) was born at Villafranca del Vierzo and died at Berlin. He is generally known as the author

NOTES

of *El Señor de Bembibre* (1843), perhaps the best historical novel published in Spanish during the last century. His *Poesías líricas* were collected and published posthumously (Madrid, [1873]) by Gumersindo Laverde Ruiz.

Gabriel García y Tassara (page 320) was born at Seville, entered journalism, represented Spain at Washington, and died at Madrid. García y Tassara regarded all great Liberal movements with horror, and his dismay at the swift approach of the social revolution now seems unjustified. An attempt to collect his poems was made at Bogotá (Colombia); the author himself is responsible for the edition published at Madrid in 1872.

José Zorrilla (page 325) was born at Valladolid, leaped into sudden fame after reading a copy of verses at Larra's open grave in 1837, won popularity by his poems, and became even more popular as a dramatist. Despite his success, Zorrilla was always in money difficulties. He emigrated to America, but failed to better his fortune, and returned to Spain after the execution of Maximilian. He was granted a small pension, consented to be ' crowned ' at Granada (June 22, 1889), and died in poverty at Madrid.

Ramón de Campoamor (page 329) was born at Navia, thought of entering the Church, then took up medicine, and ultimately devoted himself to poetry and politics. He died at Madrid. His *Obras completas* (Madrid, 1901–3) are published in eight volumes.

Gustavo Adolfo Bécquer (page 336) was born at Seville, studied painting, refused to follow a promising commercial career, went to Madrid in 1854, and there led a miserable existence till he obtained a humble post in a government office, from which he was soon dismissed. He found work as a journalist, made an unhappy marriage, and died in poverty at Madrid. His *Obras*, published posthumously in 1871, have often been reprinted.

Rosalía de Castro (page 338) was born at Santiago de Compostela, married a local historian, won recognition with her *Cantares gallegos* (1863), and wrote estimable fiction. *En las orillas del Sar* (1884), a volume of poems in Castilian, passed almost unnoticed; the reprint of 1909 however was enthusiastically received by a later school of Spanish poets and critics.

José Asunción Silva (page 344) was born and died at Bogotá (Colombia). He is regarded by some as the earliest of the *modernistas*. A definitive edition of his poems, all indicative of a vigorous, original talent, was published in Paris in 1913 by Sr. D. Baldomero Sanín Cano.

Rubén Darío (Felix Rubén García Sarmiento, page 351) was born at Metapa (Nicaragua), of mixed blood, and lived at first in El Salvador, Chile, Argentina, and other Spanish-American countries as correspondent of *La Nación*, of Buenos Aires. He visited Spain in 1892 for the fourth centenary of the discovery of America. After 1900 he spent a considerable time in Paris as Consul, and (from 1908) as Nicaraguan Minister to Spain. He resided for a time in Mallorca, but returned to die in his own country. Besides earlier verse, *Epístolas y poemas* (Managua, 1889?), *Abrojos* (Valparaiso, 1887), and particularly the collection of verse and prose entitled *Azul* (Valparaiso, 1888), from which the critical acumen of Juan Valera was able to predict his great future, his most characteristic poems are to be found in *Prosas profanas* (Buenos Aires, 1896), *Cantos de vida y esperanza* (Madrid, 1905), *El canto errante* (Madrid, 1907), and *Poema del otoño* (Madrid, 1910). A collection of his *Obras poéticas completas* in one volume was published in Madrid in 1932 and re-issued during the war (in a pocket edition) in 1937. Good selections are given by Gerardo Diego, *Poesía española: antología (contemporáneos)*, and Federico de Onís, *Antología de la poesía española e hispano-americana* (1882–1932), both published in Madrid in 1934. No. 189 from *Prosas profanas*, Nos. 190, 191 from *Cantos de vida y esperanza*, Nos. 192, 193 from *El canto errante*.

José María Gabriel y Galán (page 360) was born at Frades de la Sierra (Salamanca), became a schoolmaster, took to farming, and won a certain reputation by his somewhat pedestrian transcriptions of nature. *Obras completas* (Madrid-Sevilla, 1909).

Guillermo Valencia (page 364) was born at Popayán (Colombia), mentioned by Leopardi in *La Scommessa di Prometeo*. After a short experience of politics, he withdrew

NOTES

to his native town and devoted himself to poetry, in which he is regarded as the most finished of the Parnassians. *Ritos* (Bogotá 1898; 2nd ed., London 1914); *Catay* (1928).

Manuel Machado (page 370), born at Seville. Educated at the Institución Libre de Enseñanza at Madrid, he afterwards studied in Paris, translated Spinoza's *Ethics*, and eventually became Librarian of the Biblioteca Municipal, Madrid. Dramatic critic and author (with his brother Antonio) of a number of plays.

Nos. 196, 197 from *Alma* (1902); No. 198 from *Poemas varios* (1921); No. 199 from *Sevilla* (1920). Collected poems: *Poesías: opera omnia lírica* (Madrid-Buenos Aires, 1924).

Antonio Machado (page 374), born at Seville, in the Palacio de las Dueñas; educated at the Institución Libre de Enseñanza under Don Francisco Giner; Doctor of Philosophy, of the University of Madrid. After some time in Paris, he was appointed French master at the Instituto at Soria, and afterwards lived at Baeza, Segovia, and Madrid. During the civil war, he was the mainstay of the review *Hora de España*, contributing in prose or occasionally in verse to every number, throughout the two years of its existence. He died at Collioure (Pyr. Or.) as a result of hardship and exposure on the retreat from Barcelona in February 1939. In his last months he had been reading the English classics, and an invitation to England reached him on the day of his death. *Poesías completas* (Madrid, Residencia de Estudiantes, 1917; 4th edition enlarged, Madrid, 1936); *Juan de Mairena* (prose) (Madrid, 1936). No. 201 from *Soledades, galerías y otros poemas* (1907); Nos. 200, 202-5 from *Campos de Castilla* (1912); No. 206 from *Cancionero apócrifo* (*Poesías completas*, 1928).

206. Antonio Machado's later metaphysic is implied in this Sonnet. God, as Being, can create only what is other than himself: Not-Being. Human consciousness, from the frustration of its impulse to know what is impenetrably 'other' (*ausencia de la amada*), recoils upon the knowledge of its own limits—its frontiers with *el no ser, muerte*, &c.: and so discursive thought is born. The concept of Not-Being, with its child, Thought, belongs to man and not to animals; this is the meaning of lines 10-11.

NOTES

Julio Herrera y Reissig (page 384), born Montevideo,
Uruguay, and led a lonely life ending in mental derange-
ment. He never left his native land, but was one of the
most gifted poets America has produced. *Obras completas*,
5 vols. (Montevideo, 1913). No. 207 from *Los extasis de la
montaña* (1904).

Miguel de Unamuno (page 384), born at Bilbao; professor
of Greek in the University of Salamanca and afterwards
Rector. In February 1924 he was banished by the dictator,
Primo de Rivera, to Fuerteventura in the Canary Islands.
A year later he escaped to France, and lived in Paris or
Hendaye, on the Spanish frontier, until 1930, when the fall
of the dictatorship enabled him to return to Salamanca.
He died there in somewhat mysterious circumstances,
during the civil war. He published several novels, short
stories, philosophical and religious studies : *El sentimiento
trágico de la vida* (Madrid, 1912); *Vida de don Quijote y de
Sancho* (1914); *La agonía del cristianismo* (Paris, 1925;
Buenos Aires, 1938) : seven volumes of essays, *Ensayos*
(Residencia de Estudiantes, 1916–17); and accounts of
travels in Spain and Portugal, of which *Andanzas y visiones
españolas* (1922) includes some verse. The volumes of verse
represented here are : No. 208, *Rosario de sonetos* (1912);
Nos. 209, 210, 211, *De Fuerteventura a Paris* (1925); No.
211, *Teresa* (1924); No. 212, *Romancero del destierro* (1928).

Ramón María del Valle-Inclán (page 387) was born at
Puebla del Caramiñal, near Pontevedra (Galicia). Owing
to the legend which grew up about him, a legend which he
sedulously cultivated himself, it is difficult to distinguish the
facts of his biography from the fiction. He was certainly
in Mexico in his youth, and afterwards made a journey to
Argentina, Uruguay, and the Pacific Coast. He had lost
an arm, the consequence (it was said) of a duel. After
many years in Madrid, where his fantastic appearance did
nothing to lessen his legendary atmosphere, he was ultimately appointed head of the Spanish Academia de Bellas
Artes in Rome. An admirable novelist, and a great artist
in words, he developed a new form of satirical play in verse
and wrote some very individual poems. No. 213 is taken
from *Voces de gesta* (1912); No. 214 from *Aromas de leyenda*
(1907), and No. 215 from *La pipa de Kif* (1920).

NOTES

José Santos Chocano (page 391), born at Lima, Peru. In 1903 he was sent to Madrid as secretary of the Peruvian Boundary Commission (Spain having agreed to arbitrate between Peru and Ecuador) and became involved in a law-suit. The rest of his life was stormy, and the manuscripts of many of his poems were lost in Guatemala, when an infuriated mob set fire to his house. In 1923 he was crowned poet laureate by the municipality of Lima; but a few months later he shot a man in a quarrel, and was himself stabbed to death in a tram at Santiago de Chile. Yet he was an undoubted and original genius. Like Cunninghame Graham, he was attracted by the horses of the Spanish conquistadores; they form the subject of a fine poem printed by Professor Onís in his *Antología* (1934). The sonnet given here, showing the poet in one of his quieter moments, is taken from *Alma América* (Madrid, 1906).

Amado Nervo (page 391), Mexican; studied for the priesthood but never took orders. A devoted friend of Rubén Darío, whom he first met in Paris in 1900. From 1905 he occupied various diplomatic posts, and became a writer of delicate, sensitive prose as well as of verse. *Obras completas*, ed. Alfonso Reyes (Madrid, 1920-8). No. 211 from *En voz baja* (Paris, 1909).

Leopoldo Lugones (page 394), born at Río Seco in the province of Córdoba (Argentina). He has been an employee in the Post Office, librarian to the Argentine Board of Education, and latterly, member of the *Comité de coopération intellectuelle* of the League of Nations. No. 218 was published in *El libro de los paisajes* (Buenos Aires, 1917).

Juan Ramón Jiménez (page 395), born Moguer, province of Huelva (Spain), has lived at Madrid (partly at the Residencia de Estudiantes), and in America. Nos. 220, 221 from *Segunda antología poética* (Madrid, 1920); Nos. 219, 221-5 from *Canción* (Madrid, 1935); No. 226, privately printed (Madrid, 1935).

Ramón Pérez de Ayala (page 403), born at Oviedo (Spain). Though he lived much at Madrid, he has always had a great liking for England, and from 1931 to 1936 was Spanish Ambassador in London. Better known as a novelist, he has also shown talent and originality as a poet. *La paz del sendero* (Madrid, 1903); *El sendero innumerable* (1916); *El sendero andante* (1921). No. 228 was published with the short story *Prometeo* (1916).

Salvador de Madariaga (page 405), born at Coruña (Spain); educated mainly in France; sometime King Alphonso XIII Professor of Spanish in the University of Oxford, Spanish Ambassador in Washington and subsequently in Paris; permanent Spanish delegate to the League of Nations until 1936. A great international figure, speaking and writing English and French as easily as his own language, he has yet maintained a characteristically Spanish outlook, and in his verse has shown a preference for the romance. *Romances de ciego* (Madrid, 1922); *La fuente serena* (Barcelona, 1928).

229. *Razón de la sinrazón.* See *Don Quixote*, Parte 1ª, cap. I.

José Moreno Villa (p. 405), born at Málaga. Sent to Germany to study chemistry, he returned after four years to Madrid and took a degree in history, afterwards working at art-history at the Centro de Estudios Históricos, and in a publishing house. Appointed (after competitive examination) librarian of the Instituto Jovellanos at Gijón, he ultimately became director of the Archives at the Royal Palace, living meanwhile at the Residencia de Estudiantes. In 1924 he began to paint, and rapidly made a reputation which he has increased since his removal to Mexico. His poems show great originality and accomplishment. No. 231 from *El pasajero* (1914); Nos. 232, 233 from *Puentes que no acaban* (1933); No. 234 from *Romancero general de la guerra de España* (Madrid–Valencia, 1937).

Alfonso Reyes (page 408), born Monterrey (Mexico). In *Fantasías del viaje* he has described what it is like for a Spanish American to leave the 'flowerless fields' of an upland home for a sea-port in the tropics:

Yo de la tierra huí de mis mayores
(¡ay casa mía grande, casa única!)
— Cardos traje, prendidos en la túnica,
al entrar en el valle de las flores.

NOTES

Llegué hasta el mar : ¡Qué música del puerto!
¡Qué feria de colores!
No lo creerán : ¡si me juzgaron muerto!
¡Ay, mi ciudad, mi campo aquel sin flores!
He visto el mar : ¡Qué asombro de los barcos!
¡Qué pasmo de las caras tan cobrizas!
— Los ojos, viendo el mar, se tornan zarcos,
y la luz misma se desgarra en trizas · · ·

In Madrid, he worked at the Centro de Estudios Históricos, and afterwards held diplomatic appointments in Paris, Buenos Aires, and Rio de Janeiro. President of the Casa de España in Mexico. He has written numerous essays, literary studies, and edited several of the Spanish classics; but though he has published little verse, he is essentially a poet. *Huellas* (Mexico, 1922); *Ifigenia cruel, poema dramático* (1924); *Pausa* (Paris, 1926).

Pedro Salinas (page 409), born in Madrid. Lector in Spanish at the Sorbonne, Oxford, and Cambridge; *agregado* at the Centro de Estudios Históricos, professor at the University of Madrid, and more recently at Wellesley College, Mass, and Johns Hopkins University, Baltimore. No. 235 from *Presagios* (Madrid, 1923); No. 236 from *Fábula y signo* (1931). Other published books of verse include *La voz a ti debida* (1933) (a quotation from the third eclogue of Garcilaso); *Razón de amor* (1936); and *Lost angel and other poems* : translations by Eleanor L. Turnbull (Baltimore, 1938).

Jorge Guillén (page 411), born at Valladolid, lived at the Residencia de Estudiantes, Madrid; lector in Spanish at the Sorbonne and at Oxford; professor at the University of Seville, McGill University (Montreal), and Wellesley College, Mass. He has translated Valéry and Claudel. Nos. 237-40 from *Cántico* (1936).

Vicente Huidobro (page 414), born in Chile. In Paris in 1918, he was reputed to be one of the founders of *creacionismo*. He has published several volumes of verse, essays, and a novelistic version of the story of the Cid, *Mio Cid Campeador* (Madrid, 1929; English translation, New York, 1927). Nos. 241, 242 from *Poemas árticos* (1918).

Gerardo Diego (page 415), born at Santander. Studied

NOTES

at the Universities of Salamanca and Madrid: lectured on literature at various centres in Spain, Argentina, and Uruguay. Through his excellent anthology, *Poesía española; antología (1915-1931)* (1932), enlarged and re-issued in 1934, he has been a link between Spanish poets of different schools. No. 243 from *Versos humanos* (Madrid, 1925); No. 244 from *Poesía española*, (1934).

Federico García Lorca (page 417), born Fuente Vaqueros, Granada; educated at the University of Granada and Residencia de Estudiantes, Madrid. See the biographical introduction to his *Poems*, *with English translation* by Stephen Spender and J. L. Gili (London, 1939). Nos. 245-7 from *Canciones* (Madrid, 1927); No. 248 from *Poema del Cante jondo* (1931); Nos. 249-52 from *Romancero gitano* (1928); No. 253 from *Llanto por Ignacio Sánchez Mejías* (1935). Collected works: *Obras completas*, 6 vols. (Buenos Aires, 1938).

Emilio Prados (page 429), born at Málaga. Studied at the Residencia de Estudiantes in Madrid, and in Switzerland. Founded with Manuel Altolaguirre the review and publications of *Litoral* (1927-9). His poems are scattered in reviews and in the following publications: *Poesía española: antología* (1932); *Romancero de la guerra civil* (1936); *Poetas en la España leal* (1937); *Romancero general de la guerra de España* (1937).

Carlos Pellicer (page 430), born in Mexico. No. 255 from *Colores en el mar* (Mexico, 1921): No. 256 from *Camino* (Paris, 1929).

Vicente Aleixandre (page 432), born at Seville, and lived chiefly at Málaga. Went into business, but retired owing to delicate health. *Ámbito* (1928); *Espadas como labios* (1932); *La destrucción de amor*, first national prize for literature (1933). (Madrid, 1935); No. 257 from *Poesía española: antología* (1932 and 1934).

Rafael Alberti (p. 433), born at Puerto de Santa María, Cadiz. He left school at Madrid to become a cubist painter; but his first book of poems, *Marinero en tierra*, won the national prize for literature. He was afterwards sent to study in France and Germany, with a travelling student-ship from the Junta para Ampliación de Estudios. Besides the most modern styles, he has shown an affection for the forms of Gil Vicente, Garcilaso, and the *Romancero*; while during the Spanish War of 1936-9 he was one of the chief poets whose collected *romances* served to hearten the troops. These will be found in the collections mentioned under Emilio Prados. See also *De un momento a otro (poesía e historia)*, 1932-7 (Madrid, 1937). Collected works: *Poesía (1924-39)* (Buenos Aires, 1940). Nos. 258, 259 from *Marinero en tierra* (Madrid, 1925); No. 260 from *Sobre los ángeles* (1929).

Luis Cernuda (page 435), born at Seville. Lector in Spanish in the Universities of Toulouse, and Glasgow. *Perfil del aire* (Málaga, 1927). Nos. 261, 262 from *La realidad y el deseo* (Madrid, 1936).

Manuel Altolaguirre (page 437), born in Málaga. He is an admirable printer, and during a stay of some months in London produced several parts of '1616' (*English and Spanish Poetry*) : Spanish poems by Pérez de Ayala, García Lorca, Cernuda, Aleixandre, Gil Vicente, and himself, with English translations. He also printed several poems of Garcilaso with the interesting English versions of William Drummond of Hawthornden. Twenty-four of his poems are included in *Poesía española : antología* (1934); during the Spanish War he also wrote a number of *romances* (see under Emilio Prados). No. 263 from *Escarmiento* (1930); No. 264 from *Vida poética*.

Miguel Hernández (page 438), born at Orihuela, Alicante. His parents were goat-herds, and he began life as farmer's boy and shepherd. In a working men's club, he found some of the Spanish classics, while a student friend provided him with the poems of Antonio Machado and Juan Ramón Jiménez. In 1932 he published some stanzas under the influence of the *Polifemo* of Góngora; an *auto sacramental* by him was printed in the review *Cruz y Raya* (1934). A series of sonnets, *El rayo que no cesa*, appeared in 1936. On the outbreak of war, he immediately enlisted, and his recitations did much to animate his comrades in the trenches. The qualities of his style found a perfect counterpart in the firm inflexions of his voice, his bronzed skin, and the character of his diction, strongly influenced by the phonetics of his local accent. The dignity of tone, rhythm, and idea made many passages in his poems live again with something of the epic quality of the *Romancero*' (Navarro Tomás). Nos. 265, 266 from *Viento del pueblo* (Valencia, 1937).

Poesía de tipo tradicional (page 443), the name given by D. Dámaso Alonso to poems the traditional character of which cannot be proved, though they bear all the signs of it. They are preserved in texts of the sixteenth and seventeenth centuries, particularly in music-books and in the works of the Spanish dramatists; and as they were frequently glossed by poets of the time, it is often impossible to separate the traditional element from what has been added to it. As a rule, however, the *estribillo* (refrain) may be taken as traditional, though Gil Vicente and Lope de Vega were quite capable of inventing *estribillos* of their own, completely in the popular style. See Dámaso Alonso, *Poesía española : antología* (*Edad media*) (Madrid, 1935).

No. 267. Barbieri, *Cancionero musical de los siglos XV y XVI* (Madrid, 1890). A parallelistic 'aubade'—probably for dancing—composed on the ancient Galician-Portuguese model. See No. 13, and P. Henríquez Ureña, *La versificación irregular en la poesía castellana* (2ª ed.) (Madrid, 1933), pp. 71 ff.

Gil Vicente (page 443; see also page 80)`. ' In these songs, the share of Gil Vicente remains in the same shadowy region as that of Lope de Vega in many of the lyrics introduced into his plays.' Dámaso Alonso, *Antología*, page 542. See also *Poesías de Gil Vicente* (Madrid, 1934 and Mexico, 1940), edited by him ; and A. F. G. Bell, *Lyrics of Gil Vicente* (Oxford, 1921).

No. 268. From the *Tragicomedia do Triunfo do Inverno*, sung by Spring. The stanza in square brackets has been supplied by the editor to complete the parallelistic form.

No. 269. From the *Auto dos Quatro Tempos*, sung by Winter, in the dress of a shepherd.

No. 270. From the *Auto dos Quatro Tempos*. Henríquez Ureña (l.c., p. 114) points out that the accentuation of the last line of each stanza should be *cómo cantabá*, such alteration of the accent being frequent in Spanish popular

NOTES

poetry. **Line 1 of stanza 2** goes back to a Galician-Portuguese poem of the thirteenth century:

Pela ribeyra do rio
cantando ia la virgo
d'amor:
— Quem amores ha
com dom' or' ay,
bela froi?

cf. Santillana, p. 36, lines 9 and 10.

No. 271. From the *Tragicomédia do Triunfo do Inverno*, a *serranilla* (cf. p. 37), sung and danced by a shepherd to keep out the cold.

No. 272. Barbieri, t.c., No. 237; Alonso, No. 164.

Nos. 273, 274. From the song-books, or madrigal-books of Juan Vázquez: *Villancicos y canciones* (Osuna, 1551), and *Recopilación de Sonetos y Villancicos* (Sevilla, 1559); Alonso, *Antología*, 178, 180.

No. 275. Diego Pisador, *Libro de música de vihuela* (Salamanca, 1552); and the anonymous *Villancicos de diversos autores* (Venice, 1556), known as 'Cancionero de Uppsala', from the fact of the only known copy being in the Uppsala University Library. (Edition in preparation by Jesús Bal y Gay, Mexico.) Likeness has been pointed out to the fragment of Sappho:

δέδυκε μεν ἁ σελάννα
καὶ Πληΐαδες, μέσαι δὲ
νύκτες, πάρα δ᾽ ἔρχετ᾽ ὤρα,
ἐγὼ δὲ μόνα κατεύδω.

No. 276. Barbieri, 258, and (in a slightly different form) in the 'Cancionero de Uppsala'. Alonso, 198.

No. 277. Pisador and Vázquez (see No. 286). Bal y Gay, *Romances y villancicos españoles del Siglo XVI* (Mexico, 1939).

No. 278. Estéban Daza, *Libro de música en cifras, intitulado el Parnaso* (Valladolid, 1576). Alonso, 203.

No. 279. *Cancionero general* (Antwerp, 1557). One of a group of poems written in London by two gentlemen in the suite of Philip II, at the time of his marriage to Queen Mary, 1554. Alonso, 113.

No. 280. MS. 3924, Biblioteca Nacional, Madrid;
Alonso, 207.

No. 281. Barbieri, 402; Alonso, 169.

No. 282. From the *Auto de Naval y Abigail.* Alonso,
115.

No. 283. An *estribillo*, probably of popular origin, glossed
in Spanish by the great Portuguese poet. Camoens, like
many of his Portuguese contemporaries, not infrequently
wrote verses in Spanish. (See also No. 307.) Alonso, 120.

No. 284. Written before 1420 (for in that year Villa
Real changed its name to Ciudad Real) and frequently
quoted in the sixteenth century. The tune has been
preserved by Francisco Salinas, *De musica libri septem*
(Salamanca, 1577), p. 306. Lope de Vega included it in
three of his plays, one of which (*La venta de la Zarzuela*) is
an *auto sacramental* on the subject of the poem. See
Menéndez Pidal, *Flor nueva de romances viejos*, p. 24;
Alonso, 155.

No. 285. Reaping song from *La mejor espigadera*. Tune
(for a slightly different version) in Salinas, l.c., p. 343, 344.
Alonso, 146.

Lope de Vega (page 453). A large number of songs and
lyrics were included by Lope de Vega in his *comedias*, but
as a rule it cannot be said for certain whether they are
traditional or his own work. In many cases the *estribillo*
(refrain) is of popular origin, but sometimes it seems like
an imitation by Lope himself. The *glosa* in the succeeding
stanzas was, however, frequently the work of the poet.

Nos. 286, 287. From *El villano en su rincón.* Alonso,
133, 134.

No. 288. From *El viaje del alma.* Alonso, 135.

No. 289. From *La locura por la honra.*

No. 290. From *Las almenas de Toro,* in *El nacimiento de
Cristo* is another version, *a lo divino.* Alonso (No. 141)
compares this with the poem of Berceo (p. 6), and with
lines in the ballad of Don Pedro and the Prior de San Juan :

    Velá, velá, veladores,   asi mala rabia os mate
    que quien a buen señor sirve   este galardón le dan-e.

NOTES

No. 291. The old song which was the origin of the play *El caballero de Olmedo.* Alonso, 143. Jesús Bal y Gay, *Treinta canciones de Lope de Vega* (Madrid, 1935).

No. 292. Reaping song from *El gran duque de Muscovia.*

No. 293. From *El bobo del colegio,* a familiar theme in seventeenth-century Spain. Bal, t.c.
Alonso, 140.

No. 294. From *Peribáñez y el comendador de Ocaña.*
Alonso, 138.

No. 295. From *Arauco domado,* a play on the conquest of Chile.

Poesía barroca (page 461). The poems in this Section illustrate a type of Spanish poetry hardly represented in the first edition of this book.

No. 296. This sonnet is an example of the poetic imagination and fine workmanship of the poet of *Os Lusiadas* when he wrote in Spanish instead of Portuguese; cf. the *glosa* on a popular *estribillo* (No. 294), and the exquisite Spanish poems of Gil Vicente (Nos. 59, 60, 279–282).

INDEX OF WRITERS

[The figures refer to the numbers of the poems.]

INDEX OF FIRST LINES

INDEX OF FIRST LINES

INDEX OF FIRST LINES

INDEX OF FIRST LINES

INDEX OF FIRST LINES

INDEX OF FIRST LINES

INDEX OF FIRST LINES

PRINTED IN GREAT BRITAIN
AT THE UNIVERSITY PRESS, OXFORD
BY VIVIAN RIDLER
PRINTER TO THE UNIVERSITY